浙江大学德育与学生发展研究中心资助

2018年度教育部人文社会科学研究专项任务项目
（中国特色社会主义理论体系研究）

2019年度中国高等教育学会
"高校辅导员队伍建设与发展研究"专项课题

德育与学生发展研究
系 列 丛 书

RESEARCH ON THE CAREER DEVELOPMENT OF
COLLEGE COUNSELORS FROM THE
PERSPECTIVE OF THE CONSTRUCTION OF
MORAL EDUCATION COMMUNITY

德育共同体视域下的
高校辅导员职业发展研究

楼 艳◎著

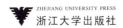
ZHEJIANG UNIVERSITY PRESS
浙江大学出版社

总　序
从学术共同体到德育共同体

　　经历千年的风雨,大学从"象牙塔"变成"社会轴心机构",越来越深入我们的生活。对于大学的认识,无论是古希腊吕克昂学园中的辩论,还是现代大学中的诸多职能,都没有离开过对一个问题的探讨:大学何以使人过上有意义的生活? 换言之,对知识的习得,对道德的养成,对意义的追求,一直是大学难以割舍而又矛盾存在的"集合体"。那么,大学到底应该扮演一个怎样的角色?

　　布鲁贝克在《高等教育哲学》一书中指出:"大学确立它的地位主要有两种途径,即存在两种高等教育哲学,一种哲学主要以认识论为基础,另一种哲学则以政治论为基础。"认识论把以"'闲逸的好奇'精神追求知识作为目的",在知识和现实之间划上明确的界限;政治论把教育作为政治的一个分支,强调教育对国家、社会的深远影响。两种论点的背后,恰恰是对大学使命、目标、定位、功能的"合法性"论证和哲学化思考。高深学问的探讨是大学的源起和初心,是摆脱价值左右的"自由探索";而国家、社会对大学的深度关切和外部介入,带来的是价值问题,大学已经成为它们所服务的社会的不可分割的一部分。因而,在大学里存在着学术—市场、自治—共治、学术中立—价值选择等冲突,而且这些冲突在不同时代反复被提及,形成了大学的不同价值取向。

我们追溯大学的起源,"知识的探究"一直占据着灵魂地位,"知识的堡垒"也从未被攻破,知识的创造、生产、传播和继承是大学的核心使命。长期以来大学存在的合法性基础在于对知识的索求和真理的探究,而无关现实的生活和政治的价值。在这样的场所里,学生可以"自主地去学习",教师可以"随心所欲地去研究",这个团体充满理性和人文精神而且高度自治,是一个"学术共同体"的角色。然而,在全球化日益深入、互联网广泛应用、科技竞争日趋激烈的当代社会,大学教育不再被束之高阁,大学也不是"养在深闺人未识"的大家闺秀,而是更好地贴近市场、产业、生活的时代宠儿。正如联合国教科文组织在《学会生存:教育世界的今天和明天》一书中指出的:"社会已经连续不断地巩固改组它们的结构。……现在社会难道不应该把'学习实现自我',即人的教育,放在最优先的地位吗?"其实关于这个问题,联合国教科文组织在《学会关心:21世纪的教育》的报告中就给出过答案:"归根到底,21世纪最成功的劳动者是最全面发展的人,是对新思想和新的机遇开放的人。"

关于人的全面发展,马克思的经典著作中有大量的论述。马克思认为,人的全面而自由的发展是未来社会的价值目标,是实现人的发展的最高理想境界,并提出"教育与生产劳动的结合是培养全面发展的人的唯一途径"。纵观大学的演变历史,特定历史条件下的教育有着特定的价值和意义。柏拉图时代对"哲学王"的培养,中世纪对"僧侣、骑士"的培养,文艺复兴时期对"爱弥儿"的培养,工业社会对"良好的社会公民"的培养,都是特定社会标准下的教育,无不反映了教育对人的影响。面向新时代,经济、政治、文化诸方面的综合发展成为历史潮流,技术的进步让人摆脱自然的束缚和个体的局限,人的需求和能力得到极大的提升,自由、充分、个性的全面发展成为可能。在这样的时代里,培养适应现代生活、改造现存世界的人,让个体理解和选择有意义的生活,应该成为大学的核心活动。

从西方大学反观中国高等教育,近代中国大学发展一直受到两条逻辑路线影响:一条是以科学主义为主的西方高等教育,另一条是以人伦教化为主的传统文化教育。近代中国大学创办于救亡图存的危机年代,无论是中西学堂、南洋公学还是京师大学堂,无不以西学为榜样,设新科、启民智、重实用,在办学体系、课程内容、教学方法上大量模仿西方。中华人民共和国成立以来,高等教育的培养目标、教育理念发生了变化,高等学校得以迅猛发展。然而机械地照搬苏联模式,一度也使大学偏离全面发展的航道。随着改革开放的深入和经济体制的转变,高等教育发展进入新的历史时期。人民群众对高等教育的需求不断高涨,现代教育理念不断创新,大学正焕发新的生命力。在这条路线上更多是现代性的逻辑,隐约展现的是西方大学的身影(或镜像)。我们"洋为中用",积极吸收西方一切先进经验和文明成果,从落后走向发展,逐步建立起与世界高等教育发展同步的理念、目标与方向。与此同时,在另外一条路线上,传统以"仁义"为核心的德育思想长期"统治"着教育领域,深深地影响着高等教育。《大学》开篇提到,"大学之道,在明明德,在亲民,在止于至善",说明了知识及其教育的首要目的是培养社会发展所需之人。《论语》指出,"弟子入则孝,出则悌,谨而信,泛爱众而亲仁,行有余力,则以学文",把道德修养放在知识学习之上,浸透着"修身"

的价值追求。青少年阶段是人生的"拔节孕穗期",最需要精心引导和栽培。因而,在当代中国大学里,"培养什么人,如何培养人以及为谁培养人"是教育的根本问题,"立德树人"是教育的根本任务,德育、智育、体育、美育、劳育的全面发展是教育的根本出发点和落脚点。尤其可贵的是,把"德育"放在首位,突出"德育"在人的全面发展中的核心地位和统领之义。正是这种以德为首、融合全面发展的教育思想传统,创造性地塑造了大学作为"德育共同体"的角色。

但丁说过:"一个知识不全的人可以用道德去弥补,而一个道德不全的人却难以用知识去弥补。"我们认为,从"学术共同体"到"德育共同体",是对大学合法性基础认识的再深化、再发展。大学离不开学术,但是学术不是大学的全部;大学离不开政治,但是政治终究无法替代大学。中国特色的世界一流大学,应该是现代性的大学构架和道德性的文化传统交织在一起的时代产物,应该展现出多维度、多目的、多功能的教育生态,真正成为生活的中心、社会的工具、思想的源泉和发展的动力,最终承担起"生命共同体"的角色。

教育实践本质是一种道德实践。当前,国家全面推进中国特色世界一流大学建设。对标世界一流大学的显性指标,我们充满信心,扎根中国大地的"特色指标"需要我们不断充实自身。我们也深信,在中国特色社会主义伟大实践中,德育一定是高等教育的题中应有之义,也是高校办学"特色指标"之所在,具有重要的现实意义。尤其在现代大学的开放办学中,在重视德育的优良文化传统中,在人的现代化不断丰富的过程中,"德育共同体"的理论研究和实践探索恰逢其时。为此,浙江大学德育与学生发展研究中心组织力量,从"德育共同体"的理论、体系、实践、案例等方面开展研究,形成了

"德育与学生发展研究"系列丛书。丛书包罗德育养成和个体发展的多方面,既着眼于德育新要求,探讨"德育共同体"的生成、发展和趋势,构建德育工作的新理论、新体系;又面向学生发展新需求,研究思想政治教育、心理健康教育、创新创业教育、队伍建设等,探索德育工作的新方法、新路径。在丛书的编写过程中,我们坚持马克思主义理论的指导地位,积极吸收和借鉴现代各种德育思想和理论,从学生全面发展的角度出发,试图在高等教育的内涵发展中审视德育体系的独特功效,摆脱长期以来德育与智育分裂、思政教育与专业教育割裂、道德养成与知识习得断裂的高等教育沉疴,为新时代高校德育工作的改革创新提供理论支撑、解决方案和本土样本,让教育真正回归初心、回到本位,让青年过上快乐、充实和有意义的生活。

　　是为序。

2018 年 9 月 10 日

于浙江大学德育与学生发展研究中心

前　言

　　高校辅导员以德育为主业,其职业发展问题不仅是如何提高队伍职业能力和水平的德育内部单一性问题,更是受制于整个中国大学育人体系并与之联通的复杂性问题。因此,应当以整体性、主体性、协同性的视角,从中国大学的属性出发来探讨中国高校独特的辅导员制度。中国大学具有"中国特色"的关键在于它的"德育共同体"属性。中国特色社会主义大学坚持立德树人、以德为先,体现在大学德育实施过程中的目标一致性、主体交互性和集体协同性。目标一致性导向的是价值共同体,体现师生目标信念的统一性,为国家"培养担当民族复兴大任的时代新人"成为中国特色社会主义大学的办学目标;主体交互性建构的是关系共同体,多元主体在交往理性和交往行为中促成德育价值目标的实现;集体协同性生成的是实践共同体,是大学的多元育人主体协同育人的结果,师生通过集体实践完成德育意义和主体身份的双重建构。

　　在把握中国大学"德育共同体"属性的前提下,将高校辅导员的职业场域与关系体系对其职业的影响和要求作为研究背景,进一步探讨辅导员职业发展问题,是对新时期推进高校辅导员队伍专业化、职业化建设的新认知和新思考。以突显主体性和协同性为根本特征的职业发展研究范式,通过文献梳理、理论探讨、案例分析、调查研究等方法,对辅导员职业在高校德育共同体中的方位、角色、要求进行定性定位,明确辅导员职业发展的主体性静态构成和动态发展。在理清"为什么"和"是什么"的基础上,通过调查研究掌握"怎么样"

的现实动态,以破解问题、探讨对策为指向,力求通过"怎么办"的思考,提出解决辅导员在德育共同体中的身份困境、路径困境和生态困境的基本对策。

辅导员因其职业的特殊性,可以说是高校德育共同体多元育人主体中的关键主体,他们在其中扮演着学生德育知识意义建构的"引导者"、学生自主管理服务的"支持者"和学生自我发展的"成长合伙人"等多重角色,这是对辅导员职业的外在要求。同时,辅导员作为"主体的人",还有关于其自身发展的内在诉求,即自身作为主体的人格完善和德性养成,他们是自我潜能的"重新发现者"。达成外在要求与内在诉求统一的过程,就是辅导员理解他们在德育共同体中的责任、权利和规范,并不断克服身份困境、路径困境和生态困境的过程。通过政治认同、价值认同、情感认同"三位一体"的认同感培育,强化辅导员的职业认同,突破身份困境,以实现在职业中的稳定发展。通过为辅导员专业精神、专业知识、专业能力和专业自我的发展搭建平台,形成"基于学生成长需求的辅导员专业发展模式",促成辅导员从"自在式"专业发展向"自为式"专业发展的超越,突破路径困境,以实现在职业中的长远发展。通过分析科层制协同、沟通性协同、约束性协同、战略性协同四种协同机制的内在关系和运行逻辑,探讨辅导员与德育共同体其他主体的协同育人,构建"基于导师制的团队合作模式",为推进辅导员个体与辅导员群体间的协同提供模型,增强辅导员参与协同育人的主动性和主导性,突破生态困境,以实现在职业中的和谐发展。

目 录

第一章 绪 论 / 1

第一节 选题缘由及意义 / 2

一、选题缘由 / 2

二、选题意义 / 5

第二节 研究现状及述评 / 6

一、关于德育共同体的研究 / 6

二、关于辅导员职业发展的研究 / 19

第三节 研究问题及创新点 / 30

一、研究问题 / 30

二、创新点 / 31

第四节 研究方法及路线 / 32

一、研究方法 / 32

二、研究路线 / 33

第二章 德育共同体:中国特色社会主义大学的特有属性 / 34

第一节 建构德育共同体的时代要求 / 36

一、中国特色社会主义大学概念的提出 / 36

二、中国特色社会主义大学的基本特征 / 38

三、德育共同体是中国特色社会主义大学的基因表征　／39

第二节　德育共同体的本体论意蕴　／43

一、目标一致性导向的价值共同体　／45

二、主体交互性建构的关系共同体　／48

三、集体协同性生成的实践共同体　／50

第三节　德育共同体的构成要素　／53

一、德育共同体中的主体　／54

二、德育共同体中的客体　／56

三、德育共同体中的主客体关系　／58

第四节　德育共同体的特征及走向　／60

一、德育共同体的主要特征　／60

二、新时代高校德育共同体的走向　／61

第三章　关键主体：德育共同体中的辅导员　／66

第一节　角色是主体价值向度的逻辑起点　／68

一、角色的概念及构成要素　／68

二、角色的性质及角色失调现象分析　／69

第二节　辅导员在高校德育共同体中的角色　／71

一、学生知识意义建构的"引导者"　／73

二、学生自我管理服务的"支持者"　／77

三、学生自我发展的"成长合伙人"　／80

四、自我潜能的"重新发现者"　／83

第三节　辅导员职业角色履行中的主要矛盾　／86

一、辅导员的需要是其职业发展的原动力　／87

二、职业发展需求的社会性与本位性并存　／89

三、职业发展规划的长远性与功利性兼有　／90

四、职业发展状态的自发性与自觉性相伴　/ 92

第四章　现实研析:辅导员职业角色履行状况调研　/ 95

第一节　辅导员职业角色履行状况调研的基本背景　/ 96

一、前期调研　/ 96

二、问卷调查　/ 97

三、分析方法及信效度检验　/ 101

第二节　辅导员职业角色履行状况调研的结果与分析　/ 102

一、辅导员职业角色失调的总体情况　/ 102

二、辅导员职业角色失调的差异性　/ 104

三、辅导员职业角色失调的表现形式　/ 117

四、辅导员职业角色失调的可能诱因　/ 118

第三节　辅导员职业角色履行状况调研的基本结论　/ 120

一、辅导员职业角色失调现象普遍存在　/ 120

二、辅导员职业角色失调差异表现不一　/ 121

三、辅导员职业角色失调导致职业发展的三大困境　/ 121

第五章　职业认同:突破辅导员在德育共同体中的身份困境　/ 123

第一节　职业认同与职业发展的关系　/ 126

一、职业认同的内涵与特征　/ 126

二、职业认同的影响因素　/ 129

三、职业认同对职业发展的影响　/ 131

第二节　辅导员对职业角色的自我认同　/ 136

一、认识并接受在德育共同体中的"引导者"角色　/ 137

二、认识并接受在德育共同体中的"支持者"角色　/ 139

三、认识并接受在德育共同体中的"成长合伙人"角色　/ 140

四、认识并接受在德育共同体中的"重新发现者"角色　　/ 142

　　第三节　辅导员职业认同的培育　/ 143

　　　一、培育政治认同,做党执政的坚定支持者　/ 143

　　　二、培育价值认同,做先进思想文化的传播者　/ 146

　　　三、培育情感认同,做学生健康成长的陪护者　/ 149

第六章　专业发展:突破辅导员在德育共同体中的路径困境　/ 153

　　第一节　职业专业化是历史发展的趋势　/ 155

　　　一、辅导员专业化:高校德育共同体建构的外部规定　/ 155

　　　二、辅导员专业发展:辅导员实现自我发展的内在诉求　/ 157

　　　三、从"辅导员专业化"到"辅导员专业发展"的转向　/ 159

　　第二节　辅导员专业发展的基本定位　/ 161

　　　一、"自在式"专业发展　/ 162

　　　二、"自为式"专业发展　/ 164

　　　三、从"自在式"到"自为式"的内在超越　/ 165

　　第三节　辅导员专业发展的基本内涵　/ 167

　　　一、认识论层面:发展什么　/ 168

　　　二、方法论层面:怎么发展　/ 172

　　第四节　辅导员专业发展的实践取向

　　　　　——以浙江大学的探索为例　/ 178

　　　一、基本思路:回归人才培养的逻辑起点　/ 179

　　　二、协同依托:德育实践创新平台　/ 180

　　　三、发展共同体:辅导员专业发展平台　/ 184

　　　四、职业愿景:在"教学相长"中实现职业价值　/ 189

第七章 协同育人:突破辅导员在德育共同体中的生态困境 / 193

第一节 系统协同理论的视角 / 196

一、协同理论概述 / 196

二、德育协同的内涵与特征 / 198

三、德育共同体的协同原理 / 200

第二节 协同育人的基本原则和主要构成 / 203

一、协同育人的基本原则 / 203

二、协同育人的主要构成 / 207

第三节 辅导员参与协同育人的基本思路 / 211

一、辅导员与其他主体的协同 / 212

二、辅导员个体与群体的协同 / 220

结 语 / 225

一、本书回答的基本问题 / 225

二、本书形成的基本观点 / 229

三、努力方向 / 231

参考文献 / 232

附录:高校辅导员职业发展角色失调研究调查问卷 / 255

图表索引 / 259

后 记 / 262

第一章　绪　论

本章讨论的主要问题是：选题缘由及意义，已有研究述评，拟解决的主要问题及创新点，研究方法和研究思路。围绕这些问题，本章主要沿着以下逻辑展开：

1.辅导员职业发展问题是关乎高校办学方向、办学质量、办学特色的重要问题，要将其置于中国高等教育体系的整体和高校思想政治工作的全局中加以综合考量。

2.中国特色社会主义大学以马克思主义为指导，以立德树人为根本任务，以德育为主导，是基于大学"学术共同体""知识共同体"的"德育共同体"。

3.超越微观相对论，将辅导员职业发展置于高校德育共同体的整体建构体系中加以思考；确立宏观系统论，注重辅导员职业发展的外在期待与内在诉求的统一；坚持发展主体论，关照辅导员作为"人"的主体性发展需求，注重辅导员自身的人格养成与德性修养；坚持整体效益论，构建高校德育共同体多元主体协同育人的生态体系。

4.研究的突破点在于：从"分析性研究"转向"整体性研究"，从"客位研究"转向"主位研究"，从"价值论研究"转向"实践论研究"。

本章期望为全书形成整体框架指导。

第一节 选题缘由及意义

一、选题缘由

2016 年 12 月,习近平总书记在全国高校思想政治工作会议上发表重要讲话,对做好新形势下高校思想政治工作提出明确要求,做出重大战略部署。高校贯彻落实会议精神和要求,要坚持把立德树人作为中心环节,把思想政治工作贯穿教育教学全过程,实现全程育人、全方位育人,努力开创我国高等教育事业发展新局面。① 从高校思想政治工作事关中国特色社会主义大学办学方向和办学质量的意义而言,中国高校本身已经是围绕"培养什么样的人、如何培养人以及为谁培养人"这个根本问题和立德树人的根本任务,构筑形成的"德育共同体"。中国高校具有中国特色的关键就在于它的"德育共同体"属性,体现为目标一致性、主体多元性和集体协同性。然而,当前我国高校德育多以"点状"形式分散推进,在协调统一、联动机制等方面缺乏整体逻辑秩序和系统顶层设计,优势互补、协同配合、环环相扣的三全育人体系还没有完全建立起来。高校的教育教学改革正在由原先单一化、零散化逐渐走向系统化、整体化,推动改革的因素也已经开始由高校外部转向高校内部,对高校全员育人、全过程育人、全方位育人提出了新的更高的要求。与此相对应的高校德育工作,也须由单一化、平行化走向一体化、协同化。

高校深入贯彻落实全国高校思想政治工作会议精神,完善德育共同体,实现立德树人的根本任务,关键还在于教师。"教师是一所大学最为重要的内部

---

① 把思想政治工作贯穿教育教学全过程 开创我国高等教育事业发展新局面[N].人民日报,2016-12-09(1).

支持者，因为教师团体的质量和成就比起其他因素更能决定大学的质量。"①辅导员是高校教师队伍和管理队伍的重要组成部分，是当代中国高等教育体系的特色所在。我国高校辅导员职业从产生到队伍的发展壮大，都与中国高等教育的目标定位、使命任务紧密相连，与高校实现立德树人根本任务的要求高度一致。辅导员是高校推进思想政治工作的关键力量，是高校坚持社会主义办学方向、办出质量水平、突出中国特色的关键所在。

《中共中央 国务院关于进一步加强和改进大学生思想政治教育的意见》（中央 16 号文件，2004）颁布以来，政府、社会、高校等各个层面都对辅导员队伍建设问题给予了持续关注。思想政治教育理论界围绕辅导员队伍建设、辅导员职业化专业化发展、辅导员职业能力素质提升等问题展开了深入研究，尤其是辅导员职业化专业化发展成为日益受关注的研究议题，高校辅导员队伍建设研究也成为思想政治教育二级学科下面相对独立的研究方向。同时在实践层面上，国家成立了辅导员职业的行业协会即全国高校辅导员工作研究会，在全国建立了 21 个教育部高校辅导员培训和研修基地，专注高校辅导员队伍建设。各地教育行政管理部门、高校学生工作部门和辅导员群体自身也围绕队伍职业化、专业化发展，开展技能指导、岗位培训、经验交流，从工作实践层面提升辅导员职业能力和水平。

然而无论是在理论层面还是在实践层面，对辅导员职业发展的定位都还是相对狭隘的，主要还是着重于辅导员工作能力的培训和提高。理论研究者没有完全把辅导员职业发展问题作为思想政治教育二级学科的分支学科和研究方向来考察，实践操作者也没有把辅导员职业发展问题置于高校思想政治工作的全局和整体来设计，往往"就事论事"，就辅导员队伍建设问题单一地谈思路与对策。当前对高校辅导员职业发展问题的探讨在很大程度上还是处于政策解读、经验总结、教育培训层面，这显然已经不能适应新时期高校思想政

---

① 詹姆斯•杜德斯达.21 世纪的大学［M］.刘彤，等译.北京:北京大学出版社,2005:45.

治工作对辅导员队伍提出的新使命、新任务和新要求。

辅导员以德育为主业,他们的职业发展问题不仅仅是一个如何提高职业能力和水平的德育内部单一性问题,更是一个受制于整个教育体系及教育外部并与其联通的复杂性问题,须将其置于高等教育体系的整体和高校思想政治工作的全局中加以综合考量。根据教育内外部关系规律,任何高等教育现象都是一定社会条件下主体价值选择和实践行为所导致的结果。在国家、社会和高校对思想政治工作高度重视的今天,完善高校德育共同体的最主要因素已不是育人理念或者育人目标的问题,而是高校内部资源分配或者说不同育人主体之间关系如何协调的问题。更进一步来说,其核心问题是高校德育共同体内部多元育人主体的关系协调问题,具体涉及如何分配高校内部各类资源、如何引导高校内部不同主体的价值选择、如何充分展现各个育人主体在德育实践中的主体性等问题。

高校德育共同体由多元育人主体构成,辅导员是其中之一。探讨辅导员职业发展问题,应该将其置于高校德育共同体中进一步思考:辅导员与高校德育共同体其他育人主体的关系如何?辅导员在高校德育共同体中扮演着怎样的角色?辅导员的职业发展如何更好地回应中国特色社会主义大学建设对高校德育工作的价值眷注?辅导员的职业发展如何适应社会外部规范要求和自身内在发展诉求的统一?如何为辅导员的职业发展找寻理性的现实可依的路径趋向?因此,我们追求的不是把辅导员看成高校思想政治工作的唯一力量和国家政策的被动实施对象,而是从辅导员的职业场域与关系体系对其职业的影响和要求出发,从整体性、主体性、协同性等视角着手,来探讨与辅导员职业发展相关的理论和实践问题。而且,将辅导员职业发展问题置于高校德育共同体建构的视域下展开,是目前研究并未涉及的,这也是一个研究视角的创新。

追问研究缘起的另一个重要因素,是自己在辅导员岗位上十多年来的亲身实践和思考关注。自2003年从事辅导员职业以来,我执着于这份职业所承载的价值能量和职责使命,感动于这份职业带给我的精神激励和幸福回报。但同时,也有感于这支队伍迫切需要进一步明晰职业定位、身份角色和发展路径等问题,迫切需要激发辅导员队伍内在的自主发展动能,为辅导员队伍的专业发展提供可以遵循的路径指引。从现实体悟来说,辅导员在职业发展中产生"获得感",源于他们在学生成长中的价值实践。辅导员职业发展的真正意义和价值向度,就在于他们是促进学生走向"又红又专、德才兼备、全面发展"的真实和必要条件。因此,在辅导员的职业发展与学生的成长成才之间建立可以联通的共同发展机制,为辅导员职业发展找寻现实可依的路径模式,使越来越多的辅导员在这种实践中坚定成长为"专家型辅导员"的目标追求,不仅是社会对辅导员职业的外在期待,也是辅导员个人职业生存的内在诉求。

二、选题意义

在研究的基本价值判断上,将辅导员职业发展研究置于高校德育共同体建构的视域下展开,最重要的意义在于全面提高人才培养质量,培养德、智、体、美、劳全面发展的中国特色社会主义事业建设者和接班人。

本书并不是基于某一具体问题的分析,而是将辅导员职业发展问题置于中国特色社会主义大学特有属性的德育共同体中进行系统考量,并侧重从主体论和协同论的角度来探讨辅导员职业发展问题。理解辅导员的职业发展有社会和个体两个标准,社会标准期望每个辅导员都能持续、长期地在职业中发展,它是判断辅导员职业发展程度的高端标准,但结合实际来看这并不现实。个体标准则是对个体职业实践的肯定,每个人身上都可能具有长期发展成为"专家型辅导员"的倾向和表现。认识到职业发展的个体标准,有利于鼓励辅导员个体积极地、主动地、创造性地思考和解决职业成长的问题。同时,辅导员职业发展的社会标准和个体标准也是互补的,只有当个人实现了职业发展,才可能实现群体整体的职业发展愿景;只有群体的职业发展存有美好的愿景,个人的职业发展才有动力和追求目标。因此,我们期望从辅导员主体性的角度,激发辅导员个体在职业发展中向上、向前、向深、向专地发展,为个体的这种发展探寻可以依循的路径,并以此促成整个群体的职业化、专业化发展。

在理论层面上,本书将辅导员职业发展问题作为思想政治教育二级学科的研究方向来考察,有利于推动高校辅导员职业相关理论研究的进一步深入发展。一是以整体论的视角,对高校思想政治工作进行体系化的建构,丰富并完善"德育共同体"的理论体系;二是以协同论的视角,综合考量高校德育共同体多元育人主体的关系协调,探讨辅导员在德育共同体中的职业方位、身份角色以及与其他育人主体的协同实践问题;三是以主体论的视角,从辅导员的角色定位出发,探讨辅导员职业发展的主体性问题,着力为解决辅导员身份困境和发展困境提供理论支撑;四是以发展论的视角,探讨辅导员职业发展的矛盾性问题,为辅导员职业的专业化发展提供路径指引。

在实践层面上,辅导员群体加强职业发展是必要的实践,如何使职业发展有持续性的动力、有清晰可依的路径,也是迫切的现实问题。本书从中国高校的德育共同体属性出发,分析辅导员所处的职业场域和关系体系,将辅导员职业发展问题置于高校德育工作全局来设计,为高校德育工作整体化背景下的辅导员职业发展提供有效的解决方案,同时也为辅导员专业发展、协同育人提供基于行动学习框架的支撑平台和现实路径。

第二节　研究现状及述评

一、关于德育共同体的研究

(一)解读"共同体"

"共同体"源于英文 community 一词,是由拉丁文前缀"com"(表示"一起"

"共同"）和伊特鲁亚语"munis"（表示"承担"）组成的①。一般而言，词都有其特定的含义，但有些词还是一种"感觉"，鲍曼认为"共同体"这个词就是其中之一。② 将"共同体"作为社会学的一个基本概念，由德国著名社会学家、哲学家斐迪南·滕尼斯（Ferdin Tonnies，1855—1936）于 1887 年在著作《共同体与社会》中提出。滕尼斯认为"共同体是一种持久的和真正的共同生活"，是"一种原始的或者天然状态的人的意志的完善的统一体"③，他用这个概念强调了共同的精神意识、人与人之间的紧密关系以及对群体的归属感和认同感。

共同体概念一经提出，就受到了学术界的极大关注。到 20 世纪 50 年代中期，西方学术界对"共同体"的不同定义已多达 94 种。④ 政治学家将"城邦"即政治性社团视为政治性共同体，认为"一切社会团体都以善业为目的，那么我们也可以说，社会团体中最高而最广泛的一种，它所求的善业也一定是最高而最广泛的，这种最高而广泛的社会团体就是所谓的'城邦'，即政治社团（城市社团）"⑤。教育学家关注到共同体概念中向善的本性和它所倡导的群体成员相互配合的特质对教育实践的价值，从而将其引入教育领域形成了学术共同体、知识共同体、学习共同体、科研共同体、实践共同体等各类教育共同体。

共同体也是马克思主义理论研究的重点，共同体思想在马克思主义理论体系中占据着重要的作用。与其他共同体理论不同，马克思把"现实的个人"基于生存诉求的实践活动，作为共同体生成的前提。马克思认为，共同体"指涉的是人们生存、生活的组织样态的形构"，它不是"抽象的理论范畴或一种特

①　入江昭.全球共同体：国际组织在当代世界形成中的角色［M］.北京：社会科学文献出版社，2009：译序.

②　齐格蒙特·鲍曼.共同体［M］.欧阳景根，译.南京：江苏人民出版社，2003：1.

③　斐迪南·滕尼斯.共同体与社会——纯粹社会学的基本概念［M］.林荣远，译.北京：商务印书馆，1999：III.

④　Colin Bell and Howard Newby(1971). *Community studies： an introduction to the sociology of local community*, London：Allen & Unwin, p.27.

⑤　亚里士多德.政治学（第 1 卷）［M］.吴寿彭，译.北京：商务印书馆，1997：3.

殊的社会实体,而是人类的一种生存方式"①。人们能动的实践活动对人的发展具有重要的意义,"劳动解放"是个体与共同体之间和谐共生的现实路径。马克思的共同体思想还集中体现在他对人和共同体关系的讨论中,马克思认为,"人的本质不是单个人所固有的抽象物,在其现实性上,它是一切社会关系的总和"②。共同体"总是以人与人之间的关系为基础的",是"一定关系的整体,是构成一定共同体的主体之间的关系"③。"人对自身的任何关系,只有通过人同其他人的关系才得到实现和表现"④,"只有在共同体中,个人才能获得全面发展其才能的手段,也就是说,只有在共同体中才可能有个人自由"⑤。马克思将个人自主性的显现及程度视为衡量和检视共同体的尺度,把共同体的发展分为"自然形成的共同体""虚幻共同体"和"真正的共同体"三个阶段,认为"在真正的共同体的条件下,各个人在自己的联合中并通过这种联合获得自己的自由"⑥。

虽然不同领域不同学者对共同体深层逻辑的探索角度不同,但都强调了共同目标、群体关系、集体共建等基本特征,包含了相互联系的几个方面。

第一,共同体的目标一致性。共同体并不是简单的一群具有共同特征的人的集合,它是不同个体"共同意志选择的结果","成员间有着共同的利益需求和价值取向"⑦,强调个体成员间具有共同的目标、共同的利益和共同的价值观念。共同目标是将不同个体连接起来形成一个整体的必要条件,在价值目标一致的前提下,各方才具备对话的可能以致达成合作的行动。因此共同体

---

① 洪波.马克思共同体思想的现实立场及其价值超越[J].苏州大学学报(哲学社会科学版),2018(4):16.

② 马克思恩格斯文集(第一卷)[M].北京:人民出版社,2009:505.

③ 梁树发.认识人类命运共同体的三个维度[J].思想理论教育导刊,2018(3):59.

④ 马克思恩格斯文集(第一卷)[M].北京:人民出版社,2009:165.

⑤ 马克思恩格斯文集(第一卷)[M].北京:人民出版社,2009:571.

⑥ 马克思恩格斯文集(第一卷)[M].北京:人民出版社,2009:571.

⑦ 陈凯.从共同体到联合体——马克思共同体思想研究[D].泉州:华侨大学,2017:29.

是个整体,在这个整体中的每个个体都将共同价值、规范或目标作为自己的行动指南。他们通过交往理性和主体间性,突破个体的局限性,达成个体在共同体中的成长,并通过共同体实现个体自身的价值。

第二,共同体的主体交互性。共同体的上述公共性并不代表谋杀个体的主体性,"它所倡导的公共精神是基于成员的个体精神得以张扬的群体精神"①。共同体是个体出于"本质意志"形成的关系体②,是个体寻求独立和归属两方面张力平衡的产物,更为强调发挥个体的主体性,形成不同个体优势互补的共生共长态势。它以成员对共同体的认同为内在本质③,依赖成员间"相互的、联结在一起的情感",克服利益竞争导致的分歧,"得以保持根本性的团结"④。因此,它特别强调个体对共同体的归属感和认同感,体现成员间的情感共鸣、价值共识、利益共生、发展共赢、责任共担的伦理意识和伦理精神。

第三,共同体的本质协同性,即强调共同体对个体成员的规范驱动以及成员的协同实践。共同体与组织(以韦伯倡导的科层组织为代表)不同,组织因"社会契约"(基于规则)而联结,共同体则因为共享的价值和观念即"社会盟约"(基于规范)而联结。⑤ "社会契约"依赖对回报的承诺或者外力的强制加以维持,而"社会盟约"的维持则依赖于成员的身份认同感、责任、义务以及互惠等。"人们乐于遵守自然法则和端正行为准则,因为大家都知道,解决我们所面临的社会问题的真正办法是建立在一定原则基础上的,那就是共同的愿景

① 王作亮,伏荣超.建构乡村学校学习共同体[M].北京:光明日报出版社,2010:7.

② Ferdinand Tennies. *Community and Civil Society*, edited by Jose Harris, translated by Jose Harris and Margaret Hollis. Cambridge: Cambridge University Press, 2001,p. 27.

③ 郑琦.论公民共同体:共同体生成与政府培育作用研究[M].北京:中国社会出版社,2010:26.

④ 赵健.学习共同体[D].上海:华东师范大学,2005:21.

⑤ 吴刚.学习共同体的建构[M].上海:上海教育出版社,2008:4-5.

和协同。"①共同体的形成是基于成员的认同感与责任感,自愿为推动共同体成长而相互协同。

(二)共同体与大学:学术共同体和知识共同体的视角

现代意义上的"大学"(university)源于拉丁文"universitas magistrorum et scholarium",其词源意义是指"为了共同目标聚集起来的一群人"②,可以简单理解为"教师与学者的共同体(community of teachers and scholars)"③,也就是我们常说的"学术共同体"。中世纪以来,大学还被视为"科学共同体""学者共同体""师生共同体""学习共同体""知识共同体"等。学者们喜欢将大学与共同体"捆绑"在一起,是因为大学自形成起,就蕴含着共同体的基本特征。

首先,大学是个群体概念,大学是"教师和学生所共同组成的团体……是一个学者的社团(community of scholars)"④。古代的大学没有校园也没有任何建筑,只是一个"教授和学生的松散共同体(a universitas et scholarium)"⑤。博洛尼亚大学(1088—)是目前公认的世界上历史最悠久的大学,"远在它被正式确认为一个教育机构之前——用现在的行话来说——实际上就是一个学习的共同体"⑥,它由许多学术团体组成,这些学术团体给出了"最早的也是最好的大学定义"即"教师和学生的社团"⑦。中世纪大学与古代大学一样,是"享有

---

① 丁元竹.走向社会共同体——丁元竹谈社会建设[M].北京:中国友谊出版公司,2010:011.

② 弗兰克·H.T.罗德斯.创造未来:美国大学的作用[M].王晓阳,等译.北京:清华大学出版社,2007:2.

③ 黄达人.大学是一个"学术共同体"[N].中国教育报,2009-03-23(5).

④ 刘宝存.大学理念的传统与变革[M].北京:教育科学出版社,2004:21.

⑤ 弗兰克·H.T.罗德斯.创造未来:美国大学的作用[M].王晓阳,等译.北京:清华大学出版社,2007:2.

⑥ 弗兰克·H.T.罗德斯.创造未来:美国大学的作用[M].王晓阳,等译.北京:清华大学出版社,2007:3.

⑦ 查尔斯·霍默·哈斯金斯.大学的兴起[M].王建妮,译.上海:上海人民出版社,2007:5.

一定程度的自治和学术自由的探索高深学问的学者团体",这里的学者既包括教师也包括学生。他们都是探索高深学问的学者,"把身外的闲暇或内心的追求用于科学和研究","通过对科学的探索而对民族的复兴作出贡献"①。因此从大学的发展历史来看,大学自形成之日起就是个群体概念,它是"一个由学者与学生组成的、致力于寻求真理之事业的共同体"②,其师生共组的社群性和共同追求真理的目标性都蕴涵着共同体的特性。

第二,大学以学术为中心,是个高等学术机构。大学"在本质上是以学科发展为基础所形成的学术共同体",现代意义上的大学自中世纪诞生起"就是以学术共同体的形态而存在"③。中世纪大学在与教皇和王权的漫长斗争中逐渐形成了强大而稳定的大学自治传统,"学术自由思想的提出以及永久的警戒保护它的需要,可能是中世纪大学史上最高贵的特征之一"④。大学作为"学术共同体",被赋予了"管理上的自主权、确定和实施课程与研究目的权力,以及授予被广泛认可的学位的权力",也由此形成了"学术精英群体,其精神气质基于欧洲的共同价值观,并且超越了所有国界"⑤。传统意义上的大学观始终是将大学"当做一个学术社团,当做是独立思考与批评的中心,反对把大学当做生产学位、文凭的工厂"⑥,其强调学术自由的主体精神和强调共同价值观的伦理精神都蕴涵着共同体的特性。

第三,大学是个统一的有机体,是"由相同的理念或理想,而非由于行政力

---

①　刘宝存.大学理念的传统与变革[M].北京:教育科学出版社,2004:25.

②　卡尔·雅斯贝尔斯.大学之理念[M].邱立波,译.上海:上海人民出版社,2007:19.

③　李力."回到大学本身":基于学术共同体重构大学与社会之关系[J].现代教育论坛,2017(1):45.

④　黄福涛.外国高等教育史[M].上海:上海教育出版社,2003:81-82.

⑤　瓦尔特·吕埃格.欧洲大学史(第一卷)[M].张斌贤,等译.保定:河北大学出版社,2008:8.

⑥　刘宝存.大学理念的传统与变革[M].北京:教育科学出版社,2004:61.

量"所形成的"目标崇高而明确,精神与目的统一"的"富有生命力的有机体"①。
这个有机体中的部分和整体是紧密联结在一起的,只有在大学这个整体有机
体中,各个部分才能获得符合其本质意义的存在,"增加或取消某一部分,就会
影响大学的职能"②。但是各个部分之间并非是机械的联系或简单的叠加,它
们具有共同的理念、共同的目标和"行业标准","实行一套规范和规则,并制定
个人成员必须遵守的标准"③,从而形成有机联系、相互制约和运动发展着的整
体。这个整体的维护和运行一方面依靠各种制度保障,另一方面也离不开"广
泛为大学人所高度认同的学术信念、秩序和规范",从精神层面保障大学"对学
者产生有效的自律和秩序感"④。大学所强调的这种整体性、规范性和认同感
都蕴含着共同体的特性。

上述历史的、逻辑的和现实的三个层面,实质上揭示了大学作为"学术共
同体"的本质特征,对学术的追求是大学不同于其他组织、团体的根本。这种
观点得到了学术界的普遍认同,"大学在本质上应该为学术而学术,为科学而
科学,对真理的向往不会因为外在环境的变化而改变"⑤。从实体层面而言,大
学确实包含着一个"以学术为志业的学者所构成的共同体";从价值层面而言,
"学术共同体"的价值定位意味着整个大学"应当是一个尊重学者、崇尚学术的
共同体"⑥。

然而对大学来说,学者只是其中的一部分,不同层次的学生还有行政系统
同样是大学里必不可少的群体。而且就大学的功能而言,除了追求真理的学

---

① Flexner, Abraham. *Universities*: *American*, *English*, *German*. New York: Oxford University Press,1930. p. 179.
② 克拉克·科尔.大学的功用[M].陈学飞,刘新芝,译.南昌:江西教育出版社,1993:13.
③ 爱德华·希尔斯.学术的秩序——当代大学论文集[M].李家永,译.北京:商务印书馆,2007:85.
④ 李力."回到大学本身":基于学术共同体重构大学与社会之关系[J].现代教育论坛,2017(1):46.
⑤ 黄达人.大学是一个"学术共同体"[N].中国教育报,2009-03-23(5).
⑥ 顾凌云.大学共同体的定位与大学特色[J].大学(学术版),2010(8):24.

术研究,它本身还是"传授普遍知识的场所",大学应该是为"传授知识而设,为学生而设"①。因此有学者认为知识传授的普遍性才是"大学的本质特征",是大学"区别于其他学术机构之所在"②。

那么,大学的本质究竟是什么?不同的学者给出了不同的答案。一些学者始终坚持大学最初的释义即大学是"学术共同体",大学必须以学术为根本,追求真理,创造和传授知识,形成自己独特的大学精神和品格。但也有学者认为大学和纯学术研究机构显然不同,大学坚守学术的目的是为了更好地传播知识、传承文明。中世纪时期的大学虽以学术为根本,但它们"不从事任何研究"③,而是努力使大学成为"能使所有的入学者获得所有的知识和掌握所有的学习工具的地方"④。因此,学者们开始关注如何将追求真理的学术活动转换成师生共同参与的知识创造活动、如何达成普遍知识的传授、如何提高人才培养的质量。他们提出了"学习共同体"概念,认为大学里的每个人都是完整的个体,大学是师生共同参与探索知识、创造知识、传播知识的"学习共同体"。

目前,有关"学习共同体"的观念"已经是许多教育情境中的突出特征","学习共同体的研究与实践成为一种'国际化的运动'"⑤。关于学习共同体的研究主要有四方面的观点阐述:

第一,组织视角下的学习共同体研究。基于共同体的原意提出,重点突出其"共同"的特性,强调学校是由学习者和他的助学者(教师、专家、辅导者等)

---

① 约翰·亨利·纽曼.大学的理想(节本)[M].徐辉,顾建新,何曙荣,译.杭州:浙江教育出版社,2001:3.

② 刘宝存.大学理念的传统与变革[M].北京:教育科学出版社,2004:36.

③ 奥尔托加·加塞特.大学的使命[M].徐小洲,陈军,译.杭州:浙江教育出版社,2001:54.

④ 托马斯·亨利·赫胥黎.科学与教育[M].单中惠,平波,译.北京:人民教育出版社,1990:129.

⑤ 赵健.学习共同体[D].上海:华东师范大学,2005.

共同构成的团体,"他们经常在学习过程中沟通、交流,分享学习资源,共同完成一定的学习任务,形成了相互影响、相互促进的人际联系"①。

第二,结构视角下的学习共同体研究。从"学习"与"共同体"的关系出发,强调两者的互动,认为学习本身就是持续的、动态的过程,学习者通过参与、活动、反思、会话、协作、问题解决等形式,"建构出一个具有独特文化氛围和境脉的动态结构,这种动态结构就是学习共同体"②。

第三,环境视角下的学习共同体研究。针对学习的过程而言,重点强调学习的外部力量,认为学习共同体是文化生态型的学习环境,是"一群有着共同的目标、观念、信仰的人,在相互协商形成的规则的规范和分工下,采取适宜的活动方式相互协作,运用各种学习工具和资源共同建构知识,解决共同面临的复杂问题,由此构成的一种学习的生态系统"③。学生和教师都不是知识的所有者而是"知识的探索者、使用者、添加者",学生是"学徒式的学习者",他们"学习怎样思考和推理,怎样在别人的帮助下达成目标"④。

第四,实践视角下的学习共同体研究。重点强调学习共同体的建构策略,如构建以课题学习为核心、以个人经验轨迹为基础的"生生学习共同体",构建关注教师成长的"教师学习共同体",构建社会市民、家长、学校教师多层次合作的"学习共同体",构建基于自律的"专家型学习共同体"。

上述不同视角关于学习共同体研究的表述虽有不同,但它们都强调了学习共同体的目标性、同一性、自愿性和发展性等特点。建构学习共同体是

---

① 张建伟,孙燕青.建构性学习——学习科学的整合性探索[M].上海:上海教育出版社,2005:180.

② J.莱夫,E.温格.情景学习:合法的边缘性参与[M].上海:华东师范大学出版社,2004:40-60.

③ 郑葳.学习共同体——文化生态学习环境的理想架构[M].北京:教育科学出版社,2007:19-20.

④ Priscilla Norton & Karin M. Wiburg. 信息技术与教学创新[M]. 吴洪健,倪男奇,译.北京:中国轻工业出版社,2002:227.

指向大学从关注学术为本转向关注知识传授为本,从围绕特定的学科研究转向师生合作共同完成一定的学习任务,师生运用各种学习工具和资源共同建构知识、创造知识、发展知识,通过协作使大学始终成为"人类社会的动力站"。

在新的时代背景下解读"大学究竟是什么"的问题,既要考量各种学术观点的差异性,更要找寻它们的共同点。将大学视作"学术共同体",其本意是因为大学的"任务和工作是围绕许多知识群类而组合的,知识、专业、学科是一切其他工作的基础",学科是"大学最重要的组织单元"①;将大学视作"学习共同体",其本意是想突出大学的人本性,大学是由发现者、教育者和学习者共同组成的,更突出学生在大学"学习共同体"中的主体性和重要性。不管是学术共同体还是学习共同体,都凸显了大学"以人为本"的特性和"致力于寻求真理之事业"的大学之道,它们的定位都是试图回归大学的本质。但是这种回归仅仅是部分回归,因为事实上"现代社会任何层次的共同体,都是需要依靠某些共同的价值来塑造的"②,人为塑造的价值观念是当今共同体得以形成的逻辑起点。

(三)共同体与大学:德育共同体的视角

真正的大学应该是"精神共同体"或"价值共同体",这是大学的灵魂。著名的共同体理论家迈克尔·桑德尔将共同体区分为工具性、情感性和构成性三个层次。工具性层次的共同体完全是因为个人利益的需要而结成的;情感性层次的共同体成员除了考虑合作的直接利益外,对共同体还存在某种依恋的情感与态度;构成性层次的共同体则塑造了成员的身份认同,体现极为深刻的共同体感。很显然,构成性层次这种"超越纯粹的工具考虑、包含强烈的情感依恋、确认成员的身份认同的共同体才是大学共同体所应当追求的目标"③。

---

① 龚放.大学"师生共同体":概念辨析与现实重构[J].中国高教研究,2012(12):6.
② 顾凌云.大学共同体的定位与大学特色[J].大学(学术版),2010(8):26.
③ 顾凌云.大学共同体的定位与大学特色[J].大学(学术版),2010(8):27.

因此,大学共同体的定位应该超越大学本身,在更为深远的意义上走向价值认同,从而塑造"价值共同体"。

在建设中国特色社会主义大学的今天,在学生构成和发展取向日益多样化的当下,中国的大学"应该重新认识其使命,使大学活动真正发挥出应有的力量"①。我们应该直接明确地回答"何为大学、大学何为"的问题,这是与大学发展直接相关的。处在中国特殊历史背景下的中国大学具有强烈的意识形态性,意识形态和上层建筑赋予中国大学立德树人的重要职责,使它不仅仅是学术共同体或知识共同体,而是基于学术共同体和知识共同体基础上的"德育共同体"。德育共同体是中国大学凸显"中国特色"基因的关键所在。

那么什么是"德育共同体"呢?从我们对相关文献进行检索后的数据分析可以看出,这是新的概念,目前对德育共同体的研究尚在起步阶段。从检索到的已有文献来看,德育共同体一词最早出现在戴岳的《生态视角下学校德育管理观的变革》一文中。他从生态学的视角考察学校德育管理,认为当前学校德育出现低迷的最主要原因是德育系出现了生态性危机,如"管理体制的刻板化,忽视生命个体的多样性;管理关系的对立化,造成德育共同体关系的不和谐;管理环境的封闭化,引起德育生态系统的断裂"②,而生态学所强调的共同体、生态系统、整体性等特征,为变革传统的德育管理思想提供了新的理念和借鉴。在此之后,学术界开始出现关于德育共同体的研究,主要集中在以下两个方面。

一方面,从共同体的角度讨论高校德育体系的构建问题。许烨(2014)提出了"高校教师职业伦理共同体"概念。基于高校教师"在伦理道德意义上应该如何成长为教师"和视其为"德育共同体",依靠社会对高校教师"有所为"的价值期待,培养有德之师的目标,提出构建高校职业伦理共同体的目标。它是

---

① 奥尔托加·加塞特.大学的使命[M].徐小洲,陈军,译.杭州:浙江教育出版社,2001:5.

② 戴岳.生态视角下学校德育管理观的变革[J].当代教育科学,2008(17):7.

"以情感的德性生活、差异的规范伦理、交往的学术共同体、和谐的伦理秩序为基础,构建广博求真的专业知识共同体,人本理性的伦理精神共同体,关怀向善的德行规范共同体,自律严谨的科研学术同体,良心忠诚的社会服务共同体"①。涂丽平指出,"在生态思维的视阈下,高校德育共同体是成员通过相互依赖关系而共享道德经验、情感和价值的道德团体"②,德育共同体的发展既表现为个体成员、共同体和外部环境之间道德经验的互动与协同,又表现为"共同善"的动态成长过程。既作为开放的整体,又作为动态发展过程,德育共同体体现了生态思维的整体主义原则和有机主义原则的超越性意义。孔凡建认为德育共同体是"以相同的道德培养信仰为指航,为了达成一致的道德教育目标和规范价值,由群体成员主动参与、通力合作、真挚沟通,在为社会培养道德合格的个体中形成的具有强烈归属感、认同感和责任感的生命有机体",这个有机体因为"共同体目标的迁升和成员素养的提高,而不断动态向前发展、升华",它的构建须具备主体、环体和介体等因素,"其成员、共同体环境、整体各要素之间是良性的、和谐的、有机的关系"③。根据个体成长教化演变的场域不同,可以将德育共同体的建构类型分为家庭德育共同体、学校德育共同体、社会德育共同体和国家德育共同体等若干种,回归生活世界是德育共同体建构的走向。

另一方面,是对构建德育共同体的具体实践进行总结,以个案研究的方法提供建构共同体的具体策略。白宏太介绍了克拉玛依市推进中小学德育工作的具体实践④。谢春风着重以北京市中小学德育工作为试点,推进中小学德育

① 许烨.当代高校教师职业伦理及其建构研究[D].长沙:湖南大学,2014.
② 涂丽平.高校德育共同体建设的生态路径选择——来自怀特海和杜威的启示[J].广西社会科学,2014(06):201-205.
③ 孔凡建.论德育共同体的建构及其走向[D].徐州:中国矿业大学,2015.
④ 白宏太,龚建社.克拉玛依:构建德育共同体[J].人民教育,2011(17):24-28.

内容、方法和机制创新研究①。蔡其勇等具体从校长德育领导力的意蕴及提升方面展开研究，认为全员育人、构建德育共同体是德育领导力提升的关键，并将德育共同体的内涵归纳为"教育者自发或学校组织起来的，由具有共同德育信念、共同德育愿景的教育者及其利益相关者，共同构成的德育生命有机体"②。

总而观之，目前有关德育共同体的研究尚不成熟，处于起步阶段。已有的研究或以德育体系指代德育共同体，或提出共同体的理念以探讨国家、社会、家庭、高校的协同育人体系构建。这些研究虽然强调了高校育人的整体性、有机性和协同性，但混淆了德育体系和德育共同体的概念。在已有研究基础上，通过整体性的研究和互文式的阅读，我们认为德育共同体是大学的"价值共同体"，它和大学德育体系不同。体系是由"若干有关事物或某些意识互相联系而构成的一个整体"③，是个工具性概念，我们可以将其理解为大学为实现德育共同体目标而采取的实践模式。高校是学术共同体、知识共同体、学习共同体，这点得到了中外研究者的关注和认同。但是我们认为对当代中国而言，中国大学的属性具有鲜明的意识形态特点，以"立德树人"为根本任务，全员育人、协同育人，事实上是已经构成并不断完善着的"德育共同体"，从而实现对"学术共同体""学习共同体""知识共同体"的提升，并以此彰显其中国特色，探索教育创新的中国道路。因此，对德育共同体的研究应该是基于其理论前提的哲学反思和共同体实践的有机结合。

正因为如此，对中国特色的高校辅导员制度的考察也应放在德育共同体的视域下，进一步分析辅导员在德育共同体中的职业方位、职业价值、职

---

① 谢春风.北京：国家教育体制改革视阈下首都德育共同体构建[J].中国德育，2013（18）：13-17.

② 蔡其勇，李学容.校长德育领导力的意蕴及提升[J].中国德育，2015（02）：10-13.

③ 中国社会科学院语言研究所词典编辑室.现代汉语词典（修订本）[M].北京：商务印书馆，1998：1241.

业发展。这是目前已有研究所未涉及的，而这些也正是本书展开的创新点。

二、关于辅导员职业发展的研究

本书特别强调在高校德育共同体的视域下讨论辅导员职业发展问题，主要是从辅导员以德为业的职业特性出发，将其置于所处的职业环境和职业对象的关系体系中进行考察。这样既可以使我们摆脱单纯的职业视角，同时又可以包容大学中各个群体形成的共同体关系，以共同体的价值观来塑造辅导员对职业的认同进而促成其职业的长远发展。因为就大学的发展而言，"个人目的固然及其重要，但是，他们对目标的选择必须具有共同性"①，只有这样才能实现个人发展目标与大学价值目标的统一。而且随着我国教育改革的不断深入和推进，教育研究领域出现了新趋势，即：从关注学生转向关注教师，从关注教育质量转向关注教师教育，从关注教师心理健康教育转向关注教师专业化。

近年来，高校辅导员队伍建设尤其是辅导员职业化专业化发展得到了许多学者、高校管理者以及辅导员队伍自身的密切关注。学者们针对辅导员职业发展和专业化建设等问题开展了大量研究，辅导员群体自身也结合工作实践展开了热烈讨论。目前已经涌现出大量的研究成果，这些研究体现了多视角和跨学科的特点。在CNKI中国知网检索平台上以"辅导员职业发展"为主题词进行检索，有2831篇文献。在对这些文献进行梳理分析的基础上，根据研究的不同侧重，可以归纳出四种有代表性的辅导员职业发展研究取向：一是基于角色界定与角色职能的定义研究取向，二是基于问题导向与对策分析的事实研究取向，三是基于政策解读与机制创新的制度研究取向，四是基于历史发展与中外对比的比较研究取向。

① 奥尔托加·加塞特.大学的使命[M].徐小洲，陈军，译.杭州：浙江教育出版社，2001：2.

（一）基于角色界定与角色职能的定义研究取向

辅导员作为一种社会角色，有其特定的内涵与价值。学术界对辅导员职业角色的研究主要集中在角色定位和角色冲突两方面。

关于辅导员的角色定位研究，有多种不同的研究角度。从宏观和微观角度来讲，宏观上，辅导员是学生成长的引路人和知心朋友；微观上，承担着马克思主义进头脑的助推器、基本道德规范引导的主力军、学生专业学习的指导员、第二课堂的设计师、学习生活秩序的管理者、学生事务的服务员、学生心理健康和生命安全的守护神等现代角色。[①] 从辅导员的特殊身份角度来讲，辅导员"人生导师"的角色是与学业导师相对应、相区分的，它意味着辅导员要指导、引领大学生的人生发展，就人生成长发展问题对大学生传道授业解惑。[②]

关于辅导员的角色冲突主要是从内部因素与外部因素两方面加以分析，将冲突归结为角色内冲突与角色间冲突两种类型[③]。

一是角色内冲突，是指辅导员作为一种角色，由于外在对他的不同期待或自身对这个角色的理解不清，而在内心产生的矛盾或冲突。外在对辅导员角色具有不同期待，往往会对其工作提出不同的要求，如学生工作部门、宣传部门、教务部门、后勤管理部门、辅导员所在院系等，他们对辅导员有不同的角色期待，而且这种期待或要求有时候并不指向统一的方向，这种多重领导所带来的角色冲突往往会让辅导员觉得无所适从。此外，辅导员的主要职责可以说是既清晰又模糊，因为对于"人生导师"和"知心朋友"的具体工作职责究竟是什么，似乎并不那么清晰，这种不够明确或不精确的职责界定也使辅导员往往

---

① 刘在洲.高校辅导员角色的历史溯源与现代发展[J].学校党建与思想教育，2017（1）：84-86.

② 白显良.论高校辅导员人生导师的角色定位[J].高校辅导员，2016（2）：3-7.

③ 张立鹏.应然·实然·适然：我国高校辅导员角色的三维考量[D].石家庄：河北师范大学，2015.

不能很好地理解自身承担的职责,辅导员工作往往成为良心活。[①] 就辅导员自身来说还存在能力水平与被赋予的角色期待之间有差距的问题,由此出现不同方面的角色冲突,如工作负担过重与个人承受能力有限之间的冲突、渴望被尊重与缺乏被认可之间的冲突、现实能力水平与理想角色期待之间的冲突、做学生的人生导师与自身需要不断学习之间的冲突等。

二是角色间冲突,是指同一角色内及两个以上角色之间的矛盾所引发的冲突。辅导员与专业教师、与管理队伍、与学生群体之间以及不同辅导员之间都构成了不同的关系,从而扮演了不同的角色,这种多重角色相互交织自然会产生角色的冲突。如辅导员作为思想政治教育者与心理辅导者之间的角色冲突,辅导员作为高校制度的执行者与学生权益维护者之间的冲突,辅导员作为日常事务管理者与教师角色之间的冲突等。多重角色间的冲突表现为辅导员角色过多、角色要求差异、角色期待不同、角色能力不足等方面的问题。

(二)基于问题导向与对策分析的事实研究取向

事实研究取向主要是从不同学科视角对辅导员职业发展状况展开研究,着重以问题为导向探讨辅导员职业发展中遇到的瓶颈与困境,其中研究最多的是从心理学、社会学角度探讨辅导员职业认同、职业幸福感、工作满意度等问题。这些研究普遍采用调查问卷、模型建构等工具,以某一范围内的辅导员群体为研究对象展开调查研究。综合这些研究结果可以发现,当前辅导员职业发展主要存在六方面的问题,即缺乏职业认同、充满职业焦虑、工作满意度不高、多重角色冲突、工作协同不畅、发展路径不明。

第一,职业认同度低。辅导员的物质基础需要、联系归属需要和自我实现需要得不到很好的满足,来自辅导员和专任教师、机关管理干部在多个方面的

---

① 邱柏生.新形势下高校辅导员队伍建设的老议题与新意境[J].高校辅导员,2017(2):90-94.

相互对比,是导致辅导员职业认同感偏低的主要原因①。第二,存在职业焦虑。辅导员在敬业精神、职业参与意识、工作责任感、职业牺牲精神等方面的自我评价较高,而对工作应变力、工作胜任力等的自我评价较低。辅导员主观情感上热爱这份职业并愿意为之付出努力,但工作能力不足、工作水平有限使他们充满了职业焦虑,使他们的职业发展道路受阻。② 第三,工作满意度不高。职业认同感与工作自主性、工作压力共同构成显著影响辅导员工作满意度的三个变量。工作自主性通过职业认同感进一步作用于工作满意度,职业认同感是工作自主性与工作满意度的中介变量;工作压力通过职业认同感进一步作用于工作满意度,职业认同感是工作压力与工作满意度的中介变量。③ 第四,对职业角色认识不清。辅导员工作几乎涵盖了与大学生有关的各项内容,不仅包括思想政治教育、日常事务管理、学业指导、心理咨询、健康教育、就业指导、危机事件处理等,还包括学生对外交流、宿舍管理、校友联络、外事工作等。"这种简单化地将高校内部教学、行政管理之外的所有'零余性'责任全部交由辅导员承担而产生的职业角色定位"④,显然与社会分工理论相违背,也导致辅导员在实际工作中对自身的角色定位不准、认识不清、职责不明。第五,工作协同不畅。近年来"全员育人"理念逐渐深化,辅导员、教师队伍、管理队伍等不同的育人主体之间的协同意识日益加强,但是"遇责任相互推诿""遇利益相互博弈"的现象也时有发生⑤,辅导员与高校其他育人主体间的协同并不十分顺畅。第六,职业发展路径不明晰。许多高校开通了辅导员职称评定和职务

---

① 周广军.高校辅导员职业认同研究[D].北京:首都经济贸易大学,2012.

② 李初旭,栗蕊蕊.高校辅导员职业发展:内在规律与支持路径——以上海市高校为例[J].思想政治课研究,2017(3):66-72.

③ 董秀成.高校辅导员工作满意度研究[D].杭州:浙江大学,2008.

④ 戴锐,肖楚杰.职业社会学视角下高校辅导员的角色再定位研究[J].思想政治教育研究,2016(4):105-112.

⑤ 周军军,肖楚杰.基于协同学理论的高校德育系统优化路径[J].农业教育研究,2014(12):6-9.

晋升的发展通道,但总体而言,辅导员职业通道建设中的"职业定位模糊、缺乏普适性的职业发展机制、职业认同度偏低以及人力资源管理不合理等问题"依然存在,可以建设"管理型、专家型、事务型三向交叉的发展路径"①,进一步拓宽辅导员的职业通道。

事实研究取向在分析当前辅导员队伍建设存在的主要问题的基础上,也提出了解决的基本对策。多数研究者提出,解决辅导员职业发展困境的出路是探索辅导员职业化、专业化、专家型发展的路径。辅导员工作涉及面广、专业性强,加强辅导员队伍专业化培养是提升辅导员职业素质、促进辅导员职业发展的重要途径。② 辅导员专业化是指形成专门的知识体系,建立专门的教育培训制度与认证体系,制定专门的工作标准与职业伦理体系,发展专业团体并获得专业地位的过程。③ 有专门的知识与技能、有相当的学术学科作支撑、有专门的工作领域、遵循专门的服务伦理、有专门的教育培训设施、职业伦理建立有专门化的测试指标体系、有坚强的专业团队,是辅导员职业化专业化发展的必要条件。为此,中央 16 号文件颁发以来,教育部推出了一系列加强辅导员队伍职业化专业化建设的举措,出台《2006—2010 年普通高等学校辅导员培训计划》《普通高等学校辅导员培训规划(2013—2017 年)》等具有实践操作性的培训计划,颁布《高等学校辅导员职业能力标准(暂行)》《普通高等学校辅导员队伍建设规定》等文件。这些政策都是围绕提升辅导员专业化能力和水平的目标,聚焦推动辅导员思想政治素质、职业素养、业务水平的大幅提升,为大学生思想政治教育的科学发展提供了有力支撑。同时,教育部还在 2007 年9 月推动建立了首批 21 个教育部高校辅导员培训和研修基地。2008 年 7 月

---

① 黄巧荣.高校辅导员职业通道建设思考[J].思想理论教育,2016(9):102-106.

② 刘宏达,潘开艳.十年来我国高校辅导员制度的顶层设计及其实践创新[J].思想政治教育研究,2017(1):115-119.

③ 彭庆红.试论高校辅导员队伍的专业化建设[J].北京科技大学学报(社会科学版),2007(4):148-152,156.

又在山东大学成立中国高等教育学会辅导员工作研究分会,成为首个全国性的高校辅导员学术团体。除政府主导的政策措施外,各地各高校也纷纷结合实际,从能力素质、发展方向、文化建设和综合思考等不同层面,对辅导员专业化建设的成果进行了梳理。① 杨玉、贾鹏等人对国内 137 所高校十年来辅导员队伍建设的实际情况做了调研,总结国内外高校辅导员队伍建设情况,从高校学生工作管理部门、辅导员、在校大学生三个角度系统研究高校辅导员准入、培养、考核与发展机制,梳理辅导员岗位职责及职业特点,探索加强辅导员队伍建设科学合理性的有效途径。②

然而,"高校人才培养作用被低估、辅导员的教师身份没有被落实、专业化程度不高等现实问题"③,使辅导员队伍在实现专业化的过程中仍然面临诸多困境。目前,辅导员群体的学科来源具有多样化的特点,许多辅导员职业素养和专业研究的积累是"从零开始"的,使他们缺乏专业成长的自信。辅导员工作"直接性、事务性、琐碎性的特点"④也使辅导员在实现专业知识的积累和专业能力的提升上,难以投入必要的时间与精力。辅导员专业化发展主要有内在路径和外在路径两方面的实现路径,可以通过政策设计系统化、培训课程化、管理机制专业化等形式来实现。辅导员的自我教育是辅导员专业化的内在途径,是辅导员"有目的、有计划地丰富知识、提高技能,主动完善自身素质和能力的过程";外在环境对辅导员个体的塑造过程主要是"通过专门的辅导员培训培养来实现辅导员专业化"⑤。内在路径与外在路径相结合,共同推动

① 白永生.新时期高校辅导员队伍建设的研究与思考[M].北京:光明日报出版社,2016.
② 杨玉,贾鹏.引航高校辅导员准入、培养、考核、发展机制研究[M].北京:中国言实出版社,2017.
③ 王显芳,王肖肖.新时期辅导员队伍专业化发展的困境、机遇及途径[J].思想教育研究,2015(4):98-100.
④ 冯刚.高校辅导员队伍专业化、职业化建设的发展路径[J].思想理论教育,2016(11):4-9.
⑤ 李忠军.以职业能力建设为核心推动高校辅导员队伍专业化发展[J].思想理论教育,2014(12):97-101.

辅导员由实践经验向理论知识升华,再以理论指导实践活动,以提高思想政治教育工作的针对性和实效性。

(三)基于政策解读与机制创新的制度研究取向

这类研究主要涉及与辅导员制度有关的各项政策解读以及辅导员管理体制、选拔聘用制度、培训考核制度、晋升淘汰制度等方面的运行机制研究,主要是从政策保障和制度保障上为辅导员职业化专业化发展提供支撑。

通过政策的整体性推进,逐步健全辅导员队伍建设的制度体系。16 号文件颁布以后,辅导员队伍建设被放到了关系学生思想政治教育质量的突出位置。尤其是 2006 年以来,教育部、各级教育主管部门、各高校都加强顶层设计,统筹规划,形成了整体性的制度推进态势。《普通高等学校辅导员队伍建设规定》(教育部令第 24 号,2006)最早以文件的形式,专门明确了辅导员职业定位、工作要求、配备与选聘、培养与发展、管理与考核等,形成了辅导员队伍建设全过程的规范化指导。《普通高等学校辅导员培训规划(2013—2017 年)》(教育部党组 9 号文,2013)以促进辅导员专业化、职业化和可持续发展为导向,以制度化的设计形成适应高等教育发展需要、符合辅导员成长成才规律、规范科学的培训机制,构建多层级(国家、省市、高校三级)、多形式(基地培训、网络培训、实践训练、海外考察等)、多内容(思想政治教育理论、专业素养提升、职业能力培养等)的专业化培训体系。《高等学校辅导员职业能力标准(暂行)》(教育部思政司 2 号文,2014)进一步强调辅导员是"履行高等学校学生工作职责的专业人员,要经过系统的培养与培训,具有良好的职业道德,掌握系统的专业知识和专业技能"[①],并将辅导员职业分为初、中、高三个等级,对各等级要掌握的职业知识、工作内容、职业能力要求等进行规定,进一步充实丰富辅导员工作的专业内涵。新修订的《普通高等学校辅导员队伍建设规

---

① 教育部.关于印发《高等学校辅导员职业能力标准(暂行)》的通知[EB/OL].中华人民共和国教育部,http://old.moe.gov.cn//publicfiles/business/htmlfiles/moe/s7060/201404/xxgk_167113.html,2014-03-27.

定》(教育部令第 43 号,2017)根据新形势下对辅导员职业发展的新要求,进一步重申了辅导员队伍职业化专业化建设的重要性,为"不断提高队伍的专业水平和职业能力,保证辅导员工作有条件、干事有平台、待遇有保障、发展有空间"提供政策保障。这些政策文件,一是构建了指导辅导员队伍全过程建设的规范化制度体系,二是构建了指导辅导员队伍等级递进、分层分类实现发展的职业化制度体系,三是构建了指导辅导员队伍多层级、多形式、多主题的专业化培训制度体系。这些政策循序渐进、针对性强、关联性强,凸显了辅导员队伍建设的制度特色,为辅导员职业发展提供了强有力的制度保障。

同时,各级教育主管部门、各高校也结合自身实际,从制度设计的角度推进辅导员专业化发展。这些制度主要从明确职责、严格准入、加强培养、规范管理、完善职务评聘和待遇制度等方面来建设专业化辅导员队伍[①],通过选聘、分流、激励、保障、评价机制等保障高校辅导员专业化建设的有效性[②],建立相应的组织机构如辅导员中心,建立规范的准入、培养、激励机制[③]。围绕"怎么选聘""怎么培养""怎么管理""怎么考核""怎么保障"等一系列问题,从具体的政策操作性层面展开探索,推进辅导员专业化建设的制度实施。

(四)基于历史发展与中外对比的比较研究取向

第一,围绕我国辅导员制度产生、发展的历史进程展开,对不同时期的辅导员制度特征进行比较研究,不同学者给出了不同观点。有学者将辅导员制度的发展分为萌芽阶段(1924—1949)、初创时期(1949—1960)、形成时期(1960—1966)、挫折与恢复时期(1966—1982)、发展和创新时期(1983—)[④];

---

① 刘淑英.高校辅导员队伍专业化的几点思考[J].思想政治教育导刊,2007(7):62-65.
② 刘欣堂.关于高校辅导员专业化建设的思考[J].思想政治教育导刊,2007(7):65-67.
③ 曹琨.论高校辅导员专业化发展的学理支撑[J].黑龙江高教研究,2006(12):81-82.
④ 杜向民,黎开谊.嬗变与开新:高校辅导员制度发展研究[M].北京:中国社会科学出版社,2009.

有学者将其分为起源阶段(1924—1949)、初创阶段(1949—1966)、停滞阶段(1966—1976)、发展阶段(1976—　)[1];有学者按照每个时期辅导员工作职责不同进行划分,分为军事指导型辅导员(新中国成立之前)、思想改造型辅导员(新中国成立至60年代初)、政治工作型辅导员(60年代初期至改革开放前)、事务管理型辅导员(改革开放以后至90年代初)、德育发展型辅导员(90年代至党的十七大前)、立德树人型辅导员(党的十七大以来)[2]。不同历史阶段的社会发展要求不同,大学生思想政治教育的目的、内容、手段、方法也相应不同,辅导员的职责职能也随之发生变化并呈现不同特点[3]。

第二,围绕中外辅导员制度展开比较,在比较中厘清辅导员职业发展的内涵。国外与辅导员这一职业相对应的是从事学生工作的人员,即学生事务工作者(Student Affairs Administrators/Professionals)。英、美等国高校的学生事务管理工作历史悠久,已经形成比较完善的管理制度和理念,很多已经发展到高度职业化、专业化的程度,其中以美国发展最甚。美国学生事务工作队伍是个庞大的系统群体,在产生之初主要负责为学生提供职业指导,之后扩展到矫正和治疗学生心理问题,进而又转向促进学生的全面发展。与此相应,美国高校学生事务管理模式也大致经历了四个发展阶段:学生人事(Student Personnel)模式、学生服务(Student Services)模式、学生发展(Student Development)模式、SLI(Student Learning Imperative)模式。[4] 80年代以来,SLI模式的出现标志着美国高校学生发展理论进入了专门化的发展阶段。该理论指出,"学生学习是当务之急——学生事务的含义",进一步明确了"帮助学生全面发展"的要义。学生事务工作者一方面要认真履行职责,坚

① 孟雪.高校辅导员制度的历史演变探析[D].苏州:苏州大学,2012.
② 任少波.辅导员:高校立德树人的关键力量[M].北京:高等教育出版社,2016:18-25.
③ 吴巧慧,王树荫.高校辅导员制度建设的历史进程与基本经验[J].思想理论教育导刊,2013(7):128-131.
④ 李莉.美国学生事务管理历史演进及制度解析[J].南通大学学报(教育科学版),2007(4):61-65.

持以学生为本;另一方面,要通过咨询、指导、服务,提高学生自我意识水平和自主能力,帮助学生解决各种问题,促进学生心理和思想的成熟。该理论得到美国高等教育界的普遍关注,成为指导学生事务工作的理论基础。同时,也对学生事务工作和学生事务工作者提出了具体要求:学生事务工作作为学术工作的补充,以提高学生学习和个人发展为根本目标;学生事务工作者的工作领域包括学生问题的专家、环境以及教学过程等多方面,他们应严肃、认真地履行帮助学生学习和发展的职责,使用各种策略鼓励学生学习和个人发展,联合其他机构和部门共同促进学生学习和发展;学生事务工作政策和方案的制定是基于对学生学习的实践研究和具体的评估信息。这些要求促使学生事务工作者进一步思考自己的职责和使命,并将此进一步落实到学生培养的行动中。比较国内外高校辅导员队伍建设可以发现:在选聘方面,国内辅导员选聘对象多样、专业跨度较大、受过思想政治教育专业训练的专业人员较少,国外学生事务管理者的选聘通常需要经过较为严格的职业资格考试;在培训方面,国内正在逐步建立分层、分类、分主题的辅导员培训体系,但缺乏针对性和有效性,国外学生事务管理者的工作职责清晰、任务明确,培训更具针对性,更加集中化、专业化;在职业素养提升方面,国内辅导员通常扮演着"多面手"的多重任务角色,难以有时间、精力进行个人能力的提升,而国外学生事务管理者需要不断加强自身素养并要求取得相应的资格评定证书。

(五)不同研究取向述评与研究展望

综合上述不同研究取向的成果可以发现,当前对辅导员职业发展的研究呈现出四个特点:第一,研究的自觉性。高校辅导员和学生工作部门人员结合工作的实践展开一系列研究,体现了理论与实践紧密结合的自觉性。第二,研究的互动性。思想政治教育领域与教育学、管理学、心理学、社会学等领域的研究互动频繁,既拓展了研究的多学科视角,也增强了队伍本身的自信。第三,研究的持续性。研究能够契合时代的发展,分析面临的形势,坚持正确的方向,不断推动辅导员队伍的发展。第四,研究的创新性。已有研究能够不断跟进思想政治教育的形势需求,从高等教育承担的社会责任、高校发展的现实要求和学生面向未来成长的需求出发,对队伍的建设与发展提出新的措施。

但同时我们也要看到,这些研究主要集中在辅导员队伍发展的困境和对策方面,对问题出现的深层次原因的探究还较少。而且现有研究还处于相对分散、零乱的状态,缺乏权威性的专家观点,通常是高校学生工作部门人员和辅导员对工作实践的经验总结和描述,而且专业化的研究一直与职业化的阐述纠缠在一起。① 总结而言,主要存在以下三个问题:第一,研究成果数量虽多,但是很多内容重复。以经验性总结居多,真正专业性的研究很少。研究较多地着眼于加强队伍建设的重要性,一般是围绕辅导员必备的能力和角色定位谈如何提高辅导员能力素质,介绍辅导员工作的经验、方法和具体措施等,缺少对辅导员队伍建设中深层次问题的分析。第二,存在研究结论错位的问题。有的研究者采用比较研究的方法,介绍国外尤其是美国高校学生事务管理工作经验,对我国高校辅导员制度采取否定态度,认为"只有价值性,没有科学性",追捧国外的学生工作队伍建设制度,建议全盘照搬。第三,基础研究成果观点不统一。如对辅导员专业化的内涵界定,就存在不同的观点。对本质内涵概括的多样性,影响了辅导员的角色定位,难免招致对这支队伍是否需要职业化、专业化的质疑。

已有成果为促进该领域的进一步研究提供了依据,但对处在"德育共同体"中的辅导员而言,其职业发展并非是孤立的,而是整体性视域下的主体性发展。因此未来研究可以进一步聚焦于以下几方面:第一,从"分析性研究"转向理论框架参照下的系统考察即"整体性研究"。辅导员是高校思想政治教育工作的骨干力量,其存在和发展自然离不开整个高校德育环境的建设以及德

---

① 史慧明.高校辅导员专业化研究综述[J].理论与实践,2009(3):94.

育共同体中诸多主体因素的相互联系、相互作用。因此,要将内在结构因素分析及其与外部因素相互作用联系起来,将辅导员职业发展置于高校德育共同体建构的视域下展开研究。第二,从"客位研究"转向"主位研究",即关注辅导员自身在职业发展中的作用发挥。"客位研究"是研究者用自己所持的方式和观点,去描述和解释看到的辅导员职业发展现状;"主位研究"则要求站在被研究对象的角度,用他们的方式和观点去解释他们的生活状况。换句话说,我们要改变从国家政策推动的外部规定即"要我发展"的层面推进辅导员队伍发展的做法,进而转向把辅导员对自己职业发展的需要和意识即"我要发展"作为独立的影响因素予以考察。第三,从"价值论研究"转向"实践论研究"。不仅仅探讨辅导员专业发展的重要性即"为什么要发展"的问题,更为重要的是要进一步明确"发展什么"以及"怎么发展"的问题。

第三节　研究问题及创新点

一、研究问题

第一,中国特色社会主义大学的特性是什么? 为何是德育共同体? 它的组成如何? 不同的成员在其中扮演着什么样的角色?

第二,辅导员在高校德育共同体中的职业方位如何? 通过何种角色体现它的职业方位? 角色履行状况如何?

第三,辅导员职业发展的内在诉求如何激发与满足? 辅导员职业发展中的身份困境如何突破? 辅导员职业发展中的路径困境如何突破?

第四,辅导员职业发展的外在期待如何回应? 建构德育共同体要认识其关系共同体的实质,基于多元主体之间的交往互动和交互理性,建构全员协同育人体系;辅导员在协同育人体系中的作用如何发挥? 辅导员如何在协同育人的职业发展生态中实现自身的职业发展诉求？

二、创新点

一是视角创新。目前关于辅导员职业发展的研究，主要是基于角色界定与角色职能的定义研究、基于问题导向与对策分析的事实研究、基于政策解读与机制创新的制度研究、基于历史发展与中外对比的比较研究等研究取向。从辅导员的职业场域与关系体系切入，提出高校建构德育共同体对辅导员职业发展的影响和要求，是新的提法。目前学术界对德育共同体的关注还很少，选题视角具有一定的创新价值。

二是理论创新。教育领域关于共同体的研究，更多的是对学术共同体或学习共同体的探讨。本书结合共同体理论，创新性地提出"德育共同体"的新范式，对德育共同体的时代要求、内涵特征、主体构成等展开研究。在一定程度上，既丰富了高校德育理论研究的成果，更为辅导员职业相关理论研究提供了新范式。

三是观点创新。认识高校的德育共同体性质，是把握高校中国特色的关键所在。其目标一致性导向价值共同体，要求辅导员将认同社会主义核心价值观的价值立场和实现立德树人根本任务的价值目标，作为其职业认同的最高层次。其主体交互性建构关系共同体，辅导员在与高校其他育人主体的交往互动中，共同构筑多元化的育人体系。其集体协同性生成实践共同体，辅导员与高校其他育人主体在集体德育实践中提升道德认知水平，实现其对道德意义和身份建构的过程。

第四节　研究方法及路线

一、研究方法

本书采用的主要研究方法包括：第一，文献分析的方法。主要是为德育共同体视域下的辅导员职业发展研究提供理论基础。鉴于本书的目标和主要问题指向，我们对文献的分析主要集中在学术共同体、知识共同体、德育共同体、辅导员职业发展、职业认同、协同育人、辅导员专业发展等领域。通过对前人研究的成果进行文献综述，全面掌握德育共同体和辅导员职业发展的相关研究成果，为本书的开展提供理论支撑。第二，实证调研的方法。以全国部分高校辅导员为调研对象，通过问卷调查获取一手数据，采用描述统计、t 检验和方差分析法，分析辅导员职业发展中的角色失调现状。通过个别访谈，了解学校政策、学校文化、辅导员文化、辅导员职业发展状况等。第三，案例分析的方法。通过对浙江大学辅导员队伍建设的具体开展进行调查研究，并以浙江大学德育实践创新平台和辅导员专业发展平台的建设为例，进一步探讨辅导员职业发展的路径问题。第四，实物分析的方法。这里的实物主要是指辅导员队伍建设过程中的资料，如国家政策文件、学校文件、辅导员培养计划、辅导员教案、学生评价反馈表等。通过对这些实物的分析，了解辅导员队伍建设政策、发展状况，并进一步分析推动其职业发展的路径等。

二、研究路线

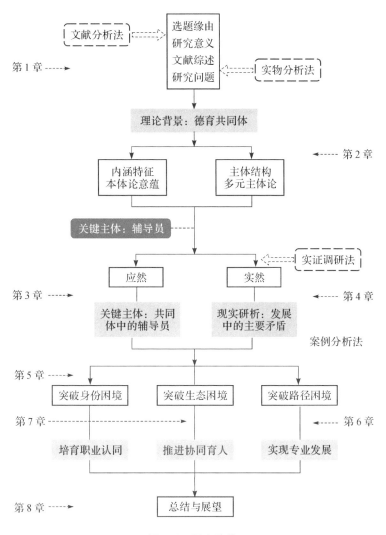

图 1.1　研究路线

第二章　德育共同体：
中国特色社会主义大学的特有属性

　　本章讨论的主要问题是：中国高校为何具有德育共同体的属性？德育共同体的内涵是什么？德育共同体视域下的辅导员职业发展有何不同？围绕这些问题，本章的基本观点沿着以下逻辑展开。

　　1.德育共同体彰显了当代中国特色社会主义大学建设语境下的共同体意义，是中国特色社会主义大学凸显"中国特色"基因的关键所在。

　　2.目标一致性导向价值共同体，主体交互性建构关系共同体，集体协同性生成实践共同体。认识并把握这三重意蕴，探讨中国特色社会主义大学的德育共同体属性。

　　3.辅导员、管理队伍、专业教师、学生作为高校德育共同体的主要育人主体，师生围绕实现立德树人根本任务，在集体实践中达成知识建构、意义协商、共同成长。

　　4.构建德育共同体对主体的要求：主体价值选择要从"参与"转向"认同"，主体目标选择要从"规范"转向"专业"，主体行为选择要从"合作"转向"协同"。

　　本章为辅导员职业发展研究奠定基本的理论框架体系和研究背景。

　　"办什么样的大学"以及"怎样办好大学"，是每一所大学办学首先要思考的重大问题。深入思考中国"办什么样的大学"以及"如何办好这样的大学"不但是党和国家关注、人民群众关心的问题，同时也是中国大学自身必须回答的理论和实践问题。世界各国大学虽有普遍性特征，但又因其所处的历史文化背景和政治制度的不同而各具特殊性，大学的价值目标体现了这种普遍性和特殊性的统一。各国大学对"办什么样的大学"以及"怎样办好大学"这一命题的思考与回应，是与本国的政治制度、历史文化紧密相关的。中国特色社会主义大学教育强调的是社会主义理论逻辑与中国社会发展历史逻辑的辩证统一，中国独特的国情、独特的文化传统以及独特的社会制度决定了我国大学只能走中国特色的办学道路，理所当然地必须坚持社会主义的办学方向，扎根中国大地，体现中国特色。

　　党的十八大提出将立德树人作为高校的根本任务。全国高校思想政治工作会议又进一步指出，高校思想政治工作关系高校培养什么样的人、如何培养人以及为谁培养人这个根本问题，高校要坚持把立德树人作为中心环节，把思想政治工作贯穿教育教学全过程，实现全程育人、全方位育人①。当前在全球化和互联网的影响下，西方国家的意识形态，西方大学的办学模式、教育观念、人才观念以及价值观念等，都不可避免地对中国大学产生影响乃至冲击。因此于大学办学而言，突出德育在高校工作中的地位和作用是关系大学办学方向和大学育人本质的核心命题。扎根中国大地办中国特色社会主义大学，就是要坚持以德育为主导，突出社会主义核心价值观引领，集聚力量培养担当民族复兴大任的时代新人。这就宣示了中国高校在客观上要构建全面提升思想政治工作能力和水平的"德育共同体"，既体现了中国特色社会主义大学立德树人的科学内涵和基本要求，也反映了当前高校回应国家和社会发展的时代要求。

---

　　①　把思想政治工作贯穿教育教学全过程 开创我国高等教育事业发展新局面[N].人民日报，2016-12-09(1).

第一节　建构德育共同体的时代要求

新的历史时期,党和国家提出了建设中国特色社会主义大学的时代命题,体现了世界高等教育发展规律的理论逻辑与中国高等教育自身发展的历史逻辑的辩证统一。扎根中国大地办大学即建设好中国特色社会主义大学,是党和国家对我国高等教育发展的目标定位,也是我国高校自身发展的路径选择。举一纲而万目张,办好中国特色社会主义大学的根本是把握正确的办学方向,坚持立德树人、以德为先,构建并不断完善价值目标高度一致的"德育共同体"。

一、中国特色社会主义大学概念的提出

大学是中世纪的产物,最早的大学和现代大学无论在办学的硬件设备(如中世纪大学没有图书馆、实验室等)还是在办学的软件条件上(如中世纪大学"不颁发任何行事一览表"①),都存在巨大且显著的差异。但是大学在其发展的几百年间,有一点一直都未曾改变:大学教育的本质是根据一定社会或阶级的要求,做培养人的工作。换句话说,大学就是根据国家社会的需要进行培养人的活动。为国家发展培养人,成为千百年来大学发展始终不变的坚守和使命。我国近代大学在一百多年的发展历程中,培养了大批高级专门人才,他们已经成为中国社会建设和发展最重要的支撑力量。但是 20 世纪 90 年代以来,经济全球化的发展对世界高等教育产生了巨大的冲击。我国高等教育也由此面临着世界范围内综合国力竞争的新趋势、经济社会发展的新常态、意识形态斗争的新变化和建设高等教育强国的新要求。

---

① 查尔斯·霍默·哈斯金斯.大学的兴起[M].王建妮,译.上海:上海人民出版社,2007:2.

面对新的形势与挑战,党的十八大以来,以习近平同志为核心的党中央高度重视培养"中国特色社会主义事业建设者和接班人"的工作,把保障中国特色社会主义事业"后继有人"作为一项重大的战略任务,对加强高校思想政治工作做出了一系列重大部署。2014 年 5 月 4 日,习近平总书记在北京大学考察时,对发展具有中国特色、世界水平的现代高等教育作了具体阐释,旗帜鲜明地提出"办好中国的世界一流大学,必须有中国特色……世界上不会有第二个哈佛、牛津、斯坦福、麻省理工、剑桥,但会有第一个北大、清华、浙大、复旦、南大等中国著名学府。我们要认真吸收世界上先进的办学治学经验,更要遵循教育规律,扎根中国大地办大学"①。2014 年 12 月 28 日,第二十三次全国高等学校党的建设工作会议在北京召开,习近平总书记在会上提出了"中国特色社会主义大学"的概念,强调"高校肩负着学习研究宣传马克思主义、培养中国特色社会主义事业建设者和接班人的重大任务。加强党对高校的领导,加强和改进高校党的建设,是办好中国特色社会主义大学的根本保证"②。2016年 12 月 7 日,全国高校思想政治工作会议在北京召开,习近平总书记再次强调,"我国有独特的历史、独特的文化、独特的国情,决定了我国必须走自己的高等教育发展道路,扎实办好中国特色社会主义高校"③。习近平总书记的系列重要讲话为中国办好自己的大学提出了具体要求,为我国大学的发展道路、办学方向、办学目标、办学特色、办学功能和办学保障等奠定了理论基础,同时也开辟了在当前的历史阶段,中国大学面向中国特色社会主义现代化、面向世界、面向未来的新的发展境界。新时代中国大学是以中国特色社会主义理论为指导,在办学道路、方向、目标、功能、制度等方面具有中国特色的现代大学。

---

① 青年要自觉践行社会主义核心价值观——在北京大学师生座谈会上的讲话[N].人民日报,2014-05-05(2).

② 坚持立德树人思想引领 加强改进高校党建工作[N].人民日报,2014-12-30(1).

③ 把思想政治工作贯穿教育教学全过程 开创我国高等教育事业发展新局面[N].人民日报,2016-12-09(1).

二、中国特色社会主义大学的基本特征

高等教育是种社会存在,大学是个现代社会组织,不同的社会制度决定着不同的高等教育目的,也指引着大学办学的不同方向。因此,世界各国的大学虽有其普遍性特征,又因其所处的历史文化背景和政治制度的不同而各具差异性。中国特色社会主义大学的基本特征是对中国特色社会主义的本质反映,体现的是中国大学区别于世界其他大学的差异性和特殊性,集中反映在政治方向性、民族特色性和科学人本性上。

(一)政治方向性

教育是由一定的经济基础和政治制度决定的,并通过培养人来为发展社会生产力和巩固社会政治制度服务,因而教育是有阶级性的。自阶级社会产生以来,教育一方面为发展经济、发展生产力服务;另一方面为巩固政治制度服务,培养维护本阶级统治的人。大学是国家意识形态的重要阵地,西方国家的大学是资产阶级行使其文化领导权的主要阵地,是西方意识形态国家机器的重要组成部分,也是西方国家培养未来国家政治经济文化精英的主要场所。而中国特色社会主义大学是中国共产党行使社会主义文化领导权的核心阵地,必须坚持正确的政治方向,坚持"四个服务"。

(二)民族特色性

越是民族的,越是世界的。办好中国的世界一流大学,须有中国特色。中国高等教育作为我国社会主义文化建设的重要内容,必须符合中国特色社会主义事业发展的需要,也必然具有社会主义的中国特色。中国特色社会主义大学必须要扎根中国大地,从中国实际出发,继承中国教育优良传统,适应中国社会发展需要,体现鲜明的中国特色。要坚持从中华优秀传统文化中汲取教育养分,深入挖掘中华文化的核心思想理念、传统美德、人文精神,将其融入日常教育中,引导学生将优秀传统文化的坚守和创新作为己任,厚植大学生文化自信的根基。

（三）科学人本性

党的十九大指出，"中国特色社会主义进入新时代，我国社会主要矛盾已经转化为人民日益增长的美好生活需要和不平衡不充分的发展之间的矛盾"①。高等教育是人民美好生活需求的重要组成部分。当前，我国已经是高等教育大国，但与世界先进水平相比、与国家要求和人民的期待相比，高等教育改革发展不平衡、不充分的问题日益凸显，我国还要向高等教育强国迈进。向高等教育强国迈进，必须坚持走中国特色社会主义大学的办学道路。综观当今世界一流大学的发展历程，英国的牛津大学和剑桥大学、德国的洪堡大学、美国的哈佛大学、日本的东京大学，都有自己独特的发展优势，它们绝不是对先前办学者的简单模仿和复制，而是在吸收前人办学经验和优势的基础上充分融入自己国家、民族的鲜明特色，创造出适合本国国情的新的大学形态，为培养本国建设所需人才做出自己独有的贡献并引领世界高等教育的发展。坚持中国特色社会主义大学的办学道路，要坚持"以人为本"原则，围绕学生、关照学生、服务学生，不但要尽可能地帮助学生积累丰富的科学文化知识以增强本领，更要培养学生对中国特色社会主义事业的理想信念和担当意识，引导他们在服务国家和奉献社会的劳动中将个人梦融入"中国梦"。

三、德育共同体是中国特色社会主义大学的基因表征

大学里所进行的教育，"教"的主要内容是高等教育知识和技能的传授与习得，更多地体现为"智育"；而"育"的主要内容是人的品质和德性的涵养与培育，更多地体现为"德育"。在大学教育中，不管是正式的课堂教育还是课外的校园文化建设，不管是知识教育、技能教育抑或是思维教育、方法教育，其背后都包含着价值观，都离不开价值观的指引和表征，也都需要培育和塑造既定的

---

① 新华社评论员. 深刻把握社会主要矛盾变化的新特点［EB/OL］. http://www. gov. cn/xinwen/2017-10-21/content_5233437. htm，中华人民共和国中央人民政府网站，2017-10-21.

价值观念。因此,大学教育的本质是价值观教育,是道德实践,价值观目的或者道德目的都始终内嵌在教育之中。

(一)社会主义教育的本质通过德育来体现

自从人类社会出现学校这一教育组织形式以来,任何社会的学校都十分重视对学生的道德教育。对道德教育的高度重视是中外教育史上的普遍现象,"但不同的社会,学校德育的目的和内容等则是迥然不同的。正是这种不同性质的德育,才使我们的学校教育与资本主义学校教育区别开来"①。各种大学教育在本质上的区别并不取决于教育构成的形式,而在于教育本身是属于什么社会性质,即政治经济制度决定了教育的思想政治方向和"为谁服务"的问题。我国是社会主义国家,决定了我国教育必须是为人民服务,为中国共产党治国理政服务,为巩固和发展中国特色社会主义制度服务,为改革开放和社会主义现代化建设服务。我国大学教育实践的是社会主义的全面发展教育,社会主义教育的这种本质性是通过德育的性质体现的。德育直接反映了一定社会的政治、经济、文化、思想关系要求的教育构成,不同性质的德育形成了社会主义大学和资本主义大学的根本区别。

思想政治工作是我党的优势,也是中国特色社会主义取得成功的关键性因素。思想政治教育是中国特色社会主义大学教育的灵魂,是社会主义高等教育特殊性的本质体现。第一,德育是社会经济关系的反映,反映了一定生产关系对人的发展的要求。社会主义生产关系所反映出来的立场、观点、思想、意识、行为规范等社会形态的东西,需要通过德育传导给青年一代,转化为他们个人的经验和行动指南。第二,经济关系对德育的要求往往会通过政治的"中间环节"来体现。社会主义社会是人民民主专政的社会,要求德育为人民服务,为社会主义物质文明建设和精神文明建设服务,在遵循青年学生成长规律和思想政治品德形成规律的基础上,把青年学生培养成又红又专、德才兼

---

① 张藩,余光.德育原理[M].北京:北京师范大学出版社,1985:44.

备、全面发展的新一代。第三，社会主义的思想意识形态在社会主义社会居于主导地位，指导大学德育的开展。中国特色社会主义大学建设必然是以马克思列宁主义、毛泽东思想、邓小平理论、"三个代表"重要思想、科学发展观和习近平新时代中国特色社会主义思想作为指导思想，遵循宪法确定的基本原则，发展社会主义的教育事业，为中国特色社会主义事业建设和发展培养人才。因此我们建设中国特色社会主义大学，本质上就是坚持社会主义的德育教育。大量事实也已经证明，高校抓住并且抓好了思想政治工作，就能沿正确的方向健康地发展；如果放松甚至丢弃了思想政治工作，就一定会迷失方向，偏离正确的发展道路。

（二）新时代的社会主义教育要求高校构建德育共同体

同一社会形态的学校德育在不同的发展时期会呈现出与该时期相适应的具体表现。社会主义社会是向共产主义社会过渡的历史阶段，在这一历史进程中，社会生产关系也随着生产力的不断发展而变革。与此相应，我国高校在保持社会主义性质不变的前提下，对德育的目的、规格、任务和基本内容都进行了与当时社会发展相适应的调整与变革。50 年代，我国建立了社会主义公有制，高校德育由服务新民主主义转向服务社会主义，德育内容是以"五爱"为核心的社会主义新道德教育。树立社会主义、集体主义的思想，批判资产阶级个人主义思想，成为当时大学德育的主要任务。社会主义生产关系建立以后，我国社会的主要矛盾转向落后的生产力和人民群众不断增长的物质文化需求之间的矛盾，德育的目标上升为培养有社会主义觉悟的有文化的、专心致志地为人民服务的劳动者。改革开放以后，大学德育的重点是为社会主义现代化建设培养德才兼备的专门人才，德育的基本任务是以先进的现代化的观念培养富有创新精神的"四有"新人。当前，我们的总目标是坚持和发展中国特色社会主义，我们的总任务是实现社会主义现代化和中华民族伟大复兴。要实现这个总目标、总任务，德育教育的地位和作用不容忽视。"我们对高等教育的需要比以往任何时候都更加迫切，对科学知识和卓越人才的渴求比以往任何时候都更加强烈"①,我国高等教育比过去任何时候都更加鲜明地强调德育的主导地位,也对高校教育提出了更高的要求和期望。

(三)社会主义教育的整体性构成的德育共同体

高校教育是面向学生全面发展的整体,涉及德育、智育、体育、美育、劳育等诸多方面,也涉及专业教师、管理队伍、辅导员、学生等诸多主体。思想政治工作既是我国高校的特色所在,也是办好我国高校的优势所在,要用思想政治工作带动中国特色社会主义大学建设。从这个意义上来说,围绕社会主义教育的德育特性,聚焦为社会主义事业培养人才的目标指向,我国高校本身就天然地构成德育共同体,表现为诸多方面的"共性"关系。

第一,表现为教育目标的同一性。为中国特色社会主义事业培养建设者和接班人是高校德育、智育、体育、美育、劳育的共同目的,也是高校所有育人主体的共同目标,是高校各项工作的出发点和落脚点。尽管德育、智育、体育、美育、劳育在高校人才培养中有特定的任务和要求,专业教师、管理人员、辅导员在具体工作中的内容和条件也有分工,但是不同的任务、要求、内容和条件都是由培养社会主义事业建设者和接班人这个目标决定,都是为达成这个目标服务的。第二,表现为教育对象的同一性。思想政治工作从根本上说是做人的工作,我们要为实现社会主义现代化和中华民族伟大复兴培养建设者和接班人,要为青年学生的思想水平、政治觉悟、道德品质、文化素养的全面发展创造条件,围绕学生、关照学生、服务学生,通过德育共同体多元育人主体的协同育人,培养学生并使之成为德才兼备、全面发展的人才。第三,表现在共同体中诸多方面的相互关系上。"大学的存在既不是为了使人类变得有学问(非研究性),也不是为了工作作准备(非专业性),也无法使人变得崇高神圣(非道德性),而是为获取知识作准备(为知识而知识的理性),大学的真正使命是'培

---

① 把思想政治工作贯穿教育教学全过程 开创我国高等教育事业发展新局面[N].人民日报,2016-12-09(1).

养良好的社会公民'并随之带来社会的和谐发展。"①因此,大学教育不仅要重视书本教育和知识教育,更要重视人格教育和道德教育。各种教育形式在本质上都是为社会主义社会培养人才,它们彼此间是有机统一的关系。社会主义教育的整体性构成的德育共同体特别突出"共"字,反映的是高校不同育人主体(不管是教师还是学生自身)都能站在为实现社会主义现代化和中华民族伟大复兴的战略高度,来审视高校的建设与发展以及人才培养工作,多角度思维、多主体合作、多层次融合、多环节配合,构建目标一致、交往互动、协同育人的德育共同体。

第二节　德育共同体的本体论意蕴

从字面上来看,德育共同体是"德育"和"共同体"的组合。德育的"德"即德育的主要内容,通常有狭义和广义之分。狭义的德育指的是伦理学体系中的德育概念,是道德教育的简称。而广义的德育是"相对于智育、美育而言的,它包括世界观教育、政治理论教育、道德、人生观教育和日常思想政治教育等"②。当前,我国理论界大多数学者认同广义德育所包括的内容与范围。这一概念先是在学术界得到认同,后来又以政府文件的方式得以确立。国家教育委员会颁布的《中国普通高等学校德育大纲》(1995)规定,"德育即思想、政治和品德教育,它体现教育的社会性与阶级性,是学校教育的重要组成部分。它与智育、体育等相互联系,彼此渗透,密切协调,共同育人"③。《教育部关于整体规划大中小学德育体系的意见》(2005)进一步指出,"德育主要是对学生

①　纽曼.大学的理想[M].徐辉,顾建新,何曙荣,译.杭州:浙江教育出版社,2001:3.
②　刘克.德育知识词典[M].上海:上海交通大学出版社,1987:100.
③　教育部思想政治工作司.加强和改进大学生思想政治教育重要文献选编(1978—2014)[M].北京:知识产权出版社,2015:154.

进行政治、思想、道德、法制、心理健康教育"①。目前,广义的德育概念已在教育工作者和教育实践中推广开来,无论在理论层面、制度层面还是实践层面都已经成为我国德育的主流取向。

德育的"育",即德育的存在形态。从空间维度上来讲,"全部学校德育都可分为直接德育、间接德育和隐性课程意义上的德育三类形态"②。所谓直接德育,是指通过有关伦理道德、意识形态、公民训练、心理健康等方面的课程,如我国现阶段在高校开设的马克思主义理论课、思政理论课、形势与政策教育课等,直接影响学生的道德观念、价值判断和思想行为。同时,中国特色的专职辅导员队伍所从事的思想政治教育工作也归属直接德育的范畴。所谓间接德育,可以理解为各学科的教学和各种活动,一般是指通过各学科的教育教学及学生组织、社会活动、校内外的环境等,对学生加以政治、思想、道德影响的措施。所谓隐性课程意义上的德育,指的是教育教学的方式方法、师生互动的行为方式等因素对学生产生的影响,强调的是潜移默化、润物无声的影响。德育的这三种存在形态恰恰揭示了"人人都是德育工作者"是教育的事实,而不仅仅是教育的价值。高校的思政理论课教师、专职辅导员从事直接德育,他们承担的德育职责义不容辞;而各学科的专业教师从事间接德育,其他教职员工也会通过隐性课程意义上的德育对学生产生影响。从这个意义上来说,德育形态的这种存在性就决定了高校德育本身的整体性、一体化特征,德育共同体的形成具有某种天然的基因。

"共同体"一词从英文 community 翻译而来,也有译为团体、社区、社会等,是一个在社会学和政治学领域有着深厚理论渊源的概念。在最初的理解中,共同体具有基于某种关系的自然性和封闭性。从发生的角度来看,由最初的

---

① 教育部思想政治工作司.加强和改进大学生思想政治教育重要文献选编(1978—2014)[M].北京:知识产权出版社,2015:316.

② 檀传宝."德""育"是什么?——德育概念的理解与德育实效的提高[J].中国德育,2016(17):34.

血缘共同体(家族、宗族)发展分化出地缘共同体(城市、村庄),进而形成最高形式的精神共同体(友谊、师徒关系等)。随着现代社会的发展,共同体的含义也从"共同理解的自然而然性"的原始意义,演变发展成现代意义上的共同体。现代意义上的共同体概念,正如前文的研究综述部分所言,不同学者或研究学派往往是根据自身研究的需要而使用这个概念。研究者的问题意识、研究途径等各不相同,因而概念本身所指代的含义就有可能差异很大。如此,学术界对共同体这一概念的界定莫衷一是。我们将不同研究成果的共性加以总结,可以归纳出共同体的几个特征:群体性(是个群体概念)、公共性(群体中的个体有共同特征、共同利益、共同目标)、伦理性(个体之间存在某种互动关系及认同感)、主体性(所倡导的群体精神是基于共同体成员的个体精神得以张扬的群体精神)。而对于德育共同体的研究,目前尚在起步阶段,研究者们多用这个概念指向高校德育体系的构建问题。

前人研究的努力已经表明,对于确定单一的共同体定义,较难形成统一的认识。那么,我们不妨换种思路:澄清内涵并不是要给出明确统一的定义公式,而是要梳理这个概念在不同语境中的不同用法。德育共同体作为"德育"和"共同体"的结合体,也必然与我们如何看待德育、如何认识共同体特征有关。

一、目标一致性导向的价值共同体

价值共同体以价值观和信念为"黏合剂",将不同的个体凝聚到一起从事共同的事业,它的核心特征是共同体内所有成员目标信念和价值认同的一致性。中国高校以"培养担当民族复兴大任的时代新人"为指向,具有共同的社会主义价值立场和立德树人的价值目标,从而成为事实上的价值共同体。在价值共同基础上建构并完善德育共同体,体现的是高校举办者和师生目标信念的统一意志,反映的是师生对真善美的共同追求。目标及其价值的一致性和共同性,是中国高校的特色所在,也是德育共同体成长之基。

(一)认同社会主义核心价值观的价值立场

世界各国的大学虽有普遍性特征,但又因其所处的历史文化背景和政治制度的不同而各具特殊性,大学的价值目标体现了这种普遍性和特殊性的统一。中国特色社会主义的大学教育根植于中华优秀传统文化的深厚土壤中,具有鲜明的中国特色,符合我国独特的历史、文化和国情,将培育和践行社会主义核心价值观作为德育的核心内容。德育以培养学生的"德"为根本,"核心价值观其实就是一种德,既是个人的德,也是一种大德,就是国家的德、社会的德。国无德不兴,人无德不立"①。国家大德、社会公德和个人道德,是社会主义核心价值观在国家层面、社会层面和个体层面的倡导。这三方面的价值目标是高校德育的基本遵循与根本原则,体现高校立德树人根本任务与社会主义核心价值观在"为谁培养人,培养什么样的人以及如何培养人"这个问题上的根本一致性。

中国高校是德育共同体,以社会主义核心价值观引领高校德育,把社会主义核心价值观的基本价值认同作为核心,充分发挥社会主义核心价值观增强社会认同的教育功能、整合社会意识的引领功能、凝聚社会共识的整合功能以及壮大主流舆论的宣传功能,强化社会主义意识形态的感召力和影响力,并由此形成强有力的价值共识和奋斗动力。这种基本的价值认同是促使共同体成员集体践行价值目标的动力源泉,它使共同体成员超越了狭隘的群体意识,彼此间形成紧密的价值共同体。

(二)基于实现立德树人根本任务的价值目标

德育共同体与原始意义上的血缘共同体、地缘共同体不同,它以成员追求共同的价值目标为标志。"共同体成员所持的价值观、情操和信念,它能够为使人们凝聚于共同事业提供所需的'黏合剂'。共同体中心统管对共同体有

---

① 核心价值观其实就是一种德 国无德不兴[EB/OL]. http://politics.people.com. cn/n/2014/0505/c1024-24975911.html,人民网,2014-05-05.

价值的东西,提供指引行为的规范,并赋予共同体的生活意义。"①共同的价值目标是德育共同体存在和发展的基础,也是高校德育工作的出发点和归宿,反映了德育最基础、最本质的愿望和要求。共同的价值目标有利于凝聚不同的个体,强化成员的共同体意识,并促成成员的共同决策和一致行动,成为共同体发展的根本动力。德育共同体的价值目标既体现它的个体成员对道德规范与德性提升的需要,反映他们对"真、善、美"的共同追求,对个体成员具有导向思想行为、激发精神动力、塑造个体人格、规范道德行为等价值作用。同时,它也指向德育共同体对实现所有成员的自由全面发展所作出的贡献,指向个人的至善和德性的获得。德育共同体关照每个个体的自由全面发展,在个体目标实践的过程中,逐渐扩展从而达到"类"的共同发展②。

教育的根本对象是人,根本任务是培养人。正如教育大师纽曼所言,大学的真正功能就是要"培养良好的社会公民","大学的存在是作为'达到伟大而平凡的目的的伟大而平凡的途径',是塑造公民并随之带来社会的和谐"③。人才培养始终是大学办学的根本,是高等教育的本质要求。从根本上来说,看一所大学办得怎么样不是看它一时的规模和数据,而要以历史的视野、以长远的眼光,看这所大学培养出了什么样的人才,看这些人才对国家和民族发展做出的贡献以及对推进人类文明进步所产生的影响。中国大学承担着为实现"两个一百年"目标和"中国梦"培养人才的特殊使命,能否培养出大批合格、优秀的中国特色社会主义事业建设者和接班人,是评价大学办得是否成功的根本标准。实现立德树人根本任务,为国家"培养担当民族复兴大任的时代新人",是中国特色社会主义大学的价值目标,中国大学正是基于"立德树人"的基本

---

① 托马斯·J.萨乔万尼.道德领导[M].上海:上海教育出版社,2002:58.

② "类"概念是马克思哲学的一个重要概念,马克思认为"一个种的整体特性、种的类特性就在于生命活动的性质,而自由的有意识的活动恰恰就是人的类特征"。参见:贺来.马克思哲学的"类"概念与"人类命运共同体"[J].哲学研究,2016(8):4.

③ 纽曼.大学的理想[M].徐辉,顾建新,何曙荣,译.杭州:浙江教育出版社,2001:18.

价值目标形成并发展德育共同体。

二、主体交互性建构的关系共同体

"个人之间总是相互依存的,他们以各种不同的方式组成一定的共同体进行着各种活动"①,它们所构成的关系共同体的核心特征是多元主体的交往理性和交往行为。德育价值总是以一定形式的主体间关系表现出来,它在本质上是价值主体的需要即"人的思想政治品德社会化的需要"与德育属性即"满足人的思想政治品德社会化的属性"②之间的对应关系的总和。建构德育共同体必须认识其关系共同体的实质,基于多元主体之间的交往互动和交往理性,构建全员育人体系,通过主体间的交往关系达成德育价值目标的实现。

(一)主体间形成积极对话、持续反馈的交往行为

德育是以特定的价值体系和道德规范来影响人们的思想意识的活动过程。传统德育局限于工具理性的思维,受到"主体—客体"实践结构模式的影响,以对象性思维的方式,把德育过程看成是教师(主体)对学生(客体)施教的过程。在以教师为中心、以课堂为中心、以书本为中心的观念支配下,课堂教学成为传统德育开展的基本途径。这其实是过分强调了教师的主体地位和单方面的主体性,却忽略了学生在自身道德形成发展中的主体性。然而学生在教育活动过程中是具有主体选择性的,接受什么、不接受什么以及接受多少,是由学生自己来决定的。以德育共同体的视角来审视高校德育的中国道路,需要在对传统德育进行反思和批判的基础上,确立受教育者的主体地位和主体性,把对话和交往看作是师生主体德育开展的有效途径,强调人的道德是在交往与对话的实践过程中形成,同时又通过实践得到检验。

交往实践是德育价值实现的重要手段,德育最终要实现社会道德个体化

---

① 宁克强,魏茹芳.人类文明的呼唤:马克思主义人的全面发展思想的当代审视[M].石家庄:河北人民出版社,2009:97.

② 张耀灿,等.现代思想政治教育学[M].北京:人民出版社,2006:165.

以及个体道德社会化的社会价值和个体价值,必须通过师生间、生生间、师师间等各级主体之间的交往实践来实现。哈贝马斯认为,交往行为是"主体—主体"遵循有效性规范,通过语言的交流获得相互理解、共同合作的交互性行为,交往行为的目的是达到主体的理解和一致,保持社会有序化、合作化、一体化。"交往行为的实质是主体之间以语言为媒介的对话的关系",它的核心是"让行为主体之间进行没有任何强制性的诚实的交往与对话,在相互承认基础上达到'谅解'与合作"①。现代德育是师生主体间在遵循德育规律的基础上,开展积极对话、持续反馈的交往行为,尤为强调个体的主体性和个体间的交互性。这与共同体倡导的多主体理念相吻合,共同体"所倡导的公共精神是基于成员的个体精神得以张扬的群体精神"②,个体的主体性是共同体的基本特征之一。德育共同体的理念突破了传统德育单一主体的桎梏,转向现代德育多元主体的向度重构,形成多元主体交互的关系共同体,德育过程就是按照德育目标组织起来的主体间教育性交往活动。德育共同体的主体构成涉及个体层面的教师和学生以及群体层面的不同群体,他们都是具有独立自主性、主观能动性的德育主体,通过积极对话、持续反馈形成交往关系,由此推动德育共同体的发展。在这种交往模式中,主体的吸收和沟通尤为重要,因为吸收是主体自己对自己的反馈,是主体自我教育和道德内化的过程,而沟通是主体自己与其他主体的交互,交互包含反馈以及新的吸收,还产生了思想的输出与接受。这个过程是主体间产生思想碰撞与心灵交流的过程,在持续交往互动中推动德育价值目标的实现。

(二)在交往关系中构筑多元主体协同育人体系

交往实践是主体与主体之间直接或者间接进行的相互作用、交流、理解以及沟通的活动,具有主体性特征,交往在本质上就是在人与人之间实现的实践

---

① 郑召利,等.哈贝马斯的交往行为理论——兼论与马克思学说的相互关联[M].上海:复旦大学出版社,2002:7.

② 王作亮,伏荣超.建构乡村学校学习共同体[M].北京:光明日报出版社,2010:7.

关系。客观物质世界是人与人之间交往实践发生的现实基础,"生活世界是人们生活在其中并且不断发生生产和交往行动的场所,没有主体的人的交往实践,就没有生活世界"①。因此,人的交往行为总是基于特定的现实境域展开的。德育作为特殊的交往实践活动,也是在生活世界中进行的,同时又不断影响和改造生活世界,德育的目标也是为了引导人们在生活世界中过有意义的道德生活。生活世界的丰富性、开放性也使德育不再局限在课堂上,而是延伸到课堂外、实践中、网络上,显示出实践育人、网络育人的作用;德育的内容也不仅仅是教材上的道德知识,高校科研、文化、师生间的交往经验等都成为德育的内容,构成丰富的课程育人、科研育人、文化育人等德育资源;德育的方式也超越课堂讲授的单一性,走向心理育人、管理育人、服务育人、资助育人、组织育人。经过多年的实践和倡导,中国大学事实上正在形成多元主体协同育人的德育共同体。

在这种关系共同体中,无论是德育内容还是德育途径抑或是德育方式,都有自身相对的独立性,有相对独立的主体和主体间对话的方式,能够相对独立地不断走向完善。比如课程育人,教育者与受教育者在对知识的"教学—吸收—反馈—教学"的交往实践中,将思想道德知识吸收、反馈、内化、外化的过程,本身就是相对独立的育人体系。但是它们又是彼此关联的、相互联系的整体,并不是互不相关的孤立存在。比如课程育人与网络育人的结合,是借助网络育人的载体,将课程内容通过更为丰富的形式呈现。主体以共同体的理念,通过在不同育人体系中的交往,构成多元化的德育场景,有利于消解当前高校德育的"中心—边缘"结构,突破各自狭隘的利益局限,实现整体的价值目标。

三、集体协同性生成的实践共同体

马克思认为,"全部社会生活在本质上是实践的。凡是把理论引向神秘主

---

① 黄鹏红.马克思交往实践观对道德教育意义的探寻[J].社会科学战线,2008(7):274.

义的神秘东西，都能在人的实践中以及对这个实践的理解中得到合理的解决"①。"教育作为一种有自觉目的的对象性活动，是有意识、有目的、有计划的培养人的社会实践活动。"②而德育本身就是来源于实践、立足需要、面对现实、不断解决现实问题的特殊教育活动，也是政治实践与教育实践相统一的社会实践过程。"主体、主体性不是先验和预成的，而是在实践中生成、确证和提升的。"③主体在实践中共享他们对实践活动的理解，这种理解"与他们所进行的行动、该行动在他们生活中的意义以及对所在共同体的意义有关"④。集体的行动形成实践共同体，德育的主体性也是在德育主体的集体实践中生成、表现和发展的，而德育价值本身就体现为实践价值。实践是链接德育知识和道德信仰的纽带，是德育知识的来源和道德信仰产生发展的动力。中国高校德育共同体是集体行动生成的过程，是多元主体协同育人的结果，师生通过集体实践获得德育意义和主体身份双重建构。

（一）集体实践活动是实现共同价值目标的必要路径

恩格斯说，"许多人协作，许多力量结合为一个总的力量，用马克思的话来说，就造成'新的力量'，这种力量和它的一个个力量的总和有本质的区别"⑤，这就是集体的力量，对实现集体的目标具有重要意义。"培养担当民族复兴大任的时代新人"是面向"两个一百年"和伟大"中国梦"的系统工程，德育共同体基本价值目标的实现并不是少数个体能够完成的，它必须也必然是高校全体师生集体力量协同实践的结果。通过德育主体共同参与的集体实践，检验德育共同体存在的价值，完善德育共同体的内涵，明确德育共同体的目标任务。多元主体在集体实践活动中共享他们对价值目标的理解，通过积极对话、持续

---

① 马克思恩格斯文集（第一卷）[M].北京：人民出版社，2009：501.
② 黄学锋.当代高校德育基础[M].北京：气象出版社，2001：91.
③ 张耀灿，等.现代思想政治教育学[M].北京：人民出版社，2006：291.
④ 王海燕.实践共同体视野下的教师发展[M].重庆：重庆大学出版社，2011：29.
⑤ 马克思恩格斯文集（第十卷）[M].北京：人民出版社，2009：592.

反馈的交往行动,不断达成目标一致性。这个过程也是主体通过持续不断的相互作用,增长自己的知识和发展专长,主动建构对德育意义的认知的过程。

在高校传统的办学思想和办学理念中,赋予师生的职能是相对稳定的、可以预测的,但是新时代高校要面对育人环境的变迁、育人主体的演进、育人方式的调整,很多变化是难以预料的,所以对主体行为的协同性要求更高,更强调主体在实践过程中随时应对的配合和同步。既有时间上的配合和同步,要求各主体的工作紧密衔接,针对学生成长的各个阶段,遵循共同时间参与;也有空间上的配合和同步,要求各主体的工作协调配合,在校内课堂、宿舍、活动室、社会课堂等各个场域形成同步。主体间同步的配合过程就是集体实践实现共同的价值目标的过程,这个过程杜绝旁观,不主张任何一方的单独行动,它所创造的荣誉也是主体间共同分享的。

(二)在集体协同中不断实现德育意义与主体身份的建构

马克思非常重视共同体对个人和集体发展的作用,认为"只有在共同体中,个人才能获得全面发展其才能的手段,也就是说,只有在共同体中才可能有个人自由"①。师生是高校德育实践的主体,师生集体实践拓展了高校德育的路径。群体的交互和协同也是共同体认知过程的特征,共同体成员通过集体实践发展自身的道德认知并逐步达成价值认同。实践是人建构主观世界的前提与依据,人在实践中获得对世界的认识,建构起主观世界。在德育实践活动中,德育主体的理性思维得到锻炼,认识能力不断深化,德性得以提升,由此实现德育意义和德育目标。不同的个体也通过德育实践活动塑造了自身,成为主体性的存在。

德育共同体主张师生都是立德树人过程中的主体,既强调学生的德育教育和道德提升,也强调教师的德性培养和道德养成。它要求师生都要形成高度的身份认同感,并对立德树人的整体过程予以必要的关注。由此带来的趋

---

① 马克思恩格斯文集(第一卷)[M].北京:人民出版社,2009:571.

势是，高校不同主体的行动从单纯履职转向了主动协同。而社会多元的价值规范和个人存在的意义之间始终保持着永恒的张力性矛盾，当人们试图确立自我的身份感或意义感时，这种矛盾就会迫使人们根据自己的价值信念、利益需求、情感态度做出认同性选择。德育共同体理念促使师生真正从内心深入认同、接受并建立起坚定的目标信念，将这种目标信念投入育人的实践中，全面提高人才培养质量。

综上，立足中国特色社会主义大学"立德树人"的根本任务，在强调协同育人、全员育人的基础上，构建具有目标一致性、主体交互性和集体协同性的"德育共同体"，既是把握高校中国特色的关键所在，又是创新高校德育工作的内在需要。德育共同体体现对社会主义核心价值观的基本价值认同，由多元育人主体共同参与形成交往互动关系，在他们的集体实践中达成高校德育的目标价值。它是理念愿景，体现价值目标的统一性；也是思维方式，预示不同主体的互动生态；更是行动方案，体现不同主体共同实践实现立德树人根本任务的行动。

第三节　德育共同体的构成要素

从上述对德育共同体的内涵界定，我们可以进一步将德育共同体理解为：以共同的价值取向为基础，由个体出于本质意志形成的关系共同体，在维系和发展群体关系的同时，更为强调个体在实践中的交互主体性，主张多元育人主体在积极对话、启发引导、持续反馈中形成主体间的互动关系，通过集体实践达成教育目标和规范价值。它是中国特色社会主义大学的特有属性，以整体性、主体性、协同性的要求，指引中国特色社会主义大学凝聚成以德育为主导的教育系统。这个系统因为目标的提升和成员素养的提高，不断动态地协调地向前发展。

系统由要素组成,"要素是系统的最基本的组成部分,它决定了系统的性质"①。中国高校是以德育共同体理念形成的开放性、整体性、动态性的教育系统,它由不同的要素组成。对德育共同体构成要素的不同看法实际上体现了不同的德育价值观,我们认为德育共同体的系统要素由德育的主体和客体构成。"我们可以列举许多构成教育活动的要素,其中有些要素是教育活动的必要成分,缺少这种成分就不成其为教育;另一些要素属于教育活动的充分条件。条件越充分,教育活动越有效。作为教育活动的必要成分的要素,称为'教育的简单要素'"②,因此,这里的主体和客体仅指德育共同体的简单构成要素。

一、德育共同体中的主体

主体是哲学范畴,是指"有目的、有意识地从事实践活动和认识活动的人"③。德育共同体的主体,就是从事德育教育活动的组织者和实施者。活动理论认为,任何活动都不可能是纯粹个体的单独活动,每个个体的活动都处于一定的社会关系中。教育作为人类社会特有的培养人的活动,是由多个主体为了共同进行知识的传递和价值的传导而建立起来的特殊的社会关系。德育共同体是业缘共同体,其中的主体即"人"因为业缘关系(职业、身份、角色;同事、师生)联结在一起,以主观性的身份认同或意识上的共同点(高校中的一员)为依据,各有分工,各司其职,围绕共同的信仰或价值观(人才培养的共同目标)而努力。而且实际上,人的教育是项极其复杂的系统工程,影响个人成长与发展的因素是多方面的,它本身就是个共同体,包括与学生直接接触的所有人如他的父母、老师、同学、朋友等,甚至还包括学生想象中的人物如一些科

---

① 赵文华.高等教育系统分析——高等教育结构、规模、质量、效益的系统观[M].上海:复旦大学出版社,2000:49.

② 陈桂生.教育原理[M].上海:华东师范大学出版社,1993:4.

③ 余亚平.思想政治教育学新探[M].上海:上海人民出版社,2004:212.

学家和领导人等。而这其中最为重要的是教师与学生之间的关系,它是最直接的也是最重要的影响教育场域中师生发展的关系。

高等教育活动大致可以分为管理活动和学术(教学、科研)活动两类,这两类活动中的"人"构成了其中的主体。我们可以根据高校德育教育活动主要涉及的对象群体与德育共同体这个关系共同体中的不同主体界定以及学生成长中的关系网络,将德育共同体的人员主体分为四个主要部分,即辅导员、管理队伍、专业教师和学生。见图 2.1。

图 2.1　德育共同体的主体构成

对德育共同体主体的界定还基于两方面的考虑:一方面,是因为这四者都符合主体范畴的规定性,都是高校德育教育不可缺少的实践者和认识者;另一方面,我们过去通常将德育活动分为德育管理和德育教学两类,且不同的人群分别承担了其中的工作任务,彼此分工较为明显。人们的惯性思维是,德育工作是辅导员的工作,德育任务是辅导员的工作任务。但是,德育管理和德育教学都是高校德育的组成部分,且德育贯穿高校教育的始终和方方面面,我们不应把两类活动完全割裂开来。虽然辅导员是高校思想政治工作的骨干力量,但是高校所有成员都是德育教育的主体,他们的区别只是职责和活动的方式不同。德育共同体的各个主体都有自己独特的功能,集中在学校培养人才的目标上。专业教师言传身教,为人师表,教书育人;管理人员围绕育人目标,优化环境,优质服务,服务育人;辅导员等思政工作队伍更是结合学生的思想实际,有针对性地开展育人活动;学生在自我成长过程中,发挥主观能动性,自我教育、自我管理、自我服务、自我监督。他们都是德育共同体中的主体,承担着不同的职能,发挥着不同的育人作用,具有自己独特的育人方式。而且,每个主体的作用都是其他主体所不能取代的。

还需要特别说明的是,实际上当我们在德育共同体中将专业教师作为课堂德育的主体,将辅导员作为思想政治教育活动的主体,将管理队伍作为管理育人活动的主体时,我们只是把不同德育场域中在概率意义上具有主导作用的承担者凸显出来而已。因此,"主体"并没有绝对的意义,它不意味着否认其他参与者的作用,只是对主从关系的区分,而且也不能否认在具体过程中,主从关系也可能会发生逆转。

二、德育共同体中的客体

客体是相对于主体而言的,是指"主体活动所指向的,并反过来制约主体活动的外界对象"[①]。这个对象是个实体范畴,可能是物质,可能是精神客体,也可能是人。德育共同体中的客体就是主体的教育、引导、影响对象,主体和客体之间通过一定的教育活动方式,形成辩证统一的关系。

中国特色社会主义大学的德育教育要为国家"培养担当民族复兴大任的时代新人",指向的是学生的又红又专、德才兼备、全面发展。马克思主义人的全面发展理论对人的全面发展的内涵进行了阐述,包含相统一的三个方面[②]:第一,人的活动及能力的全面发展。这是作为主体的人所具有的、为了满足自己的社会需要,在一定社会关系中从事对象性活动的内在可能性,包括个体能力与集体能力、体力与智力、"自然力"与社会能力、"潜力"与现实能力等。第二,人的社会关系的全面丰富。主要体现为人的社会关系的丰富性、个人社会交往的普遍性和人对社会关系的共同控制。第三,人的个性的自由发展。这是人的活动、能力和社会关系的个别存在形式和表现形式,包括价值观、信仰

---

① 袁贵仁,韩庆祥.论人的全面发展[M].南宁:广西人民出版社,2003:109.
② 袁贵仁,韩庆祥.论人的全面发展[M].南宁:广西人民出版社,2003:110-118.

等个人倾向性特征，性格、气质、能力等个人心理特征，精神状态、道德习惯等个人社会人格特征等。

促进人的全面发展，具体到高校落实立德树人根本任务，就是指向学生"知识、能力、素质、人格"的全面提升。一是高深而专门的知识。中国特色社会主义大学传授的知识是面向未来人类社会进步和发展的高深知识，是应对科技发展带来的特定学科领域的专门化知识，是不断创新和发展的知识，更为注重学生创新意识和创新能力的培养。这种知识主要通过课程的媒介来传播，德育共同体的多个主体围绕课程"教"与"学"的活动，形成客体主体化运动。二是能力。这是主体可以胜任某种操作的本领，开展操作活动所需具备的主观条件和实施方式。能力是知识的基础，但掌握知识并不代表拥有了能力，只有当知识外化成可以产生某种效果的操作力时，才能称为能力。因此，帮助学生形成主动建构知识的能力，比直接教会学生掌握知识显得更为重要。三是素质。从广义上来讲，它是人的智力形态和非智力形态及其要素的总和，是人的综合能力的体现。教育不仅要使学生学会知识、具备能力，还要着眼于使学生确立面向未来发展的长远目标，培养学生的综合能力和整体素质。四是人格。这是人在其内在的心理素质基础上，通过社会文化的陶冶和社会实践的锻炼，所形成的比较稳定的与众不同的心理和行为的总和。当人的心理发展到能够由它来支配自己的行动和活动的程度时，才显示出来，有着十分丰富的内涵。学生人格的发展过程，就是他们逐步形成体现自己特殊品质的思想、感情和自我观念方式的过程。

"知识、能力、素质、人格"是学生全面发展的具体指向，是德育共同体主体活动所指向的对象，是被主体对象化了的客观事物。德育共同体的主客体之间通过一定的活动方式，客体内容转化成为主体活动的方式，并成为主体本质力量的重要构成因素，实现客体的主体化运动。客体在德育共同体的主客体运动中得到不断丰富和深化，这个过程也是主体不断促进自身全面发展的过程。见图2.2。

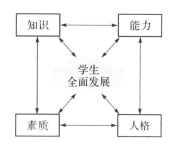

图 2.2 德育共同体的客体构成

三、德育共同体中的主客体关系

　　主客体关系是在人的认识和实践活动中所形成的关系。如前所述,德育共同体是师生集体实践提升道德认知水平、实现德育价值目标的实践共同体。德育本身就是来源于实践、面对现实、立足需要、不断解决现实问题的特殊教育活动,德育过程是政治实践和教育实践相统一的社会实践过程。德育实践的目的并不是"外向"地指向客观的物质世界,而是"内向"地指向人的主观精神世界。所以德育实践活动着力要解决的是人的发展性矛盾问题,这种发展性矛盾在本质上是"理想自我"和"现实自我"的矛盾。德育共同体的主客体之间通过德育实践活动形成实践性关系,着力解决学生成长过程中的需求即学生的全面发展问题。同时,作为主体的教师群体通过实践性活动为学生全面发展创造条件,并在此过程中实现自身的职业发展价值,实现自身道德认识的提升和德性的养成。

　　德育实践活动总是在一定的环境中展开的,需要许多物的要素的支撑,如资源(财力、物力、外部人力等)、制度(领导管理制度,教育效果反馈评价制度,教育工作者培训、考核、奖惩制度,学生需求调研制度,教育资源共享制度等)、分工(不同主体职能)、情境(特定教育环境)等。因此,除主体和客体的简单要素外,德育共同体还包含介体、环体等要素。它不仅促进了个体及共同体的发展,还促进了系统的主体自身,即在共同体成员的广泛认同中,单个的个体主体性得到滋养,反之又为群体的主体性的形成做出贡献。诚如英国哲学家、经济学家约翰·密尔所说,发展了自己的个性因而也更具有主体性的人,在自己的存在上就具有了更大程度上的生命的充实。当个人有了更多的充满主体性的生命力时,由个人组成的群体自然也就有了更多的生命力。① 也就是说,德育共同体的目标实现是在德育主体的交往互动中生成的,并由此逐渐促成德育主体的自我发展。我们可以通过图 2.3 来表示以共同目标为导向、以资源共享为基础、以优势互补为关键、多主体共同参与并能够尊重差异的多元、多层次的德育共同体主客体关系。

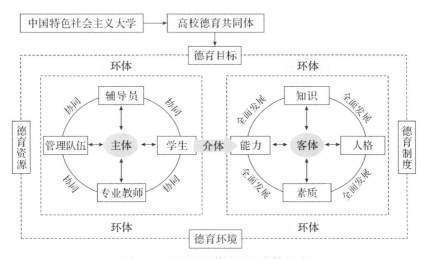

图 2.3 德育共同体中的主客体关系

如图 2.3 所示,高校德育共同体的建构蕴含着两方面的内容:一方面,通过机制的运行来厘清主体、客体、介体、环体等各要素间的关联性,找出它们之间非线性的相互作用以及各自独立运行的特点;另一方面,通过机制的运行来强化德育共同体的理念引导和作用发挥,通过多元主体的集体实践和协同育人,为实现客体目标创造条件,最终指向实现立德树人的根本任务。

① 转引自:郭湛.主体性哲学——人的存在及其意义[M].昆明:云南人民出版社,2002:138.

第四节 德育共同体的特征及走向

一、德育共同体的主要特征

德育共同体将高校内部与学生德育教育活动相关的成员都凝聚成一个集体，通过认同与参与、分工与协作、自主与自由等方式，共同推进高校德育目标的实现。这个过程本身就是持续推进的过程，既要促成最终德育目标的实现，又要促成共同体中各个主体自身价值的实现和德性养成。结合前面关于德育共同体的内涵界定和中国特色社会主义大学对高校德育共同体建构的基本要求，可以概括出德育共同体的几个主要特征：第一，认同参与。德育共同体是价值共同体，在多元主体的相互交往、共同参与、集体实践中生成德育的价值。第二，有机关联。德育共同体是关系共同体，其成员有共同的育人目标、协同育人的实践，彼此有机关联，各有分工，平等合作，和谐共生，交往生成。第三，协同发展。德育共同体是实践共同体，德育共同体的目标指向立德树人根本任务的全面落实，这里不仅有学生作为德育主体的全面发展，也有教师作为德育主体的职业发展和德性养成，源于主体间本身就存在相互促进的影响，而且在这种促进中，彼此得以成熟和发展，实现德育共同体的持续发展和完善。

(一)认同参与：成员之间有角色认同、共同分享的基础

德育共同体是共同体成员目标一致性导向的价值共同体，成员因为共同的育人目标，付诸育人实践，在主动参与德育教育的过程中共同分享人才培养的成果。正如前文所言，立德树人是高等学校的立身之本、办学之基，人才培养是高校办学的逻辑起点也是现实归依。高校的所有成员都应站在认同社会主义核心价值观的基本立场，培育起高度的责任感、使命感和行动力，并将此落实到培养学生的实际行动上，共同参与到立德树人的德育事业中来。

（二）有机关联：成员之间平等合作、彼此影响但有分工

高校是由多要素有机结合而成的、具有特定多功能（人才培养、科学研究、社会服务、文化传承、国际交流与合作）的实体系统。当然，还有办学方针、培养目标、规章制度等非物质实体所组成的概念系统，为高校这个实体系统服务。中国特色社会主义大学是以德育共同体的理念形成的实体系统和概念系统的统一，它围绕德育目标和要求，由教学部门、学工部门、教辅部门、专业院系等方面构成工作系列，由这些部门的管理人员、专业教师、辅导员、学生等构成主要人员系列，由相应的规章制度构成资源系列。人员在系统中的分工是不同的，但彼此间具有相互关联性和服务性，每个成员既为别人服务又接受别人的服务，彼此影响。如管理人员、教师、辅导员为学生服务，管理人员也为教师、辅导员服务，学生以自身的成长给予所有教师以工作的价值回报。

（三）共同发展：成员在集体协同中实践目标、互为促进

马克思主义哲学认为，人的全面发展和人的价值实现具有内在统一性。人一方面有自己的各种需要，并总是希望从他人和社会中得到尊重和满足；另一方面，人又希望自己的存在和创造的一切能满足他人和社会的需要，使自己成为对他人、对社会有用的人。也正是在不断的发展中，人的价值逐步得到实现。高校教师培养学生，为学生发展创造条件，学生以个人的发展成就回报教师的辛苦栽培。在这种过程中，教师主体和学生主体在德育中的价值都得以实现。而且，德育共同体中的个人不是以个体孤立的方式存在，他们以群体合作的方式，互为促进，在集体协同中提升道德认识水平并持续地进行自我更新、自我提高。

二、新时代高校德育共同体的走向

（一）从"参与"到"认同"：主体价值选择的转型

主体对共同体的价值认同是德育共同体的内在本质，它尤为强调主体的

归属感和认同感,体现主体间的价值共识和责任共担。德育共同体的不同主体将促进客体发展作为共同目标,也是自身职业发展的目标追求。不管是管理队伍还是教师队伍,不管是辅导员还是学生自身,他们的价值目标都是同一的。他们共同围绕落实立德树人根本任务,促成学生知识、能力、素质、人格的全面发展,而且这个过程本身也是不同主体提升道德认知水平、培养德性修养的过程。

在今天的高校,没有人会否认"以生为本"的教育理念,没有人会否认学生的主体性,但是是否每个教职员工都能从"育人"角度出发,在各自的工作岗位上围绕学生、关照学生、服务学生进而引导学生,现实中似乎仍然存在将思想政治教育孤立化的认识偏差,存在思想政治教育和知识教育不能很好地融为一体的"观念错位"现象。仍然有人认为,思想政治教育是思想政治工作队伍的职责,是辅导员的任务。正是这种错误的认识偏差,使高校的某些育人主体往往被动地参与学生思想政治工作,这显然与德育共同体的理念相违背。

当代大学生是一群极具变动性、可塑性的主体,他们的思想问题和实际问题的联系越来越紧密,有时候甚至更加注重与自身利益密切相关的实际问题;同时他们也会在国家利益和个人利益、长远利益和眼前利益等关系的行为选择上存在某些误区。因而需要教育者的主动参与、共同参与,从方方面面关注学生的成长,将解决学生的思想问题和解决实际问题结合起来,形成德育共同体主客体深层互动的良性关系。教育者的人格魅力对学生来说是最好的教科书,每个育人主体都认识到自身在学生培养中所应承担的职责,在相互沟通、交流过程中不断充实主体性,并自觉地将这种认同付诸学生培养的实践中。

(二)从"规范"到"专业":主体目标选择的转型

德育共同体强调个体的主体性,强调设立既严肃又宽松、为师生共同遵循的行为规范,并能够在运行中将这些规范内化为师生的心理需要,使师生执行的主体性水平较高。一方面,各支育人队伍按照既定的规范履行各自的育人职责;另一方面,对于个体而言,他们也要思考职业的特色所在,以保持职业生命的永久性。

而主体的不可替代性对个体的主体性来说,是一项重要的参数。如果主体缺乏特色,就容易被替代。显然这种特色是建立在专业化的基础上的,如果经过专业化的锤炼,具备熟练的专业技能甚至是"独特技能"因而成为某一方面的专家,建立在此基础上的职业稳定性才可能逐步提高。而且这个过程本身蕴含了主体自身的德育认知发展过程,从规范到专业的主体目标选择,体现的是主体间的同步成长与发展。同时,这种要求也和当前高校的人才培养要求相适应。伴随着社会的不断发展,对于高校人才培养有了更高层次的标准,以往的培养理念、培养模式已经不能够与现代社会对新型人才的需求相适应。当前,学生群体已经"演化成为一个与中国互联网 23 年的发展历程相伴相融、相濡以沫的 95 后",这个被习总书记在讲话中称为"正处于人生成长的'灌浆期'"的群体,"也同样每日被互联网的各种信息'灌浆'"①。但是目前高校思想政治工作者的职业素养和专业水平,可以说还不能完全适应学生群体的成长需求和社会的发展要求。

应对知识的更新和提升、学生群体的变化和发展,如果对一般的专业教师表现出必要性,那么对德育工作者而言更应具有迫切性。这是占领思想的重要前提,也是实施主导性教育、有效地解决学生各类问题的关键。德育共同体的主体要实现人才培养的共同目标,推动学生作为发展者的发展,就要实践"教育者先受教育",加强自身建设。建设的着力点是转向专业发展,提升专业能力和水平。如果大家都仅仅停留在规范型操作阶段、经验型发展阶段,而不能积极、主动地推进专业发展进程,那么它的职业生命就会萎缩,失去这个职业本身存有的价值,甚至被其他职业所代替。

---

① 冯培.思想政治教育该如何面对今天的 95 后[J].北京教育(德育),2017(1):7.

(三)从"合作"到"协同"：主体行为选择的转型

德育共同体强调主体间的相互关系，在互动中形成协同的整体效应，推动共同体向前发展。高校构建德育共同体就是要形成合力培养"又红又专、德才兼备、全面发展的中国特色社会主义事业建设者和接班人"，这一点毋庸置疑。但是，对于"培养什么人"在宗旨上的一致认同，并不表示在"怎样培养人"的过程中，多个主体构成的多种力量（包括学生自身的内驱力）能够完全协同，促成1＋1＞2的整体协同效应。多个主体在"怎样培养人"的交互作用中，他们的关系和权重如何，直接关系到共同体的作用发挥程度。

思想政治工作是中国特色社会主义大学的天然属性和筑魂工程，是高校全体成员的共同使命和责任担当。但是客观地说，现实中高校内部在实现思想政治工作的同频发力、同向同行上还存在差距。管理队伍受制于科层管理体制固有的垂直型、封闭性特性，很难突破本位意识、局部意识，很难主动在学生思想政治教育中发力；教师队伍在课堂上的育人和其他队伍在课堂外的育人也没有形成彼此有效的关联，往往造成学生接受教育的"边际效应递减"。当前，各个主体虽然能够针对具体的某项工作任务形成合作共同推进完成，但是他们在学生思想政治教育上没有形成应有的协同育人、同频发力，导致高校思想政治工作教育的针对性不足、实效性不强。

合作是各个育人主体相互配合，一起完成某项任务的过程，强调分工。而协同基于合作，又超越合作，它更为强调各个育人主体就实现共同的目标进行主动设计、共同推动工作，达成整体大于部分之和的协同效应。按照历史演进的逻辑，协同大致可以概括为"协作—合作—协同"几个阶段。在具体的工作程序中，将工作分解在不同的人员或者不同的时间进行，就是"协作"；随着工作分工与协作的精细化，为了进一步提高劳动效率和节约劳动消耗，使不同的工作在时间上有更好的衔接，在分工的量的搭配上更加合理，就有了"合作"的要求；而随着外界对工作的要求提高，社会需求的不断变化，仅仅靠提高工作效率已不能满足外部需求，所以就出现了"协同"的要求，要求人们更加关注内部各要素的相互作用并能够创造出新的工作业绩。在学生眼中,不管是专业教师还是管理人员,抑或是辅导员,都有"老师"这个共同的称谓,每个老师都是学生成长的"教科书"。因此,这些群体间如果能够形成同频发力的思想政治工作"同向同行"格局,势必能够形成 $1+1>2$ 的整体协同效应。

第三章　关键主体:德育共同体中的辅导员

本章讨论的主要是辅导员在高校德育共同体中的职业方位、价值向度、角色定位、发展矛盾等问题,围绕这些问题,本章的基本观点沿着以下逻辑展开。

1.角色是主体价值向度的逻辑起点,形成对主体的责任、权利和规范三方面规定性。主体在适应这种规定性时存在角色不清、角色中断、角色冲突等"角色失调"现象。从外在协同机制和内在认同机制建设,对角色失调现象进行调整。

2.辅导员是德育共同体多主体合作系统框架下的关键主体,辅导员职业的角色定位必然与德育共同体对主体的期待和要求相关。

3.辅导员的多重角色体现多元价值向度:学生进行德育知识意义建构的"引导者"、学生自我管理服务的"支持者"、学生自主发展的"成长伙人"、自我潜能的"重新发现者"。

4.辅导员履行多重职业角色中存在矛盾性:职业发展需求的社会性与本位性并存,发展规划的长远性与功利性兼有,发展状态的自发性与自觉性相伴。

本章主要考察德育共同体视域下辅导员职业角色定位的变化和矛盾,期望为辅导员职业发展提供认识论基础。

"当一个人加入到一个群体中来时,受到群体的约束,建立起个人和群体的基本关系,即社会网络关系。因此研究个人时不能从单个的孤立的人出发,而应该从他所处的社会网络角度入手,他在这一网络中的位置及其所涉及的关系,对个人的行动往往有着决定性作用。"[1]关注辅导员的职业发展也必然要将其置于整个高校德育共同体的体系框架中,考量辅导员在德育共同体中的角色定位以及涉及的与共同体其他主体间的关系。

高校德育共同体的多元主体是不同的德育工作承担者,他们所发挥的作用不同。我们将不同的群体或个人指认为德育共同体的主体,事实上不过是把高校成员中相对于特定的德育实践活动具有更重要作用和意义的部分凸现出来而已。主体并没有绝对的意义,它并不意味否认其他承担者的作用,只是对主从关系的区分。而且我们也不能否认,在某个具体的德育实践活动中,主从关系也有可能会发生逆转。从这个意义上来说,每一个主体相对于德育共同体这个整体而言都是不可或缺的,所不同的只是特定环境中的作用和意义不同而已。多主体系统理论认为[2],系统中的每个主体只有有限视角,只具备解决问题的不完全的信息和能力,单个主体不可能控制系统全局,势必会与其他主体发生联系,而这种联系的最优化通常是由居于关键地位的某个主体来发挥枢纽作用,形成协同合作的多主体系统架构。在德育共同体中,要产生育人协同效应的最优化,也需要激发其中居于关键地位的主体的作用,形成多主体协同合作的良性循环。我们认为,这个居于关键地位的主体就是以德育为主业的高校辅导员。

---

① 赵健.学习共同体——关于学习的社会文化分析[M].上海:华东师范大学出版社,2006:35.

② 参见:张军.多主体系统:概念、方法与探索[M].北京:首都经济贸易大学出版社,2013:91.

第一节　角色是主体价值向度的逻辑起点

一、角色的概念及构成要素

按照马克思的观点,价值向度是作为主体的人的行为对自身的积极意义或作用的追求,是对自身行为的目标追求,也可以理解成主体的责任,而责任通常由主体的角色来体现。辅导员、管理队伍、专业教师、学生等不同群体的价值向度,是以他们在德育共同体中的角色为逻辑起点,进一步明晰各自的角色定位。

角色(role)原先是戏剧中的名词,指代演员在剧中所扮演的人物。后来被引入社会学,表示"对群体或社会中具有某一特定身份的人的行为期待"[①],是由一定的社会关系所决定的个体的地位、作用和社会形象的综合表现。德育共同体中多元主体的价值向度通过他们在共同体中扮演的角色表现出来,而角色又与他们在共同体中的位置密切相关。不同主体扮演的各种角色,其实是在共同体给予各种角色的认定和地位的规定下的扮演,我们可以将其理解为主体符合这种认定和规定的行为模式。

"社会性相互作用的主体在一定的社会中必然具有特定地位及随之而来的角色"[②],"每个角色都有一套权利义务和行为规范体系"[③]。社会学研究认为,角色由责任、权利和规范三要素构成。责任是主体所承担的社会责任和义务,代表社会对主体的某种期待;权利是"履行角色的个人所拥有对其他人和

---

① 戴维・波普诺.社会学(第十版)[M].李强,译.北京:中国人民大学出版社,1999:97.
② 衡山宁夫.社会学概论[M].上海:上海译文出版社,1983:85.
③ 费孝通.社会学概论[M].天津:天津人民出版社,1984:63.

物质条件的支配权(权力)和履行角色后所享有的物质和精神报酬(权益)"[1];规范是主体在履行角色责任、享受履行角色后的权益时必须遵循的行为规则。

二、角色的性质及角色失调现象分析

从角色的三个要素出发,进一步分析角色的主要性质,体现为社会性、义务性、扮演性和多重性。第一,角色的社会性。也就是角色的社会规定性,角色是由社会关系规定的。德育共同体对它的不同主体有角色的规定性,体现不同的责任、权利和规范。第二,角色的义务性。反映的是角色的社会价值,表示个人肩负的社会使命。德育共同体的主体扮演角色的过程,实质上就是对德育共同体规定的角色规范的接收和消化过程,体现个人执行角色行为的程度。第三,角色的扮演性。角色是种行为模式,代表社会的某种期待,因此履行角色的结果应该是符合预期的。德育共同体对主体的不同期待要求,是可预期并应当符合预期的。第四,角色的多重性。人的本质是一切社会关系的总和,因而人不可能只扮演单个角色,他们通常同时扮演着多重角色,形成"角色集"。德育共同体的主体也是多重社会角色的叠加,比如辅导员既是教师又是管理人员,既是教育者又是受教育者(终身学习的要求)。

主体在扮演各种角色的过程中,一方面由于外界对角色的期待和要求会随着时代的变化和社会的需求而做出调整,人要不断适应这种新的变化和要求;另一方面,人自身对角色的责任、权利和规范的理解不同,他们的理解程度往往决定了他们对角色的履行程度。因而在这个过程中,会不可避免地存在"角色失调"的现象,具体表现为角色不清、角色中断、角色冲突。

第一,角色不清。主要是角色扮演者对某一角色的行为规范、标准不清楚,不知道"应该做什么""不应该做什么"以及"怎么去做"。也就是说,德育共同体的主体不能完整、准确地把握共同体角色的全部规范,是主体的主观性与

---

[1] 王希勤,邹振宇,等.基于角色的高校分系列人事管理研究[J].国家教育行政学院学报,2017(10):15.

共同体角色的客观规定性之间矛盾的体现。第二,角色中断。主要是指个体原先的角色消失了或者被新的角色所取代了,是指个体不能再扮演某个角色的情况。角色中断有时是短暂的,有时是永久性的,永久性的角色中断也称为角色丧失。角色中断意味着主体不再承担和履行德育共同体赋予这一角色的责任、权利和规范。第三,角色冲突。主要是个体在扮演的各种角色之间形成的网络关系中,他的"角色集"不能完全满足外在对多重角色的期待,从而存在矛盾、冲突、抵触导致的角色失调现象。这里既有单个主体扮演多重角色的内在冲突,也有不同主体扮演的角色之间的外在冲突。德育共同体的单个主体对多重角色(教育者与被教育者、管理者与被管理者、领导者与被领导者等)的冲突属于前者,德育共同体不同主体间的角色冲突属于后者(集中体现为多元主体的协同合作问题)。

上述对德育共同体主体的角色分析,侧重于从共同体关系、共同体规范、共同体行为模式等方面展开,既体现德育共同体对不同主体的期待和要求,又体现主体扮演好某一角色所要遵循的规范和表现出来的行为模式。见图3.1。

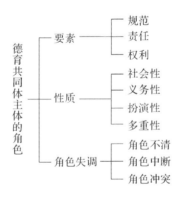

图 3.1 德育共同体主体的角色分析框架

第二节　辅导员在高校德育共同体中的角色

　　角色是责任的逻辑起点,要完整理解辅导员在德育共同体中的价值向度,首先要理解辅导员的角色,明确辅导员在德育共同体中的角色定位。德育共同体是成员目标一致性导向的价值共同体,辅导员职业的价值目标是在立德树人的实践中实现的;德育共同体是成员交往互动基础上建构的关系共同体,师生关系是其中最核心的一组关系;德育共同体是成员集体协同生成的实践共同体,师生通过集体实践共同落实立德树人的根本任务,同时也在互动交往中提升自身的道德认知水平。我们要从德育共同体的三个基本特征出发,从德育共同体对成员的要求出发,考察辅导员在德育共同体中的角色定位。目标一致性要求辅导员的价值选择从被动"参与"转向自觉"认同",主体交互性要求辅导员的工作从执行"规范"转向"专业"发展,集体协同性要求辅导员的行为选择从自发"合作"转向自觉"协同"。

　　师生关系是德育共同体关系体系中最核心的一组关系。建构主义认为,教师在学生学习和发展过程中的角色与传统的教师角色已经有了根本性的转变。"我们应当把知识与能力看做是个人建构自己经验的产物,教师的作用将不再是讲授'事实',而是帮助和指导学生在特定领域中建构自己的经验"①,教师从传统的"知识传授者"转向学生成长的"引路人"和"促进者"。这里就特别强调学生主体性作用的发挥,学生要更多地控制学习和发展的历程,包括学习目标的生成、学习内容和学习策略的选择、学习活动的管理等。学生作为自我成长的设计者,他们被鼓励能更多地采用探究的、彼此合作的方式进行积极的学习。为此,教师要在适当的时机为学生提供学习的"支架"(scaffolds),以确

---

　　①　张桂春.激进建构主义教学思想研究[M].大连:辽宁师范大学出版社,2002:186.

保处于"最近发展区"①的学生能够在教师或者更加成熟的朋辈能者的帮助下，更好地完成自己的学习任务，解决更多自身无法解决的问题。因此从这个意义上来说，在学生自身作为独立个体的主体发展过程中，辅导员作为教师，他们所要扮演的是"帮助者"或"助力者"的角色。也就是说，辅导员作为教师，他们不是学生发展过程的"知识专家"和"组织者"，不是知识或者活动的"供应商"，而是学生进行德育知识意义建构的"引导者"、学生自我管理服务的"支持者"、学生自主发展的"成长合伙人"。同时，扮演这些角色的过程也是辅导员不断发现自身潜能、提升道德认知水平、培养德性修养、适应角色三重规范性、促进与其他主体协同育人的过程，辅导员也是自我潜能的"重新发现者"。见图 3.2。

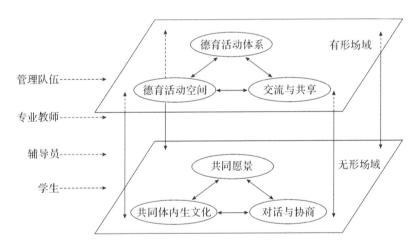

图 3.2 德育共同体视域下的辅导员角色概念模型

① 维果斯基的"最近发展区"理论认为，学生的发展有两种水平，即学生的现有水平和学生可能的发展水平。前者是学生独立活动时所能达到的解决问题的水平，后者是通过教学所获得的潜力。参见：高文，徐斌艳，吴刚.建构主义教育研究［M］.北京：教育科学出版社，2008:10-11.

一、学生知识意义建构的"引导者"

知识是学生发展的基础,学生必须首先学会大量知识,用以理解和适应世界,教师就是要帮助学生更有效地学习、理解并掌握这些知识。因此,辅导员首要的是帮助学生获得成长的知识,并达成知识意义的建构过程。指导学生学习和指引学生发展,构成了教师职责的两个维度。辅导员不仅要帮助学生掌握德育知识,更重要的是体现学生主体的观念性生成和德性养成。也就是说,辅导员从事的德育教育不仅仅是适应现实地传递德育知识,还要高于现实,给学生以激励和导向的作用,帮助学生实现对知识意义的主动建构,达成作为个体的人之于社会发展的价值眷注。

(一)为学生道德知识的习得提供"脚手架"

教育是"年轻一代系统地社会化的过程"[①],社会化的过程不仅是身份的社会化(语言、性别角色)、技能的社会化(生活技能、职业技能),还有道德的社会化(行为规范)。道德是个知识领域,有其独特的内容、过程和方法,是可教的。"完整的道德教育呼唤一种道德教学,道德教学有助于实现道德教育。"[②]我国高校现阶段的显性道德教学课程主要是《思想道德修养与法律基础》,辅导员也普遍担任该门课程的主讲教师,承担着直接传授德育知识的任务。学生的学习是教学活动的主要过程,学习是学生在已有的知识基础上建构新思想、新概念、新观点的积极过程,学生利用他们的认知结构来选择并转换信息、建构假设、做出决定、化为行动。认知结构给经验赋予意义并把它们组织起来,使学生得以"超越给定的信息",不断建构他们所学的知识内容。也就是说,在学生已有的知识和解决问题所需的其他知识之间存在"最近发展区",是学生利

---

① 埃米尔·涂尔干.道德教育[M].陈光金,沈杰,朱谐汉,译.渠东,校.上海:上海人民出版社,2001:309.

② 埃米尔·涂尔干.道德教育[M].陈光金,沈杰,朱谐汉,译.渠东,校.上海:上海人民出版社,2001:289.

用自己已有的知识单独地解决问题的实际发展水平和在外力的帮助下解决问题所能达到的潜在水平之间的差距。为了缩小并克服这种差距,辅导员在德育教学的一开始就给学生以外在的帮助("脚手架"式的支撑),激发他们学习的主动性,使他们逐步掌握知识并自主地将德育知识转换为价值认同,内化为行为方式。

所以,辅导员德育教学的艺术应当是做较少的知识转译工作,培养学生学习的艺术。辅导员在德育教学中不仅要将道德知识传输给学生,更要激发学生主动学习的兴趣,培养学生学习的艺术,使学习成为学生自我成长的知识解释和知识获取过程。辅导员在教学中应当把握以下原则:第一,知识转译是必要的但不是唯一的。知识转译是知识、经验和方法的传授,将前人积累的道德知识、经验和方法传授给学生。但是转译不是灌输,不是机械的注入和空洞的说教,也不是生硬的强迫接受,而是辅导员根据学生的思想道德实际,用自己的学识、言行和人格魅力,使学生"见贤思齐"。第二,要尊重学生的主体地位。道德教学的目的是提高学生的道德认知和道德水平,学生是道德教学的主体,辅导员首先要努力理解学生是如何思考的,在尊重学生自身的思想、判断、选择和行为的基础上,充分发挥学生的主体性进行教学。第三,善于运用自己的学科知识进行整合和渗透。道德教学的内容并不是单一的,不同的学科对象有自己所属学科的学科伦理等道德知识。辅导员可以利用学科背景多元化的优势,将自己的学科知识整合和渗透进道德教学中。第四,道德教学具有实践性的特征。道德教学的目的主要不是传授或使学生形成知识体系,而是要帮助学生形成道德的信念以及与此相适应的生活行为方式,达到"知行合一"的效果。第五,支持学生达成对知识的意义建构,即帮助学生建构道德信念和信仰。作为信仰的道德是道德教学的难点,但这是中国特色的辅导员队伍最不能回避的职责,也是德育共同体的核心目标,即师生共同建构起为中国特色社会主义事业贡献自己力量的信念和决心。

(二)对学生道德行为的规范形成"约束力"

"道德不只是一个习惯行为体系,而是一个命令体系。"①我们通常称之为道德的所有行为,都遵循着某些预先确定的规范。道德是各种明确规范的总和,它就像是许多具有限定性边界的模具,人们必须用这些模具去框定自己的行为。因此,引导学生行为的依据不是理论的道德公式,而是特定的行为规范。大学生作为国家公民,必须遵循国家法律规范,知法守法;作为社会成员,必须遵循社会道德规范,遵守社会公德;作为学生,必须遵循学校的各项纪律规范,遵守校纪校规;作为团体成员,还要遵循特定的团体契约规范,遵守团体的章程和纪律,如党团组织纪律、社团规章等。这些国家法律规范、社会道德规范、学校纪律规范、团体契约规范,共同构成了大学生思想道德行为的外在约束。辅导员就是学生行为规范的监督者,对学生道德行为的规范形成"约束力"。

第一,要强化学生对各种行为规范的认知。大学生首先要知法才能避免违法,国家法律规范、社会道德规范、学校纪律规范是学生作为国家公民、社会人、在校学生必须严格遵循的准则,辅导员要引导学生知道有哪些法律法规和纪律规范,引导他们知其然更要知其所以然。第二,要强化各种规范对学生的"他律"作用。大学生对事物保持好奇心,勇于探索,勇于求知,这是他们这个年龄段的特性。因而更需要辅导员帮助他们在安全的范围内,在合理合法的前提下,去探索、尝试、获取真知。要让学生熟知行为规范惩处规则,对学生强化警示教育,对违反相应规范的行为也要严格予以惩处,以重申高校道德秩序、维护高校道德权威。第三,道德的最终目的是促使个体从"他律"向"自律"的转变。遵守规范是必要的,但这不是道德教育的全部,更不是道德的根本。如果仅以规范去要求学生,就从根本上曲解了道德的实质。"自律即自由",辅

① 埃米尔·涂尔干.道德教育[M].陈光金,沈杰,朱谐汉,译.渠东,校.上海:上海人民出版社,2001:33.

导员要让学生认识到道德规范不是外界给定的结果,而是作为社会生活的个体对自己发出的命令。最重要的是要引导学生强化行为自律的道德意识,把道德规范的体认视为学生以理性的方式主动探索的过程。在此过程中,学生将道德规范转化为内在需要并发展自觉的道德意识和道德判断、道德选择能力,从而可能超越现有的道德价值体系,做先进道德的探索者、创造者和践行者。

(三)为学生的人生发展规划提供"方向盘"

"凡事预则立,不预则废。"大学是个人人格定型的重要阶段,在这个阶段做好人生规划就像是帆之于船,对学生未来的成长具有指引方向的作用。正确的人生规划是灯塔,是指向标,可以引导学生沿着正确的道路走下去;科学的人生规划是学生学习的内驱力,能够为学生将来走向社会、融入社会、服务社会打下坚实的基础。学生在大学阶段的人生规划,是他们根据社会的发展需要以及个人的发展志向对未来发展道路做出的设计,在他们心中埋下为国家、为社会发展贡献力量的理想信念的种子。

"实现中华民族伟大复兴的中国梦,需要一代又一代有志青年接续奋斗。广大青年要以国家富强、人民幸福为己任,胸怀理想、志存高远,积极投身中国特色社会主义伟大实践,并为之终生奋斗。"①马克思主义经典作家都认为,个人发展和社会发展是辩证统一的,个人的发展要以社会的发展为前提和基础,社会发展是个人发展的条件。大学生的发展必须和国家的发展、社会的发展相融合,大学生将个人发展置于其中才能实现个人价值。

首先,要为学生人生发展规划提供"方向盘",帮助学生正确处理好人生规划和社会需要之间的关系。社会主义现代化建设既需要各种各样的专门人才,更需要许许多多从事平凡工作的普通劳动者,个人所选择的职业目标与社

---

① 这些年,习近平总书记对青年的青春寄语[EB/OL]. http://cpc. people. com. cn/xuexi/n1/2016/0504/c385474-28323342. html,人民网,2016-05-04.

会需要之间总会发生矛盾。但要让学生认识到,现实生活中并不是每个人的兴趣爱好、人生规划都能得到满足。第二,引导学生合理看待自己在这种矛盾中的发展,引导学生在社会发展与个人发展之间寻找平衡点。当学生存在矛盾时,激励他们做有志青年,服从社会需要,并从社会分工出发,根据自己的实际培养新的兴趣和爱好,尽快地使自己的人生规划正确定位。第三,帮助学生树立家国情怀和责任担当。责任是人之为人的根本,辅导员要培养对社会、对国家承担责任的人。最重要的是培养学生的道德判断能力,使学生在做出判断时要考虑有关人的利益、所有人甚至整个人类的利益,也就是说要以责任为定向。高校培养的应当是对社会有责任感、对国家有使命感的人,而不是"精致的利己主义者"。只有当师生共同树立起实现立德树人目标的理想时,德育共同体才能朝着中国特色社会主义大学要求的方向演化。

二、学生自我管理服务的"支持者"

当代教育提倡以学生(学习者)为中心,强调学生(学习者)作为认知主体对知识的主动建构。这并不是说忽视或者否定教师的作用,而是改变传统的对教师角色的认知,跳出教师作为学生成长"主导者"的角色固化,支持学生的自主性发展。学生的自主性发展首先体现在他们对涉及自己学习、生活、工作等方面事务的自我管理和自我服务,这种自我管理和自我服务是指"学生为了实现高等教育的培养目标以及为满足社会日益发展对个人素质的要求,充分地调动自身的主观能动性与卓有成效地利用和整合自我资源(价值观、时间、心理、身体、行为和信息等),而开展的自我认识、自我计划、自我组织、自我控制和自我监督的一系列自我学习、自我教育、自我发展的活动"①。这里主要包含两层意思:一是"能够参与",即学生能够参与学生事务的管理;二是"自主管理",即由学生自主管理某些学生事务。

---

① 严中华.大学生自我管理技能开发[M].广州:华南理工大学出版社,2000:4.

学生事务(student affairs)是和学术事务(academic affairs)相对的概念。通常认为,学术事务涉及学生学习、课程、课堂教学、学生的认知发展等,学生事务涉及校园秩序、学生生活、课外活动、学生感情、个性发展等方面。[①] 学生事务又可以进一步分为管理性学生事务和服务性学生事务两方面。管理性学生事务如学生日常行为管理、班团组织建设与管理、就业管理、奖惩工作、资助工作、网络舆情管理、宿舍管理等,服务性学生事务如学生骨干教育和培养、学业指导、活动辅导、心理教育与咨询、就业指导等。学生的自我管理服务体现在对这些学生事务的"能够参与"和"自主管理"两方面,其本质是在既定主体的价值取向引导下,由被动约束向主体自律渐进转化的过程。这个过程的实现有赖于辅导员作为"支持者"的作用发挥,辅导员通过激发学生自我管理服务的意识、提升学生自我管理服务的能力、营造学生自我管理服务的环境,为学生构筑广阔的发展空间,激活学生主动发展的内在成就动机。

(一)激发学生自我管理服务的意识

苏霍姆林斯基认为,"没有自我教育就没有真正的教育"。学生参与管理、自我管理、自我服务,本身就是实践教育,对培养学生的民主公正精神、社会责任感、团队意识、管理能力都具有重要意义。辅导员在组织、实施、指导学生事务管理工作中,他们的工作是否具有针对性、是否恰到好处,需基于了解学生需求和状况的基础上,这点对管理决策来说非常重要。而信息的沟通、政策的推行、措施的实施,通过学生自我管理的途径往往要比强制性地推行更加有效。因此,推进学生事务管理工作首先是要激发学生作为自我发展的主体承担自我管理服务的意识。

最为重要的,是要唤起学生认识到自我介入对个体活动的意义。通常来说,自我介入是以感情投入为指标的,会对个体的活动产生极为巨大的影响。

---

① 蔡国春.中美高校学生事务管理模式比较研究[M].北京:中国海洋大学出版社,2007:10.

"如果一件事被认为与自己无关,个体不会有什么反应,一般来说,为自己做事和为他人做事会有不同的活动效果。"①辅导员要使学生认识到他们积极主动介入与自我发展相关的各项事务管理中,是对自身发展、自我利益的有效防卫。比如宿舍管理问题,宿舍卫生状况、作息制度、文化氛围直接影响宿舍内学生的身体和心理健康。但90后学生群体普遍存在个体需求多元、个人意识凸显、集体观念薄弱现象,如一味强调集体观念,灌输学生宿舍管理的重要性,可能会产生适得其反的效果。要引导宿舍成员尊重多元个性需求,分析需求间的"集体共性",求得需求的"最大公约数",据此制定寝室建设的基本准则和相应的实施方案,变宿舍建设为学生的主动行为。

(二)营造学生自我管理服务的环境

学生的自我管理服务并不是自然发生的过程,需要营造良好的外部环境。这里的环境既包含高校教育空间、设施、设备等硬件环境,也包括校园文化等微观环境,还包括高校为学生的自我管理服务设定的制度性规范。辅导员在学生自我管理服务的制度规范设定上起到了"设计者"的作用。我们经常会听到有辅导员说学生工作千头万绪,每天都疲于应付各种事务性的工作。事实上,一些辅导员在学生事务管理过程中,比较多地采取沿袭传统的做法或想当然"以前是""应该是",经验性、应急性、临时性的"意见""通知""办法"成为辅导员处理学生事务的普遍方式,这种随意性往往导致了千头万绪的工作局面。改变这种状况,要建立管理制度,建立学生事务管理的统一标准和要求,建立规范的操作程序,使各类具体的事务性工作制度化、规范化、程序化,让学生在这种规范化的环境中遵循一定的规则开展自我管理服务。

制度是要求师生共同遵守的办事规程、行动准则,也是实施管理的重要手段和措施,具有引导与约束的作用。对各级管理部门而言,系统规范、合理配套的制度建设有助于他们对自身工作开展自查自评,减少管理的盲点,从而避

---

① 程文晋,付华.管理视域内的自我教育论[M].北京:中央编译出版社,2012:16.

免管理的弊端;对辅导员而言,有助于他们对现有的工作进行规范化的运作,从而提高学生事务管理的效率和质量;对学生而言,能够帮助他们建立规则意识,也有助于他们的自我教育和自我管理。在学生事务管理中,学生日常行为管理等管理性学生事务都是有法可依、有章可循的,学生骨干教育和培养等服务性学生事务也可以建立规范化的服务工作流程。通过建立制度化、规范化、程序化的管理机制,改变辅导员在工作中"千头万绪""疲于应付"的状况。

(三)提升学生自我管理服务的能力

管理性学生事务强调的是按照规章制度面向全体学生进行规范化的指导,是学生必须遵循的,更多地强调管理工作的制度化、规范化、有序性;服务性学生事务是按照一定的理论、技能支撑和规范的流程,给予学生个性化的指导服务,也可以说是学生主动选择的,更多地强调服务工作的主动性、全程性、精细化。两者虽有区分,但从管理的广义上去理解,管理也是服务,是带有一定制约性的服务,而服务则是民主化的管理。学生参与管理性学生事务更多的是要塑造法治意识,自觉地遵循制度规范,能够配合完成;参与服务性学生事务,更多的是从自身需求出发,主动选择、主动配合、自主完成。

另外,辅导员在学生事务管理中的专业化也有利于帮助学生提升自我管理服务的能力。在国外,学生事务管理和学术事务管理一样,也是一门专业,要求从业人员应该具有专业化的标准、专业化的知识和专业化的素质。国外学生事务管理的目标是培养学生的能力并为学生的成长需求提供服务,学生事务管理专业化也是实现这个目标的客观要求。当今科技迅速发展,信息技术给教育带来了巨大的变革,学生需求也呈现出日益丰富、多元和变化的特点。辅导员要主动适应这些外部环境的变化,积极探寻学生成长的规律,追求学生事务管理的专业化,促进学生在能力训练、素质提升和人格养成等方面的发展。

三、学生自我发展的"成长合伙人"

德育共同体是师生围绕立德树人共同目标建构的关系共同体,师生在交往互动中促成自我的发展,辅导员在其中扮演了学生自我发展的"成长合伙人"的角色。很显然,这比普通的师生关系要求更高一些。理论意义上的师生关系、体现的是"向生性"与"向师性"的统一。"向生性"是对教师而言的,是教师对学生的一种职业心愿和情境,表现为教师关心爱护学生,希望学生成才,希望了解学生的心理活动以及学生对教师的评价。"向师性"是对学生而言的,是学生与老师交流思想的心理情感,表现为学生总把老师当作榜样,当作可以模仿的对象,渴望从老师那里学到知识,得到老师的爱护与肯定。"向生性"和"向师性"相互影响、相互作用,为建立和谐的师生关系、为师生共同发展提供了可能性和现实性。这种可能性和现实性是建立在师生之间的认识关系和情感关系基础上的,师生平等对话、交往,在相互认识、尊重和了解的基础上形成融洽的、充分信任的情感关系,使彼此间心灵对接、思想交汇、情感融合。

(一)师生间的充分了解是共同成长的前提

只有相互了解,才能称得上是朋友。辅导员要成为学生的知心朋友,第一步是要先了解学生,从记住每个学生的名字开始,熟悉每个学生的基本情况,包括学生的家庭状况、个性特点、兴趣爱好、发展需要、接受能力等。没有一个抽象的学生,苏联著名教育家苏霍姆林斯基一生教过 3700 名学生,共写了3700 套观察日记,他认为"教育者要深入到每一个学生的内心世界中去"[①],全面研究学生的精神世界,体会他们的思想和内心感受。思想政治工作从根本上说是做人的工作。做人的工作,了解人、走进人,就显得更加重要。现实中,有辅导员缺乏对学生的基本了解,一味地从管理者的角度制订政策、规划活动,造成思想政治工作缺乏科学性,活动组织比较松散,学生参与积极性不高,辅导员威信不高等问题。辅导员只有充分了解学生,才能真正做到"围绕学生、关照学生、服务学生"。

---

① 王旭东.师生关系的理论和实践[M].南宁:广西教育出版社,2006:84.

(二)师生间的平等对话是共同成长的基础

现代意义上的师生关系已从传统专制的"师道尊严"以及教师中心论与学生中心论的争论,走向强调师生民主平等,强调师生间的主体间性关系。现代师生关系与传统师生关系的最大区别,在于强调师生间的平等对话。马克思认为,人和人之间在人格上是平等的。学生与辅导员一样都是独立的"人",从人格上来说彼此是平等的。他们有着独立的思考能力和感知能力,也有与师长分享观点、沟通情感的需要。每个人都希望得到别人的尊重和信任,学生也同样需要,师生间的平等对话是决定辅导员成为学生知心朋友的基础。同时,辅导员应当在这种平等中居于首席的位置。辅导员与学生的平等主要是指人格上的平等,辅导员要学会理性地对待自己,认识到平等并不代表对辅导员作用的否定;同时也要学会理性地对待学生,既要看到学生身上的主动精神和创造能力,也要看到学生在价值观形成期的不稳定性和自我教育的不完善性。辅导员是师生平等关系中的"首席",学生往何处发展、如何获得发展,关键要看辅导员如何引导。民主平等的知心朋友式的师生关系能够真正实现,也要依靠辅导员的观念更新和行为转变。

(三)师生间的情感融合是共同成长的关键

心理学研究已经充分证明,情感在人的交往中具有信号作用、激发行为的动机作用和对行为的调控作用。"与认知和意愿相比较,性情更堪称作为精神生物的人的核心。"①知心朋友式的师生关系更多的是一种情感关系,是推心置腹,把自己的心交给学生,与学生形成一种情感上的交融。然而受到现代经济社会的影响,现实中辅导员与学生之间交往的理性色彩更浓一些,情感因素反而弱化,表现为彼此间的情感沟通减少。辅导员往往关心具体任务的落实多于关心学生受益的效果,关心自身工作成绩多于关心学生成长,工作上的关系甚于"传道、授业、解惑"的师生关系,一定程度上违背了教育的真谛。辅导员

---

① 邵晓枫.百年来中国师生关系思想史研究[M].成都:四川大学出版社,2009:248.

与学生之间只有当建立起真正意义上的情感交融,才谈得上真正的心灵沟通,才能把彼此的心紧紧地连在一起,也才能谈得上真正和谐友好的师生关系。辅导员与学生情感的融合,是知心朋友式师生关系的关键和重要表现。

(四)师生间的思想交汇是共同成长的根本

"思想共鸣,是人际关系中的最高境界。"[①]辅导员要向学生不加掩饰地袒露自己的思想倾向和思想观点,包括对党的路线、方针、政策的认识,对建设社会主义事业的决心,对学校教育改革发展的支持,对社会时事和人物的评判等。他们自己首先要"明道、信道",努力成为"先进思想文化的传播者、党执政的坚定支持者"。辅导员向学生敞开思想,就是把信赖感送给了学生。但是彼此间的沟通是双向的过程,需要辅导员发挥自己思想的影响力和感染力,在相互关系中建立精神境界的共通区域。要让学生真切地理解自己的思想,也要满怀热情地帮助学生提高思想水平,沟通的着力点在于把解决学生的思想问题与解决学生的实际问题相结合。同时身教重于言教,凡是要求学生做到的事,自己首先要努力做到,言行一致才能为辅导员的思想透明度提供行动的证明。学生被辅导员的行动所感动,将辅导员视为自己成长的榜样,思想的共鸣、思想的交汇也就形成了。

四、自我潜能的"重新发现者"

德育共同体强调每个成员个体的主体性。教育不仅指向学生的成长,还应当包括教师自身的成长。辅导员仅仅希望自己能够规范地履行好角色职能、为学生的成长成才提供帮助,还不足以把握教育实践的本质。辅导员还需要进一步清晰地认识到,这种愿景只有与自己投身其中的道德认知和德性养成相结合,才能促进学生主动进行知识意义的建构,支持学生自我管理服务,与学生实现共同成长。也就是说,教育者先受教育,教育者与教育对象应当是

---

① 余家淮.共产党人的人际关系[M].上海:上海人民出版社,1988:50.

共同教育成长的。由此,这里的意义可以表现为辅导员对自身作为教育者的潜能发现与超越,是辅导员深层认知自身的职业价值,在教育实践中不断坚定信仰、培养德性、提升自我的行动自觉。

(一)唤起辅导员对德育的深层理解

德育是什么? 这是德育工作、辅导员职业最基本的问题,也是引领辅导员职业的思想基础。辅导员职业发展首先是辅导员对德育是什么的理解,辅导员在对德育本职工作的不断解读中履行角色职能、达成职业发展目标。关于德育是什么的问题,前文已经从"德"的内涵即德育的主要内容和"育"的形式即德育的存在形态两方面进行了分析,辅导员对德育的理解贯穿在以多种形式和手段实施德育内容的过程中。

第一,在德育教育中坚定德育目标。辅导员以德育为主业,辅导员制度自产生之日起就被赋予了道德教育、价值观教育、意识形态教育的职能,辅导员的一切工作都应围绕立德树人的根本任务展开。坚持德育的方向性,为中国特色社会主义事业培养建设者和接班人,为中华民族伟大复兴培养时代新人,是辅导员职业的首要职能,也是中国高校德育要坚持的正确方向。第二,在交往关系中体会德育价值。教育不是孤立的,而是人与人的交往与对话。人的道德是在交往与对话中形成的,辅导员与学生通过德育实践活动形成交往关系。一方面是师生间借助德育活动,进一步明确动机,即明白自身作为德育共同体主体的责任感、权利义务和品德素养;另一方面,德育为师生个体提供价值方向,使师生进一步明确个人的发展究竟是以何种价值作为导向;还有一方面,德育为师生其他方面的发展提供良好的行为习惯和学习方式方法上的支持,例如具备自律、诚信、宽容等品质的人一般在其他方面也会有不错的表现和成绩。第三,在集体实践中呈现德育意义。德育的意义在于促进人的自由全面发展,既包括教育对象的全面发展,也包括教育者的全面发展。辅导员与学生在德育教学、管理服务等德育实践活动中,通过积极对话、持续反馈的交往行为,逐步增长自己的知识和发展专长,深化对德育目标的理解,主动建构对德育意义的认知并将这种认知内化为自身的德性养成行为。

(二)激发辅导员对职业角色的高度认同

辅导员是德育共同体中的关键主体,意味着对辅导员职业角色的定性定位。辅导员需要主动建立认知和表达体系,在"我是谁""我为什么属于这个群体""我要扮演什么角色""我要遵循什么规范"等问题上,形成清晰的主体意识并表现出相应的主体行为。也就是说,要激发辅导员对职业专业的认同感。职业专业认同体现的是"个体对自己作为专业人员身份的辨别与确认"①,它更为关注个体在整个群体中的差异性,其本质在于个体在群体中突显自己的职业角色特征并表达"做到最好"的主体诉求。

第一,引导辅导员在德育共同体中的归属感。辅导员对职业角色的认同是辅导员对自身归属的主动寻求,是辅导员自我对德育共同体所界定的辅导员职业内涵的认知与体验,允诺和遵从作为辅导员的规范准则,把辅导员职业作为自身角色的重要标志。第二,融会辅导员的个体差异性。所有辅导员都具有职业角色赋予的权威性,但辅导员的性别、年龄、学历、学科、职称、职务等不同,也使辅导员角色具有不同的象征性差异。辅导员的角色对这个群体的责任、权利、规范都有制度上的"物化投射",但这只是称谓上的类型一致性,也就是说大家共同享有"辅导员"这个称谓。在辅导员"物化"角色的背后,是辅导员的教育经历、经验、认知、习惯的差异。共同体讲求的是个体主体性凝聚成的群体关系,需要融会不同个体的差异性,触动辅导员对履行角色职能的觉察、反省和调节。第三,构筑共同体关系。形成"我们"(同是高校德育共同体的一员)这一角色上的共同认同,要求辅导员尽可能地发现德育共同体中的关系,去承受关系、参与关系并发展关系。这种关系应当是德育共同体成员间彼此认同、平等、信赖、支持、帮助、互促的关系。

---

① 张军凤.教师的专业身份认同[J].教育发展研究,2007(7):39.

(三)引导辅导员对集体协同的自觉行动

德育共同体的形成与完善基于主体围绕共同愿景目标协同合作产生的协同效应,从本质上来讲,协同效应的长久性依赖于主体的自觉行动而非被动参与。在德育教育实践中,不同主体间会自发形成自然的合作关系,他们相互配合,共同完成某项特定的德育教育任务。但在很多情况下,这种自然的合作状态是为了完成工作任务的被动参与。最大的问题在于参与合作人员的被动式参与,往往不能达成十分理想的效果。德育共同体要求辅导员作为关键主体,主动自觉地走向协同合作。

第一,激发辅导员真正协同合作的意愿和主动性。持续的、深层的、自觉的合作与互动,是导向共同体长久发展的动力源。于辅导员而言,应当主导人为合作以克服自然合作的内在缺陷,将人为合作与自然合作相结合,在有形场域通过德育活动在各个空间形成交流与共享机制,在无形场域围绕共同愿景即实现立德树人根本任务,主动对话与协商,形成共同体的内生文化。第二,构筑多元化的德育活动体系,德育的场域从课堂上延伸到课堂外、实践中、网络上,德育的内容从书本的道德知识拓展到学校科研、文化、师生间的交往经验,德育的方式超越德育教学的单一性走向管理育人、服务育人、组织育人、心理育人、资助育人的丰富性。第三,辅导员通过交流和分享,将个体积累的实践性知识汇聚起来,构建形成共享的"技艺库"。

第三节 辅导员职业角色履行中的主要矛盾

辅导员作为一个职业群体,既充满生机活力,又具有该群体特有的群体性困惑;既面临新时代思想政治工作所赋予的机遇和挑战,又容易陷入选择性困难的迷雾中。作为德育共同体中的关键主体,辅导员同时扮演着学生发展的"引导者""支持者""成长合伙人"等多重角色,同时也在履行角色职能的过程中不断促成自我的德性养成和职业发展。一方面，辅导员要努力达成理论描述和行政规定所赋予各种角色的任务要求；另一方面，他们的主观愿望又往往会遭遇现存条件的制约而无法付诸现实，有时候甚至会因各种角色的模糊与繁杂而产生混乱。辅导员的发展需要是形成其职业价值目标的依据，在形成需要和满足需要的问题上难免会产生矛盾，表现为发展需求的社会性与本位性并存、发展规划的长远性与功利性兼有、发展状态的自发性与自觉性相伴。

一、辅导员的需要是其职业发展的原动力

马克思主义认为，人的需要是人的行为的动力基础和目的源泉。一方面，需要"作为欲望存在于人身上"，证明人"具有自然力、生命力，是能动的自然存在物"；另一方面，需要作为一种匮乏，表明"他的欲望的对象是作为不依赖于他的对象而存在于他之外的"，证明人"和动物一样，是受动的、受制约的和受限制的存在物"①。基于此，马克思提出了关于人的需要的"三级阶梯"理论，把人的需要分成三个层次和三个阶段。第一层次是人的生存或者生理需要，是人作为"社会的自然存在物的需要"；第二层次是人的谋生或者占有需要，人以谋生手段（职业、工作）来获取满足自己自然需要的物质资料，最终目的仍然是生存需要，也可以称为是一种"外在的"需要；第三层次是人的自我实现和全面发展的需要，这时候人的需要不再是单纯的自然需要，也不再是单纯的外在需要，而是内在和外在的统一，人的活动也不再是出于自然欲望的驱使或者外在力量的强制，而是变成人的能力和个性需要的展开。继马克思的"三级阶梯"理论后，马斯洛又提出了"五层宝塔"需求层次理论。马斯洛将人的需要分成从低到高依次递进的五个层次：生理需要、安全需要、情感和归属需要、尊重需要、自我实现需要。每个人都有需要，当某一层次的需要被满足后另一层次的需要才会出现；而在多种需要没有被满足之前，首先满足迫切需要，迫切需要

---

① 姚顺良.论马克思关于人的需要的理论——兼论马克思同弗洛伊德和马斯洛的关系［J］.东南学术，2008(2):107.

得以满足后,后面的需要才会显示其激励作用。关于人的需要的这些论述,其实都阐明了一点:每个人都有需要,需要作为个人发展的原动力,在人的发展中具有激励作用和导向作用。

辅导员也有需要,辅导员的需要是辅导员职业发展的原动力,对辅导员职业发展起到激励和导向作用。作为一项"育人"且"育己"的特殊职业,人的职业发展需要往往占据了主要位置。辅导员在职业发展中的需要具有全面性(不同层次需要的全面性)、辩证性(物质需要与精神需要、个人需要与社会需要、功利需要与超越需要)和对象性(总是对一定对象的需要,或创造,或获得,或占有)等特征,辅导员的这些需要是形成辅导员职业价值观念和职业精神的原始依据。辅导员职业价值取向和奋斗目标的形成是以其需要的满足为基础的,"对某一方面的事物、对象需要越强烈,就越认为有效用、有价值,获取、占有的积极性就越高,动力也越大"①。人是价值性的存在,这是人与动物最明显的区别。因此人作为个体的生活是在其价值观指导下进行的,"人在生活的各个方面都有价值观念,不是这样的价值观念,就是那样的价值观念,总会有一种价值观念为人所把握,总会有价值观念为他解释生活的意义"②。价值与目标有密切联系,价值取向就是目标取向,价值追求就是目标追求。

辅导员的需要是形成其职业价值取向和奋斗目标的基础,这种需要有外在需要和内在需要之分。外在需要是高校建构德育共同体对辅导员职业的外部规定,体现为对辅导员扮演好"引导者""支持者""成长合伙人"等多种角色的期待和要求,国家、社会和高校对辅导员职业的要求比对普通教师和管理人员的要求更高。但是高校实现立德树人根本任务既要考虑大学生面向未来的成长需要,也要考虑辅导员自身作为"人"的内在职业成长需要。随着高等教育改革的不断深入和学生思想的日益多元化、学生需求的日益丰富化,对辅导员的要求越来越高,无形中也成为辅导员职业发展上的压力。在符合外部要

---

① 郑永廷.郑永廷文集[M].广州:中山大学出版社,2013:282.
② 管向群.当代教师核心价值观研究[M].北京:人民出版社,2014:11.

求与满足内在需求的问题上难免会产生矛盾,主要表现为:职业发展需求的社会性与本位性并存、职业发展规划的长远性与功利性兼有、职业发展状态的自发性与自觉性相伴。

二、职业发展需求的社会性与本位性并存

辅导员职业的发展是社会对辅导员的"外求"过程(外在需求)与辅导员自我实现的"内求"过程(内在需要)的统一。职业本身的社会期待与个人发展的本位意识之间势必会存在矛盾,但两者也不是不可以协调的。

辅导员制度产生以来,较好地满足了社会对辅导员的"外在需求"或者说规定性要求,为我国高等教育事业发展做出了重要贡献。辅导员普遍具有牢固的政治定力,表现出高度的政治敏锐性和强烈的社会责任感。高校辅导员的人选基本来自中共党员或中共预备党员,具有坚定的政治方向,能够坚定理想信念,自觉加强党性修养,能够认真贯彻落实党的教育路线、方针、政策,用马克思主义中国化的理论成果教育引导学生,扮演好学生"人生导师"的引路人角色。辅导员承担了高校学生工作中的大部分内容,成为学校与学生沟通联系的重要纽带,是预防和处理各类学生矛盾冲突、意外突发事件的重要力量。辅导员也很好地承担了学生事务管理实施者的工作职责,为保证高校正常的教育教学秩序和学生生活秩序发挥了重要作用,促进了学生的全面发展和健康成长。有调查显示[①],"80后"已经成为当前我国高校辅导员队伍的主要构成力量,他们大部分都是在大学毕业之后就直接留校从事辅导员工作。他们与大学生年龄差别不大,思想和心理比较相通,共同语言比较多,彼此也比较容易接触,能够较好地完成各项工作要求。大多数高校辅导员工作愿望强烈,表现欲望突出,希望在工作中表现自我,实现自我;具有超前意识,紧跟时代潮流,具有强烈的创新精神和较强的实践能力;工作的满意度和成就感较

---

① 参见:杜婷婷."80"后高校辅导员思想政治素质现状分析与对策研究[D].济南:山东大学,2011.

高;职业上进一步发展的要求迫切,职业价值观积极向上,爱岗敬业热情高涨。

另一方面,我们也要看到辅导员自我实现的"内在需要"。"80后"辅导员自身也是成长于改革开放的一代,是中国改革红利的直接受益者。由于思想活跃,接触到的西方民主化、资本主义的文化在他们中有着较大的影响,他们往往缺乏系统的马克思主义中国化理论、思想政治教育理论知识的训练,缺乏对党的光辉历史和优良传统的深入了解,他们的社会阅历和自身思想政治理论等方面也相对匮乏。特别是当前辅导员的专业学科背景呈现多元化特征,一些非思想政治教育专业科班出身的辅导员,在理论修养上会显得较为薄弱。受到这些消极影响,在辅导员身上也存在自我本位、忽视职业社会性和社会发展要求的倾向。比如有些辅导员过于强调个人的能力提升和业务提高,专注个人的发展而忽视本职工作的履行;有些只关注学生事务管理工作而忽视学生思想政治教育工作,认为学生事务管理工作就是辅导员工作的全部;有些只关注手边的具体工作落实,而忽视思考推进这项工作的目的和意义;有的不愿意深入学生宿舍,不愿意与学生谈心谈话,只和少数学生骨干打成一片。

但我们相信外在需求和内在需要在根本上是一致的,不存在本质上的冲突。当个人的发展需求与整个职业的发展要求发生矛盾时,我们要坚决地以职业的发展要求为重,并愿意放弃或牺牲一些个人的利益。从长远来看,职业发展了,得到社会的认同了,发展通道顺畅了,辅导员个人的发展价值才能得到最大的保护。当然,注重整体的发展并不意味着要否定个体的发展,当社会对辅导员的要求超过辅导员能够承担的限度时,外在的机制也要加以调整完善。

三、职业发展规划的长远性与功利性兼有

人的职业发展过程具有可塑性,人可以对自己的职业发展做出合乎自己需要的规划。首先,职业发展的过程从根本上说是个体完成自我概念的过程,是人不断加深自我认识的过程,"自我"本身是个人自身条件与外界各种条件

相互作用的产物。其次,人总是处在一定社会关系中的,个人与社会、自我概念与现实之间的和谐统一,是人把自身置于社会的职业角色的过程。再次,个人工作的满意程度进而是生活的满意程度,要看个人的能力、兴趣和价值观能否找到相应的归宿而定。最后,个人职业发展的各个阶段可以通过指导加以改善,这种指导既包括培养人的职业兴趣和职业能力、使人达到成熟,也包括帮助人在职业选择上的试行选择和自我概念的发展。

职业发展规划可以说是个人人生发展的标尺,能够指导个人制定恰当的人生目标,帮助个人认识既有的发展状况,引导个人重视并有针对性地培养职业能力和素质,进而实现个人人生价值。而辅导员职业发展规划更具重要的现实意义,它既是加强和改进大学生思想政治教育的重要举措,也是拓展辅导员职业发展空间、改善辅导员职业发展条件、提升辅导员职业发展价值的实施方式,更是辅导员获得自我实现和全面发展的必要途径。德育共同体的建构和完善是个长期过程,对辅导员职业发展的规划也应具有长远视野,将其置于百年树人的宏伟目标中。正如全国高校思想政治工作会议强调的,"高校教师要坚持教育者先受教育",高校思想政治工作队伍"要拓宽选拔视野,抓好教育培训,强化实践锻炼,健全激励机制",要"保证这支队伍后继有人、源源不断"。然而某种职业要形成长期的、长远性的职业发展规划,需要对该职业进行长期的理论研究和实践探索,从而确定工作内容与工作性质,形成工作制度和工作规范,制定专门政策,并有专门机构和专门人员负责具体政策的落实。不可否认的是,辅导员目前往往还只是高校学生管理工作中的一个阶段性岗位,成为终身的职业还存在一定的困难。不管是高校还是辅导员自身,在职业发展中都存在功利性、盲目性的倾向。

对高校而言,这种功利性主要表现:第一,缺乏整体系统规划的意识。重科研轻教学,重智育轻德育,重学术轻思想政治工作,重教书轻育人。高校对思想政治工作的不重视直接导致对思想政治工作队伍的不重视,也就缺乏对队伍整体发展的系统规划。第二,辅导员岗位定位不明确。将辅导员岗位作为高校管理的阶段性岗位,而不是可以让人终其一生的职业。有些高校把辅导员作为管理干部队伍培养的蓄水池,辅导员流动过快,发展的长远性也就无从谈起。第三,对辅导员工作重点本末倒置。《高等学校辅导员职业能力标准(暂行)》将辅导员工作概括为主要的九个方面,但高校对辅导员的考核重点以针对辅导员完成学生事务管理工作和学生应急事件处置情况的指标性考核居多。

对辅导员而言,这种功利性主要表现在:第一,缺乏对职业的高度认同。有些人认为自己在学校的地位低、待遇差,只是学生的"高级保姆",缺乏对自己是高校立德树人关键力量的自觉认同,对自己既是教师又是管理人员的双重身份无所适从。第二,存在职业短视行为。有些人以狭隘的职业发展观注重眼前的一时发展,单纯地考虑自己的职务晋级、职称晋升,以前途晋升的思维来评价职业的发展,沉浸在前途渺茫的感慨中,降低职业满意度,导致职业发展的恶性循环;也有人认为高校各类岗位中,辅导员的发展较快,因而将辅导员岗位作为向上晋升发展的跳板。第三,缺乏对职业的整体发展规划。有些人只注重个人工作技能的学习和培训,对职业本身缺乏定位,缺乏长期的职业发展规划;有些片面追求"最佳选择",总想走捷径,不能脚踏实地。这些状况不仅影响工作的质量,还会因为内在缺乏强有力的精神支柱,阻碍辅导员能力的发挥。

四、职业发展状态的自发性与自觉性相伴

人作为主体存在,本来就是矛盾的存在,其中一对矛盾就是自发性与自觉性的矛盾。人的自发性是指"人的活动在没有认识和掌握客观规律,没有明确的自我意识时的盲目状态",自觉性是指"主体的活动是在反映了客观规律的意识、目的、计划指导下进行的"[①]。我们常说要以人为本,就是要尊重人的主

---

① 欧炯明.关于自觉性和自发性范畴[J].云南社会科学,1999(Z):35.

体性。在思考主体性内涵时又很容易首先想到自觉性,因为自觉性是人和动物存在区别的首要特征。但是人的意识和行为并不是直接从自觉开始的,而是从不自觉开始的。"'自发因素',实质上无非是自觉性的萌芽状态。"①不自觉的意识和行为在不知不觉中发生,作为主体的意识和行为,这时候它所具有的不是自觉性,而是自发性。两者区别的关键点是是否具有自我意识,是否认识和掌握客观规律。而且,两者之间存在着转化的可能性,自发性是人的主体性的最低阶段,真正的主体性是以人的自觉性为标志的。

与人的自发性和自觉性相对应,人的发展也存在自发发展和自觉发展两种状态。自发发展是指"没有明确的、长远的目标追求,并缺乏对社会和客观事物本质与规律认识的一种精神和行为状态",自觉发展是指"人自觉自愿地不断确立并追求正确的目标,表现出持久的热情、兴趣、意志与责任感,能够自我意识发展、自主寻求发展、理性把握发展的状态"②。人的发展在本质上是指人在充分认识和遵循外部世界规律的基础上,不断地突破外界的限制而实现自身发展的历史过程,这是人通过实践活动把自身的内在需求、意志和能力等本质力量对象化、外化的过程。发展的这种主体性和对象性特征,决定了人必须超越自发状态进入自觉状态。

以人的发展的两种状态来考察辅导员职业,很显然辅导员自觉发展居于主导地位。一方面,党和国家赋予辅导员立德树人关键力量的责任担当和使命要求。辅导员对世界和中国发展大势有更为清晰、准确的认识,对中国特色社会主义事业改革发展充满必胜的信心,他们会更加自觉地践行作为学生人生导师和知心朋友的职业角色,并为此更好地规划自己的职业发展目标。另一方面,随着知识经济的不断发展,高等教育内涵式发展的要求更加凸显,学生思想也更具多元化。为了应对来自社会、高校和学生变革的挑战,越来越多的辅导员认识到,只有心系学生培养和学校发展,树立明确的职业发展目标,

---

① 列宁选集(第 1 卷)[M].北京:人民出版社,2012:317.

② 郑永廷.郑永廷文集[M].广州:中山大学出版社,2013:284.

才能获得职业发展的动力之源,获得职业的满足感。为此,越来越多的辅导员主动思考如何更好地促进队伍自身的发展,主动形成学习共同体、实践共同体,组建辅导员工作室,参加辅导员职业能力提升培训,通过各种途径增强自身的职业竞争力。随着自我发展意识的加强,越来越多的辅导员将人才培养看作是对职业本性的追求探索和个人价值实现的目标,立志于职业化专业化发展。辅导员的发展正在迅速地从自发发展转向自觉发展。同时我们也要看到,有些辅导员仍限于自发发展状态。比如,注重完成各项事务性工作,忽视个人思想政治素质的提升;注重为学生能力的提高搭建各类平台,而相对忽视对学生的思想引领;遇到某些政治事件时,不能坚定地坚持正确的方向,而是跟着学生一起抱怨、起哄等。

辅导员职业发展要从自发发展转变为自觉的、有管理的发展,要实现德育共同体长期存在对辅导员职业带来的自觉发展。一方面,要形成具有自觉发展特征的"辅导员职业文化"。辅导员职业的特殊性要求从事该职业的人不仅要具备扎实的职业知识和高水平的职业技能,还要养成良好的职业文化素养。职业文化可以说是所有辅导员共同遵循的价值观念和行为规范,是辅导员对职业价值和职业"独特性"的理解体验,是辅导员践行以德育为业后的职业推演。它可以帮助辅导员增强职业认同感和责任感,促使辅导员重视工作环境和外部关系的营造,引导辅导员将工作要求和内在自主生长的发展需求相结合,更好地激发职业理想升华和创造力拓展。另一方面,要强化辅导员的关联意识,深化辅导员工作的系统性。辅导员扮演着多重角色,如果只是单纯而孤立地履行好其中一种角色,就不能很好地完成德育共同体中关键主体的任务。辅导员要将自身置于整个高校人才培养的大格局中,在树立职业认同的同时提升各方面的能力素质,通过推进工作的系统化不断激励职业发展的原动力,推动职业的专业化发展。

第四章 现实研析:辅导员职业角色履行状况调研

本章讨论的主要问题是:辅导员在德育共同体中扮演着多重角色,现实中是否存在角色失调现象? 原因何在? 围绕这些问题,本章的基本观点沿着以下逻辑展开。

1.辅导员职业是通过他们扮演的一个个角色表征出来的,辅导员存在职业角色失调现象。

2.以问卷调查的方式展开调研,分析角色失调现象的现实性,剖析其中的原因。

3.辅导员职业角色失调导致职业发展中存在身份困境、路径困境和生态困境。

本章期望为辅导员职业发展提供现实性基础和参照。

第一节 辅导员职业角色履行状况调研的基本背景

调研问卷是开展实证研究的重要工具,也是进行科学研究的前提和基础。本书首先探讨了德育共同体中的辅导员角色,并提出了辅导员在职业发展中存在角色失调的必然性、角色失调的表现等假设。为了进一步验证研究假设而设计问卷调查,主要是为了客观、全面地了解当前高校辅导员职业角色失调的状况、角色失调的可能诱因以及克服角色失调状况的可能策略。

一、前期调研

通过前期的文献研究、政策文本分析以及对部分高校辅导员的小型访谈,我们获取了如下信息:第一,当前社会各界对辅导员职业的认同程度较以往有提高,辅导员的职业地位进一步确立,出台的各项政策措施对辅导员的职业发展起到了很好的推动作用。第二,辅导员职业发展仍存在诸多问题,比如:多重角色存在冲突难以聚焦某一专业领域深入发展,工作能力和水平难以适应学生思想多元化带来的工作复杂性,"散兵作战式"的零散型工作模式难以独立完成协同工作的要求。第三,解决学生思想问题与解决学生实际问题相结合做好思想政治工作,这一要求对辅导员驾驭、解决实际问题的能力和本领提出了更高的要求,但事实上许多辅导员存在"本领恐慌",有迫切提升专业能力和水平的需求。第四,当前全员育人的理念并未完全深入人心,仍存在"思想政治教育是辅导员的事情"这样的认识偏差,在学生发展问题上,辅导员与专业教师、管理人员的协同还存在一定的困难。较多的是针对特定事件的被动合作,缺少围绕学生发展目标而进行的顶层设计、分工协作。第五,辅导员普遍认为高校思想政治工作是一项系统工程,以德育为业的辅导员队伍和以智育为业的专业教师队伍都是工作的主体,应当围绕共同的育人目标,协同合作,构筑德育共同体。

以上信息为本书的问卷结构设计提供了思考的方向。根据研究目标并参考上述信息,我们设计了"高校辅导员职业发展角色失调研究调查问卷"。

二、问卷调查

(一)调查对象的选择

调查所针对的"辅导员"是指专职辅导员。高校在配备和选聘辅导员时是依据教育部《普通高等学校辅导员队伍建设规定》(教育部令第 43 号)的规定执行,即"高等学校应当按总体上师生比不低于 1∶200 的比例设置专职辅导员岗位",专职辅导员包括"院(系)党委(党总支)副书记、学工组长、团委(团总支)书记等专职工作人员"。本书问卷调查针对的对象包含文件所指范围内的专职辅导员。

(二)问卷设计

从结构上来说,问卷主要分成四个部分,第一部分是辅导员基本情况调查(共 8 题),第二部分是辅导员角色失调状况调查(共 22 题),第三部分是辅导员角色失调的可能诱因调查(共 16 题),第四部分是辅导员角色失调的缓解策略(共 15 题)。问卷的内容架构主要是前文提出的辅导员在职业发展中存在角色失调的必然性、角色失调的表现等假设,并参考前期小范围访谈调研中辅导员反馈的当前职业发展存有的一些问题,选取其中的关键词进行分类并设置问题。整体问卷调查的测量工具主要参考了 Rizzo et al.(1970)的经典角色冲突测量工具,该测量工具经过 Schuler et al.(1977)、Senatra(1980)、Abernethy and Stoelwinder(1995)、Comerford and Abernethy(1999)、Chong and Bateman(2000)等先后使用被证明具有较高的信度和效度。[1] 根据研究需

---

① 参见:熊德明.冲突与调适:社会转型中大学教师的角色研究[M].武汉:华中师范大学出版社,2013:62.

要,这些测量工具在内容设计时进行了修正与补充。

通过"基本情况"的调查,旨在获取调查对象本人及所在学校的一些客观情况,采用了混合填答方式,既有填空式问答也有选项式问答,问题的选项根据实际需要来设定,不要求完全一致。比如关于"性别",只能设"男""女"两个选项;而关于"学历",则不可能仅设置两个选项。如表 4.1 所示。

表 4.1 调查问卷"基本信息"部分的结构

问题序号	主要内容	问题序号	主要内容
1	所在高校	5	最高学位所属学科
2	性别	6	职称
3	年龄	7	职务
4	学历	8	从事辅导员工作年限

问卷的其他三个部分,我们分别编制了有关"辅导员角色失调状况""辅导员角色失调的可能诱因""辅导员角色失调的缓解策略"的量表,每个问题采取李克特(Likert)五维度选项,依照同意程度按照"非常同意""同意""不确定""不同意""非常不同意",分别赋值 5 分、4 分、3 分、2 分、1 分。

第二部分"辅导员角色失调状况"的每个测试项目的中性值为 3 分,加总的中性值为 66 分,当调查对象问卷加总得分等于或高于 66 分时,说明他的角色失调状况比较明显,分数越高,表示角色失调状况越严重;当调查对象问卷加总得分低于 66 分时,说明他的角色失调状况不明显,分数越低,表示角色失调状况越不严重。第三、四部分的测试赋值及结果分析方法与此相同。

(三)调查问卷的发放与回收

本次调查通过问卷星发放问卷,共回收有效问卷 750 份。问卷覆盖了华东地区(浙江、上海、江苏、山东、安徽、福建、江西)、华南地区(广东、广西)、华中地区(湖北、湖南、河南)、华北地区(北京、天津、河北)、西北地区(陕西、甘肃、新疆)、西南地区(云南、重庆、贵州、西藏)、东北地区(黑龙江、吉林、辽宁)7个地区 25 个省(区、市)。按照全国高校分布情况①,华东地区高校数量最多,华北地区次之,其余各地区数量相当。问卷发放分布情况与各地区高校数量相对应,其中华东地区问卷数量最多,华北地区次之,其余各地区样本量相当。

由于研究条件限制,按照非常严格的随机概率要求抽取样本难以做到,所以采取的是设置一定边界条件的简单随机抽样方式,在 25 个省(区、市)中抽取部分高校辅导员展开问卷调查。这种简单随机抽样方式,希望尽可能在层次、结构和分布上都比较全面,主要考虑:按照全国各地区高校分布情况,考虑各地区样本量的相对平衡,其中华东地区的浙江省样本量最大,由于浙江省高校云集且在分布、结构、层次上都比较完善,较大程度上代表了我国高校目前的发展状况;考虑高校所属性质不同,尽可能各种类型的高校均有覆盖,抽样高校兼顾重点高校与普通高校、综合性高校与专科性高校、本科高校与高职院校之间的比例平衡,以保证调查的客观性和代表性。从严格意义上来说,这种样本调查结果推论总体上存在一定误差。但是,通过简单随机抽样调查所获取的信息,还是可以在一定程度上反映当前我国高校辅导员职业发展的总体情况,特别是当我们把问卷调查的结果与此前的小范围调研结果结合起来分析后,就能尽可能地缩小总体推论的误差。

调查对象分布情况如表 4.2 所示。

---

① 根据教育部统计数据,各地区高校分布情况如下:华东地区 791 所,华南地区 244 所,华中地区 387 所,华北地区 403 所,西北地区 220 所,西南地区 328 所,东北地区 258 所。参见:中华人民共和国教育部.全国高等学校名单[EB/OL]. http://www.moe.gov.cn/srcsite/A03/moe_634/201706/t20170614_306900.html,2017-06-14.

表 4.2 调查对象的分布情况

变量		样本量	占比（%）
性别	男	323	43.07
	女	427	56.93
年龄	29 岁以下	321	42.80
	29～39 岁	390	52.00
	39 岁以上	39	5.20
学历	本科	128	17.07
	硕士	589	78.53
	博士	30	4.00
	其他	3	0.40
学科	理科	87	11.60
	工科	193	25.73
	农科	25	3.33
	医科	14	1.87
	文科	309	41.20
	社科	122	16.27
职称	助教	167	22.27
	讲师	229	30.53
	副教授	329	43.87
	教授	25	3.33
职务	科员	470	62.67
	副科	92	12.27
	正科	142	18.93
	副处	41	5.47
	正处	5	0.67

续表

变量		样本量	占比(%)
工龄	4 年以下	346	46.13
	4~7 年	211	28.13
	8~15 年	171	22.80
	15 年以上	22	2.93

三、分析方法及信效度检验

本书通过描述统计和 Duncan 多重比较法,分析辅导员职业发展中角色失调的总体情况、辅导员角色失调的差异性和辅导员角色失调的可能诱因。

在信度方面,"辅导员角色失调状况"量表的 Cronbach's Alpha 系数为 0.930(其中"角色不清"为 0.700;"角色中断"为 0.859;"角色冲突"为 0.8857);"辅导员角色失调的可能诱因"量表的 Cronbach's Alpha 系数为 0.895(其中宏观层面诱因为 0.769;中观层面诱因为 0.902;微观层面诱因为 0.812);"辅导员角色失调的缓解策略"量表的 Cronbach's Alpha 系数为 0.962。所有 α 系数均大于 0.70,因此各量表都具有良好的信度,反映了此次测量结果的稳定性和一致性。

在效度方面,我们利用 stata13.0 对问卷的结构效度进行检验,结果如表 4.3 所示,三个维度的 KMO 系数均大于 0.9,且 Bartlett 球形检验均达显著水平,表明问卷效度良好。

表 4.3　效度检验

维度	KMO	Bartlett 球形检验		
		χ^2 值	DF	Sig
辅导员角色失调状况	0.9529	7368.46	231	0.0000
辅导员角色失调的可能诱因	0.9082	6320.70	120	0.0000
辅导员角色失调的缓解策略	0.9470	1.2e+04	105	0.0000

第二节 辅导员职业角色履行状况调研的结果与分析

根据调查目的,本章主要研究辅导员职业发展中的角色失调现状,因此,本章统计和分析数据主要来源于调查问卷的第二和第三部分。

一、辅导员职业角色失调的总体情况

前期假设中我们提出辅导员职业发展中存在角色失调现象,为了考察角色失调总体情况,本书根据所有调查对象在第二部分的 22 项测试项目上的平均得分以及 22 项测试项目加总平均分的统计情况进行分析。

(一)调查对象单项平均值

表 4.4 辅导员角色失调状况单项平均值

	题号	测试项目	平均值（M）	标准差（Std.）	变异系数（%）
角色不清	1	我不能完全理解辅导员工作的价值	2.21	0.04	49.6
	2	我认为辅导员的角色定位发生了变化	3.67	0.037	27.3
	3	我不能完全理解辅导员的角色定位	2.48	0.041	45.0
	4	我认为我的付出和回报不符	3.47	0.043	34.0
角色中断	5	如果有机会我会从事其他职业	3.28	0.038	31.7
	6	我接受了个人能力无法完成的任务	2.69	0.039	40.2
	7	我的学识与经验无法在工作上完全发挥	2.72	0.041	41.4
	8	我对工作的预期与实际情况有差距	3.44	0.040	31.6
	9	目前的工作让我难以达到我的人生目标	3.23	0.041	34.4
	10	为了履行角色职责,有时我必须要压抑自己的个性	3.59	0.039	30.0
	11	我没有足够的资源来实施所接受的任务	3.15	0.040	35.0
	12	为了完成某项任务,我得违背某项规章或制度	2.45	0.039	44.0

续表

	题号	测试项目	平均值（M）	标准差（Std.）	变异系数（%）
角色冲突	13	我在扮演不同角色时不得不采用不同的工作方式	3.93	0.030	21.0
	14	我经常为处理不同角色间的关系而苦恼	2.97	0.039	36.1
	15	辅导员工作与教学、科研很难兼顾	3.77	0.039	28.7
	16	我不能很好地协调辅导员的多重角色	2.72	0.037	37.6
	17	我在不同角色中投入的工作时间是不平衡的	3.72	0.034	24.9
	18	有些学生问题使我很无奈	3.83	0.036	25.4
	19	学生对我的期望与学校和社会对我的期望有冲突	3.44	0.038	29.9
	20	学校不同管理部门或领导会给我互相矛盾的指导或指令	3.5	0.038	30.1
	21	我做的工作能被某些人认可,但不能被另外一些人认可	3.79	0.034	24.9
	22	与管理队伍、专业教师协同合作比较困难	3.15	0.041	35.3

注:样本量为750。每项最小值为1,即非常不同意,最大值为5,即非常同意,值越高,被调查者认为与测试项目符合程度越高,即角色失调情况越严重。单项中性值＝3。

如表4.4所示,22项测试项目中,存在角色失调情况(单项得分均值高于3)的项目有15项,角色失调情况比较严重(单项得分均值高于3.5)的项目有8项,得分由高到低分别是"我在扮演不同角色时不得不采用不同的工作方式""有些学生问题使我很无奈""我做的工作能被某些人认可,但不能被另外一些人认可""辅导员工作与教学、科研很难兼顾""我在不同角色中投入的工作时间是不平衡的""我认为辅导员的角色定位发生了变化""为了履行角色职责,有时我必须要压抑自己的个性"和"学校不同管理部门或领导会给我互相矛盾的指导或指令",其中6项属于"角色冲突"这一类,说明在辅导员职业发展中存在角色不清、角色中断和角色冲突的问题,即存在职业认同不够导致的身份困境、职业发展路径不明导致的路径困境及和共同体其他主体间的协同不够导致的生态困境,其中角色冲突(即和共同体其他主体间的协同不够导致的生态困境)这一问题最为严重。

(二)调查对象加总平均值

表 4.5 辅导员角色失调状况加总平均值

	样本量	最大值	最小值	平均值	≥66		<66	
					人数	占比(%)	人数	占比(%)
总体情况	750	110	22	71.19	520	69.3	230	30.7

注:66 分为角色失调值加总中性值,高于 66 分认为整体上存在辅导员角色失调状况,低于 66 分认为整体上不存在辅导员角色失调状况。

从每个调查对象在 22 项测试项目的平均得分加总来看(表 4.5),辅导员角色失调的最大值是 110,最小值是 22,说明辅导员之间角色失调程度的差距非常大;平均值为 71.19,大于中间值 66,说明总体上辅导员角色失调情况比较明显;750 名辅导员中,69.3%的辅导员认为整体上存在辅导员角色失调状况,说明辅导员角色失调状况非常普遍。由此我们发现,在被测的 750 个样本中,辅导员普遍存在比较明显的角色失调现象。

辅导员角色失调程度除了根据 22 项单项平均值和加总平均值的结果判断外,有几项专门设计用来综合测试角色失调明显程度的测试项目。如,第 4 项"我认为我的付出和回报不符"的调查中,回答"非常同意"的样本数量为 156,回答"同意"的为 256,两者占总样本的 54.93%,平均得分 3.47,说明辅导员对职业的认同度还不高。第 5 项"如果有机会我会从事其他职业"的调查中,回答"非常同意"和"同意"的样本量为 333,占总样本的 44.4%,平均得分 3.28,说明辅导员对职业进一步发展有预期但预期程度不高,只有不清楚进一步发展路径的辅导员才会有转岗位或者换工作的想法。

二、辅导员职业角色失调的差异性

分类别辅导员职业角色失调状况统计,见表 4.6。

表 4.6 分类别辅导员职业角色失调状况

类别	内容	最大值	最小值	平均值
性别	男	110	22	70.5±0.87a
	女	107	22	71.7±0.68a
学历	本科	98	25	73.4±1.19a
	硕士	110	22	70.7±0.62b
	博士	99	49	70.6±2.31b
	其他	93	64	74.3±9.35a
学科	理学	110	22	69.7±1.92c
	工学	104	22	70.8±1.04bc
	农学	96	49	72.3±2.07b
	医学	90	65	77.6±1.99a
	文学	109	22	72.2±0.82b
	社科	99	22	69.5±1.44c
工作年限	4 年以下	107	22	71.1±0.79a
	4～7 年	109	22	71.7±1.01a
	8～15 年	110	22	71.1±1.17a
	15 年以上	92	42	69±3.03a
职称	助教	105	25	71.8±1.1a
	讲师	107	22	71.7±1a
	副教授	110	22	70.7±0.82ab
	教授	96	41	68.7±2.96b
职务	科员	109	22	72.1±0.67a
	副科	99	22	69.2±1.51b
	正科	97	22	69.3±1.31b
	副处	110	40	72.7±2.32a
	正处	78	45	64.2±6.9c

注:66 分为角色失调值加总中性值;每一类别中平均数后不同的小写字母(a、b、c)表示在 $P<0.05$ 水平上有显著性差异。

（一）不同性别辅导员角色失调的差异性

如表 4.7 所示，根据 t-test 结果，无论是从总分还是从上述三个不同维度比较综合来看，男性辅导员角色失调得分都低于女性，即在均值上，女性的角色失调状况更严重。但是除了角色冲突这一维度外，都不存在显著的性别差异。在角色冲突这一维度，女性的得分在 10% 显著水平上高男性 0.893，说明女性的角色冲突更加严重。

表 4.7　辅导员角色失调的性别差异

	性别	均值	标准差	差值	P 值
总分	男性	70.54	15.64	1.152	0.29
	女性	71.69	14.07		
角色不清	男性	11.76	3.221	0.0979	0.678
	女性	11.86	3.172		
角色中断	男性	24.46	6.384	0.161	0.724
	女性	24.63	6.029		
角色冲突	男性	34.31	7.637	0.893*	0.087
	女性	35.21	6.604		

注：这里的"角色不清""角色中断"和"角色冲突"是指各维度的总分。

表 4.8　辅导员角色失调分状况的性别差异

辅导员角色失调状况	男性	女性	差异
角色不清			
我不能完全理解辅导员工作的价值	2.127	2.265	−0.138*
我认为辅导员的角色定位发生了变化	3.700	3.639	0.0600
我不能完全理解辅导员的角色定位	2.430	2.520	−0.0900
我认为我的付出和回报不符	3.505	3.436	0.0690
角色中断			
如果有机会我会从事其他职业	3.266	3.293	−0.0260

续表

辅导员角色失调状况	男性	女性	差异
我接受了个人能力无法完成的任务	2.625	2.740	−0.115
我的学识与经验无法在工作上完全发挥	2.650	2.773	−0.123
我对工作的预期与实际情况有差距	3.387	3.475	−0.0880
目前的工作让我难以达到我的人生目标	3.220	3.241	−0.0210
为了履行角色职责,有时我必须要压抑自己的个性	3.628	3.569	0.0590
我没有足够的资源来实施所接受的任务	3.155	3.155	0
为了完成某项任务,我得违背某项规章或制度	2.533	2.379	0.153*
角色冲突			
我在扮演不同角色时不得不采用不同的工作方式	3.923	3.932	−0.00900
我经常为处理不同角色间的关系而苦恼	2.898	3.033	−0.135*
辅导员工作与教学、科研很难兼顾	3.619	3.878	−0.259***
我不能很好地协调辅导员的多重角色	2.628	2.787	−0.158**
我在不同角色中投入的工作时间是不平衡的	3.632	3.792	−0.160**
有些学生问题使我很无奈	3.715	3.911	−0.196***
学生对我的期望与学校和社会对我的期望有冲突	3.415	3.461	−0.0460
学校不同管理部门或领导会给我互相矛盾的指导或指令	3.536	3.480	0.0560
我做的工作能被某些人认可,但不能被另外一些人认可	3.814	3.768	0.0460
与管理队伍、专业教师协同合作比较困难	3.133	3.164	−0.0310

注:* 在 10% 的水平上显著;** 在 5% 的水平上显著;*** 在 1% 的水平上显著。

表 4.8 汇报了 22 项失调状况的性别差异,对于"我不能完全理解辅导员工作的价值""我经常为处理不同角色间的关系而苦恼""辅导员工作与教学、科研很难兼顾""我不能很好地协调辅导员的多重角色""我在不同角色中投入的工作时间是不平衡的"和"有些学生问题使我很无奈",女性辅导员得分显著比男性高,说明女性辅导员这几项失调状况比男性严重;而在"为了完成某项

任务,我得违背某项规章或制度"这一状况中男性得分显著比女性高,说明男性辅导员这一项失调状况比女性严重。

(二)不同工作年限辅导员角色失调的差异性

表4.9 不同工作年限辅导员角色失调分均值及单因素方差分析 F 值、P 值

工作年限	总分		角色不清		角色中断		角色冲突	
	均值	标准差	均值	标准差	均值	标准差	均值	标准差
4 年以下	71.07	14.68	11.99	3.220	24.41	6.154	34.67	6.924
4～7 年	71.71	14.62	11.85	3.154	24.68	6.169	35.18	6.945
8～15 年	71.11	15.28	11.56	3.247	24.69	6.356	34.86	7.428
15 年以上	68.95	14.21	10.73	2.414	24.68	5.652	33.55	8.134
F 值	0.26		1.61		0.12		0.47	
Prob>F	0.8522		0.1865		0.9464		0.7036	

表4.10 辅导员角色失调总分的工作年限差异

总分	4 年以下	4～7 年	8～15 年
4 年以下	0.637 (1.000)		
4～7 年	0.036 (1.000)	−0.601 (1.000)	
8～15 年	−2.115 (1.000)	−2.752 (1.000)	−2.151 (1.000)

注:括号内是 P 值。

表4.11 辅导员角色失调角色不清维度的工作年限差异

角色不清	4 年以下	4～7 年	8～15 年
4 年以下	−0.141 (1.000)		
4～7 年	−0.439 (0.848)	−0.298 (1.000)	
8～15 年	−1.267 (0.426)	−1.126 (0.692)	−0.828 (1.000)

注:括号内是 P 值。

表 4.12 辅导员角色失调角色中断维度的工作年限差异

角色中断	4 年以下	4～7 年	8～15 年
4 年以下	0.270 (1.000)		
4～7 年	0.283 (1.000)	0.012 (1.000)	
8～15 年	0.274 (1.000)	0.004 (1.000)	−0.008 (1.000)

注:括号内是 P 值。

表 4.13 辅导员角色失调角色冲突维度的工作年限差异

角色冲突	4 年以下	4～7 年	8～15 年
4 年以下	0.508 (1.000)		
4～7 年	0.192 (1.000)	−0.316 (1.000)	
8～15 年	−1.122 (1.000)	−1.630 (1.000)	−1.314 (1.000)

注:括号内是 P 值。

如表 4.9 所示,从总分来看,工作年限为 15 年以上的辅导员失调得分最低,其他没有明显差异;从角色不清这一维度来看,工作年限越长得分越低,即失调越不严重,而其他几个维度没有明显规律。但以上结果均未呈现统计上的显著性。见表 4.9、表 4.10、表 4.11、表 4.12、表 4.13。

(三)不同学历辅导员角色失调的差异性

表 4.14 不同学历辅导员角色失调分均值及单因素方差分析 F 值、P 值

学历	总分		角色不清		角色中断		角色冲突	
	均值	标准差	均值	标准差	均值	标准差	均值	标准差
本科	73.41	13.44	12.31	2.972	25.65	5.465	35.45	6.588
硕士	70.73	15.12	11.73	3.220	24.33	6.357	34.67	7.219
博士	70.57	12.66	11.23	3.159	24.57	5.263	34.77	6.366

续表

学历	总分		角色不清		角色中断		角色冲突	
	均值	标准差	均值	标准差	均值	标准差	均值	标准差
其他	74.33	16.20	13.33	5.774	23	5.568	38	6.557
F 值	1.22		1.73		1.67		0.63	
Prob>F	0.2999		0.1586		0.1715		0.5954	

如表 4.14 所示,从总分和角色不清这一维度来看,学历越低失调状况得分均值越高,即失调越严重,但是根据方差分析,无论是失调总分还是三个维度,并未发现显著差异。见表 4.14、表 4.15、表 4.16、表 4.17、表 4.18。

表 4.15　辅导员角色失调总分的学历差异

总分	本科	硕士	博士
硕士	−2.686 (0.375)		
博士	−2.847 (1.000)	−0.162 (1.000)	
其他	0.919 (1.000)	3.605 (1.000)	3.767 (1.000)

注:括号内是 P 值。

表 4.16　辅导员角色失调角色不清维度的学历差异

角色不清	本科	硕士	博士
硕士	−0.581 (0.372)		
博士	−1.079 (0.573)	−0.498 (1.000)	
其他	1.021 (1.000)	1.602 (1.000)	2.100 (1.000)

注:括号内是 P 值。

表 4.17　辅导员角色失调角色中断维度的学历差异

角色中断	本科	硕士	博士
硕士	−1.322 0.170		
博士	−1.082 (1.000)	0.241 (1.000)	
其他	−2.648 (1.000)	−1.326 (1.000)	−1.567 (1.000)

注:括号内是 P 值。

表 4.18　辅导员角色失调角色冲突维度的学历差异

角色冲突	本科	硕士	博士
硕士	−0.782 (1.000)		
博士	−0.686 (1.000)	0.096 (1.000)	
其他	2.547 (1.000)	3.329 (1.000)	3.233 (1.000)

注:括号内是 P 值。

(四)不同学科辅导员角色失调的差异性

表 4.19　不同学科辅导员角色失调分均值及单因素方差分析 F 值、P 值

学科	总分		角色不清		角色中断		角色冲突	
	均值	标准差	均值	标准差	均值	标准差	均值	标准差
理学	69.76	16.77	11.71	3.679	24.01	6.311	34.03	8.089
工学	70.76	14.40	11.76	2.954	24.22	6.192	34.78	7.036
农学	72.32	12.10	12.48	2.679	25.40	5.881	34.44	5.292
医学	77.57	7.176	12.93	3.452	26.50	3.391	38.14	4.470
文学	72.16	14.35	11.92	3.222	24.97	6.117	35.28	6.724
社科	69.51	15.81	11.48	3.171	24.04	6.505	33.99	7.693
F 值	1.33		0.93		1.06		1.44	
Prob＞F	0.2475		0.4631		0.3785		0.2072	

表 4.20 辅导员角色失调总分的学科差异

总分	理学	工学	农学	医学	文学
工学	0.998 (1.000)				
农学	2.561 (1.000)	1.564 (1.000)			
医学	7.813 (0.993)	6.815 (1.000)	5.251 (1.000)		
文学	2.40 (1.000)0	1.402 (1.000)	−0.161 (1.000)	−5.413 (1.000)	
社科	−0.250 (1.000)	−1.248 (1.000)	−2.812 (1.000)	−8.063 (0.796)	−2.650 (1.000)

注:括号内是 P 值。

表 4.21 辅导员角色失调角色不清维度的学科差异

角色不清	理学	工学	农学	医学	文学
工学	0.044 (1.000)				
农学	0.767 (1.000)	0.724 (1.000)			
医学	1.216 (1.000)	1.172 (1.000)	0.449 (1.000)		
文学	0.203 (1.000)	0.159 (1.000)	−0.564 (1.000)	−1.013 (1.000)	
社科	−0.237 (1.000)	−0.281 (1.000)	−1.005 (1.000)	−1.453 (1.000)	−0.440 (1.000)

注:括号内是 P 值。

表 4.22 辅导员角色失调角色中断维度的学科差异

角色中断	理学	工学	农学	医学	文学
工学	0.206 (1.000)				
农学	1.389 (1.000)	1.182 (1.000)			
医学	2.489 (1.000)	2.282 (1.000)	1.100 (1.000)		

续表

角色中断	理学	工学	农学	医学	文学
文学	0.956 (1.000)	0.750 (1.000)	−0.432 (1.000)	−1.532 (1.000)	
社科	0.029 (1.000)	−0.177 (1.000)	−1.359 (1.000)	−2.459 (1.000)	−0.927 (1.000)

注:括号内是 P 值。

表 4.23 辅导员角色失调角色冲突维度的学科差异

角色冲突	理学	工学	农学	医学	文学
工学	0.748 (1.000)				
农学	0.406 (1.000)	−0.342 (1.000)			
医学	4.108 (0.658)	3.360 (1.000)	3.703 (1.000)		
文学	1.241 (1.000)	0.493 (1.000)	0.835 (1.000)	−2.868 (1.000)	
社科	−0.043 (1.000)	−0.791 (1.000)	−0.448 (1.000)	−4.151 (0.565)	−1.283 (1.000)

注:括号内是 P 值。

如表 4.19 所示,最高学位所属学科为医学的辅导员角色失调总分和三个维度均值均高于其他学科,而辅导员角色失调得分最低的学科是社科和理学学科。但是方差分析没有检验出显著的学科差异。见表 4.19、表 4.20、表 4.21、表 4.22、表 4.23。

(五)不同职称辅导员角色失调的差异性

表 4.24 不同职称辅导员角色失调分均值及单因素方差分析 F 值、P 值

职称	总分		角色不清		角色中断		角色冲突	
	均值	标准差	均值	标准差	均值	标准差	均值	标准差
助教	71.75	14.26	12.19	3.194	24.63	6.081	34.93	6.689
讲师	71.71	15.06	12.06	3.099	24.79	6.201	34.86	7.173
副教授	70.74	14.86	11.56	3.260	24.40	6.214	34.78	7.240

续表

职称	总分		角色不清		角色中断		角色冲突	
	均值	标准差	均值	标准差	均值	标准差	均值	标准差
教授	68.29	14.69	10.54	2.587	23.58	6.440	34.17	7.032
F 值	0.49		2.60**		0.56		0.12	
Prob>F	0.7421		0.0352		0.6897		0.9770	

表 4.25　辅导员角色失调总分的职称差异

总分	助教	讲师	副教授
讲师	−0.043 (1.000)		
副教授	−1.013 (1.000)	−0.970 (1.000)	
教授	−3.463 (1.000)	−3.420 (1.000)	−2.450 (1.000)

注:括号内是 P 值。

表 4.26　辅导员角色失调角色不清维度的职称差异

角色不清	助教	讲师	副教授
讲师	−0.135 (1.000)		
副教授	−0.629 (0.375)	−0.494 (0.710)	
教授	−1.650 (0.176)	−1.515 (0.266)	−1.021 (1.000)

注:括号内是 P 值。

表 4.27　辅导员角色失调角色中断维度的职称差异

角色中断	助教	讲师	副教授
讲师	0.160 (1.000)		
副教授	−0.234 (1.000)	−0.394 (1.000)	
教授	−1.051 (1.000)	−1.211 (1.000)	−0.818 (1.000)

注:括号内是 P 值。

表 4.28 辅导员角色失调角色冲突维度的职称差异

角色冲突	助教	讲师	副教授
讲师	−0.068 (1.000)		
副教授	−0.150 (1.000)	−0.082 (1.000)	
教授	−0.761 (1.000)	−0.694 (1.000)	−0.611 (1.000)

注:括号内是 P 值。

如表 4.24 所示,从均值来看,大体上职称越高,辅导员角色失调总分及三个维度得分越低,即职称越高,角色失调状况越不严重。方差分析结果表明,角色不清这一维度存在显著水平为 5% 的职称差异。其他结果并不显著。见表 4.24、表 4.25、表 4.26、表 4.27、表 4.28。

(六)不同职务辅导员角色失调的差异性

表 4.29 不同职务辅导员角色失调分均值及单因素方差分析 F 值、P 值

职务	总分		角色不清		角色中断		角色冲突	
	均值	标准差	均值	标准差	均值	标准差	均值	标准差
科员	72.11	14.52	12.17	3.193	24.90	6.120	35.05	6.818
副科	69.18	14.44	11.43	2.891	23.64	5.957	34.11	7.478
正科	69.26	15.59	11.20	3.327	23.80	6.367	34.27	7.546
副处	72.71	14.67	11.10	2.897	25.49	6.524	36.12	7.082
正处	64.20	15.43	9	0.707	23.40	6.025	31.80	9.445
F 值	1.89		4.71***		1.68		1.14	
Prob>F	0.1105		0.0009		0.1530		0.3341	

表 4.30 辅导员角色失调总分的职务差异

总分	科员	副科	正科	副处
副科	−2.930 (0.814)			

续表

总分	科员	副科	正科	副处
正科	−2.854 (0.434)	0.076 (1.000)		
副处	0.592 (1.000)	3.523 (1.000)	3.447 (1.000)	
正处	−7.915 (1.000)	−4.985 (1.000)	−5.061 (1.000)	−8.507 (1.000)

注:括号内是 P 值。

表 4.31　辅导员角色失调角色不清维度的职务差异

角色不清	科员	副科	正科	副处
副科	−0.738 (0.410)			
正科	−0.975** (0.013)	−0.238 (1.000)		
副处	−1.075 (0.371)	−0.337 (1.000)	−0.100 (1.000)	
正处	−3.172 (0.259)	−2.435 (0.938)	−2.197 (1.000)	−2.098 (1.000)

注:括号内是 P 值。

表 4.32　辅导员角色失调角色中断维度的职务差异

角色中断	科员	副科	正科	副处
副科	−1.254 (0.749)			
正科	−1.100 (0.630)	0.154 (1.000)		
副处	0.592 (1.000)	1.847 (1.000)	1.692 (1.000)	
正处	−1.496 (1.000)	−0.241 (1.000)	−0.396 (1.000)	−2.088 (1.000)

注:括号内是 P 值。

表 4.33　辅导员角色失调角色冲突维度的职务差异

角色冲突	科员	副科	正科	副处
副科	−0.938 (1.000)			
正科	−0.779 (1.000)	0.159 (1.000)		
副处	1.075 (1.000)	2.013 (1.000)	1.854 (1.000)	
正处	−3.247 (1.000)	−2.309 (1.000)	−2.468 (1.000)	−4.322 (1.000)

注:括号内是 P 值。

如表 4.29,从均值来看,职务和辅导员角色失调得分不存在很明显的线性规律,正处的辅导员角色失调各项得分最低。值得注意的是,对于角色不清这一维度,在 5% 显著水平上正科比科员显著低 0.975。方差分析结果表明,角色不清这一维度存在显著水平为 1% 的职务差异。其他结果并不显著。见表 4.29、表 4.30、表 4.31、表 4.32、表 4.33。

三、辅导员职业角色失调的表现形式

根据前文对德育共同体主体角色的分析框架,角色失调现象主要有角色不清、角色中断、角色冲突等表现,本调查问卷中第 1 题至第 4 题主要反映辅导员角色不清导致的角色失调情况,第 5 题至第 12 题主要反映辅导员角色中断导致的角色失调情况,第 13 题至第 22 题主要反映辅导员角色冲突导致的角色失调情况,分析这三组数据,可以推断辅导员角色不清、角色中断、角色冲突的程度。

(一)辅导员角色不清的程度并不显著

从第 1 题至第 4 题辅导员单项平均得分来看(见表 4.4),有 2 项高于中性值(3 分),2 项低于中性值(3 分),总平均得分为 2.96 分,低于中性值(3 分)0.04 分。从 4 项的加总得分来看,辅导员角色不清加总得分为 11.83,低于中性值(4×3=12 分)0.17 分,低于中性值(4×3=12 分)的辅导员人数为 339

人,占总样本的 45.2%,大于或等于中性值(4×3＝12 分)的辅导员人数为 411 人,占总样本的 54.8%。这些数据表明,辅导员存在角色不清状况,但是角色不清的程度并不十分显著。

(二)辅导员角色中断的程度较为明显

从第 5 题至 12 题辅导员单项平均得分来看(见表 4.4),有 5 项高于中性值(3 分),3 项低于中性值(3 分),总平均得分为 3.09 分,高于中性值(3 分)0.09 分。从 8 项的加总得分来看,辅导员角色中断加总得分为 24.55,高于中性值(8×3＝24 分)0.55 分,低于中性值(8×3＝24 分)的辅导员人数为 301 人,占总样本的 40.13%,高于或等于中性值(4×3＝12 分)的辅导员人数为 449 人,占总样本的 59.87%。这些数据表明,辅导员存在角色中断状况,且角色中断情况较为显著。

(三)辅导员角色冲突的程度最为显著

从第 13 题至 22 题辅导员单项平均得分来看(见表 4.4),有 8 项高于中性值(3 分),2 项低于中性值(3 分),总平均得分为 3.48 分,高于中性值(3 分)0.48 分。从 10 项的加总得分来看,辅导员角色冲突加总得分为 34.82,高于中性值(10×3＝30 分)4.82 分,低于中性值(10×3＝30 分)的辅导员人数为 177 人,占总样本的 23.6%,高于或者等于中性值(10×3＝30 分)的辅导员人数为 573 人,占总样本的 76.4%。这些数据表明,辅导员存在角色冲突状况,且冲突程度比较高。

四、辅导员职业角色失调的可能诱因

调查问卷的第三部分对辅导员角色失调的可能诱因也进行了调查,分别从宏观(社会)、中观(高校)和微观(辅导员)群体自身的视角,剖析影响辅导员职业发展中角色失调的社会因素、高校因素和个人因素。从所有被调查对象在 16 项测试项目上的平均得分以及 16 项测试项目加总平均分的统计情况进行分析,其中第 1 题至第 5 题为宏观层面的社会影响因素,第 6 题至第 11 题为中观层面的高校影响因素,第 12 题至第 16 题为微观层面的辅导员群体个人影响因素。

表 4.34 辅导员角色失调的可能诱因

	题号	测试项目	平均值（M）	标准差（Std.）	变异系数（％）
宏观层面	1	社会对辅导员期望太高	3.4	0.039	31.0
	2	社会不同群体对辅导员的期望互不兼容	3.61	0.035	26.4
	3	社会对辅导员角色定位不明确	3.79	0.034	24.8
	4	辅导员的待遇太低	4.17	0.032	21.1
	5	辅导员社会地位低	3.81	0.037	26.8
中观层面	6	学校管理部门指令不统一	3.69	0.036	26.9
	7	学校不重视辅导员的专业发展	3.43	0.043	34.3
	8	学校对辅导员、管理队伍、专业教师的重视程度不同,辅导员在三者中居后	3.93	0.039	27.3
	9	学校对辅导员工作职能界定不清晰	3.77	0.04	28.9
	10	学校缺乏辅导员职业发展规划	3.62	0.041	31.0
	11	辅导员工作评价制度不科学	3.72	0.038	28.3
微观层面	12	我个人角色意识比较模糊	2.63	0.038	40.0
	13	我个人角色情感比较淡薄	2.28	0.034	41.1
	14	我个人角色协同比较薄弱	2.29	0.033	39.1
	15	我个人角色技能比较欠缺	2.34	0.034	40.2
	16	我承担的角色负担太重	3.32	0.04	32.7

注:样本量为 750。每项最小值为 1,即非常不同意,最大值为 5,即非常同意,值越高,被调查者认为与测试项目符合程度越高,即角色失调情况越严重。单项中性值＝3。

(一)宏观层面的社会影响因素分析

在宏观层面,如表 4.34 所示,"社会对辅导员期望太高""社会不同群体对辅导员的期望互不兼容""社会对辅导员角色定位不明确""辅导员的待遇太低"和"辅导员社会地位低"均为辅导员认同的辅导员角色失调的可能诱因(单项得分均值高于 3),其中"辅导员的待遇太低"单项得分均值最高(与其他中观、微观层面诱因相比也是最高），说明待遇太低是辅导员们普遍认同的导致辅导员角色失调的原因。

（二）中观层面的高校影响因素分析

在中观层面，如表 4.34 所示，"学校管理部门指令不统一""学校不重视辅导员的专业发展""学校对辅导员、管理队伍、专业教师的重视程度不同，辅导员在三者中居后""学校对辅导员工作职能界定不清晰""学校缺乏辅导员职业发展规划"和"辅导员工作评价制度不科学"均为辅导员认同的辅导员角色失调的可能诱因（单项得分均值高于 3），且得分集中在 3.7 左右，说明学校制度层面的原因是辅导员认为导致辅导员角色失调的重要原因。

（三）微观层面的个人影响因素分析

在微观层面，如表 4.34 所示，只有"我承担的角色负担太重"一项均值高于 3，说明辅导员们普遍认为辅导员个人因素并非导致辅导员角色失调的主要原因。

第三节　辅导员职业角色履行状况调研的基本结论

通过对以上数据的分析，关于辅导员职业发展中的角色失调现状，本书可以得出以下结论。

一、辅导员职业角色失调现象普遍存在

在辅导员角色失调加总平均值中，有 69.3% 的辅导员得分超过中性值，说明辅导员在职业发展中存在角色失调现象，表现为角色不清、角色中断和角色冲突的问题，这和本书的假设基本吻合。而三类现象中，角色冲突这一问题最为严重，如"我在扮演不同角色时不得不采用不同的工作方式""有些学生问题使我很无奈""我做的工作能被某些人认可，但不能被另外一些人认可""辅导

员工作与教学、科研很难兼顾""我在不同角色中投入的工作时间是不平衡的"等。

二、辅导员职业角色失调差异表现不一

本书通过描述统计、t 检验和方差分析,发现辅导员角色失调得分存在显著的性别、职称和职务上的差异,女性的角色冲突显著比男性更加严重。科员的角色不清显著比正科更加严重。不考虑显著水平,从均值来看,学历较高的辅导员的角色失调得分低于学历较低的;最高学位所属学科为医学的辅导员角色失调得分高于其他学科,最高学位所属学科为社科和理学的辅导员角色失调得分最低;职称越低辅导员角色失调得分越高;正处的辅导员角色失调得分低于其他职务,科员和副处的辅导员角色失调得分高于除正处外的其他职务。

三、辅导员职业角色失调导致职业发展的三大困境

表 4.35 辅导员角色失调表现形式比较

	单项平均值	加总值	加总中性值	加总大于中性值的比例(%)
角色不清	2.96	11.83	12	54.8
角色中断	3.09	24.55	24	59.87
角色冲突	3.48	34.82	30	76.4

注:单项中性值均为 3 分。

通过对辅导员角色失调三种现象的分组分析(表 4.35),发现 54.8% 的辅导员角色不清显著,59.87% 的辅导员角色中断现象显著,76.4% 的辅导员角色冲突程度非常明显,说明辅导员在职业发展中均存在三种角色失调情况。角色不清表明辅导员对职业角色的认知认同还不够,不能完全准确地把握德育共同体角色的规范、责任和权利;角色中断表明辅导员职业发展的路径并不十分清晰,中断意味着不再承担德育共同体主体的相应职能;角色冲突表明辅导员在德育共同体中的多重角色不能完全满足外在期待和内在诉求。

　　角色不清导致辅导员职业发展中存在身份困境,突破的着力点是要强化辅导员的职业认同,使辅导员认知认同作为德育共同体"关键主体"的责任、权力和规范;角色中断导致辅导员职业发展中存在路径困境,要适应德育共同体分工专业化的必然趋势,推动辅导员专业发展,探寻专业发展的现实可依的路径;角色冲突导致辅导员职业发展中存在生态困境,要从德育共同体多元主体的交往互动和集体实践中,强化辅导员与其他主体、辅导员个体与群体间的协同育人。第五章、第六章、第七章三章分别就三个困境提出了解决的思路。

第五章　职业认同：
突破辅导员在德育共同体中的身份困境

　　本章讨论的主要问题是：辅导员职业角色不清的主要原因是什么？如何破解由此造成的身份困境？围绕这两个问题，本章的基本观点沿着以下逻辑展开。

　　1.共同体成员对共同体的认同是德育共同体得以存在和维系的前提和基础，它尤为强调主体的归属感和认同感，体现主体间的价值共识和责任共担。

　　2.以德育为业的辅导员职业有着特定的职业期待和职业要求，当来自职业价值的内在期待和来自外部规约的外在要求不能有机统一时，往往会造成职业角色不清，破解的着力点是形成强有力的职业认同感。

　　3.职业认同是辅导员对职业角色的肯定性评价，有利于构筑辅导员的职业获得感，激发辅导员职业价值的创造力，良好的职业认同能够引导辅导员精神的自我悦纳，是辅导员职业稳定、长期发展的基础。

　　4.辅导员对职业的认同是基于对"我是谁""我为什么属于这个群体""我将成为什么样的人"等一系列问题的思考和回答，从而使辅导员认识并接受在德育共同体中的"引导者""支持者""成长合伙人""重新发现者"等多重角色。

　　5.职业认同是可以并且需要培育的，辅导员的职业认同须符合职业本身的期待和要求,可以从政治认同、价值认同和情感认同三个维度进行培育。

　　本章从规范性转向存在论,为解决辅导员在德育共同体中的身份困境提供路径参考。

认同就是"寻求和确证自我和他者之间的相同性,离开了同就无所谓认同,离开了认,其同就不可能被发现,认同就是发现和确立自我和他者以及彼此之间的同一性",也指"对与自我不同的他者的认可、承认、理解和尊重"①。认同是共识的前提和基础,共同体成员对共同体的认同、对自身在共同体中角色定位的认同,是共同体得以存在和维系的前提和基础。一般意义上来讲,认同既包含个体对自我身份的确认和确证,也包含他者对个体自我身份的确认和确证。身份认同是"对主体自身的一种认知和描述,是对自我确认的过程,是在与他者的关系中的自我确认","也被理解为个体对所属群体(共同体)身份的认同",既包括"个体自我的外在身份属性(社会地位)",也包括"自我的内在同一性,以及自我对外在身份的认可、自我的身份归属(共同体)问题"②。

社会职业要求人们扮演各种不同的职业角色,而不同的职业角色对应不同的职业期待和职业要求,既有社会对职业的外在期待和要求,也有从事职业的个人对自身在职业中有所发展的内在期待和要求。职业期待和职业要求又可以具象化为对职业的角色定位、心理感知和行为导向。高校辅导员的角色定位、心理感知、行为导向有其自身的独特性。辅导员是高校德育共同体的关键主体,这种职业方位赋予的外在职业期待往往使辅导员对自己的职业充满自豪感和责任感,内心会期望拥有相对较高的社会地位和社会尊严,同时也对辅导员来自职业价值的内在形象和来自外部规约的外在形象的有机统一产生影响。然而如前所述,在符合外在职业要求和满足内在发展需求之间存在着多种矛盾。一方面,由于外在职业期待,辅导员非常看重自己的职业身份,看重自己的职业目标和职业成就,并且形成了相对稳定和不断提升的角色认同、职业认同。另一方面,由于不同高校对辅导员职业发展的具体资源支持和政策支持存在差异,很多辅导员往往将"向上发展"(或者是谋取更好的职位)作

①　胡敏中.论认同的涵义及基本方式[J].江海学刊,2018(3):66.
②　孔伟.哲学视域中的共同体理论——兼论马克思的共同体思想及其当代意义[J].中国人民大学学报,2018(3):92.

为职业选择时的最大权重。这一点虽然从辅导员个人发展的情感上来讲是可以理解的,但是对辅导员整体队伍建设来讲,就会面临人员流动过快、队伍不稳定进而影响德育工作质量等一系列问题。之所以会引起这种反差,主要是由于辅导员对职业的认知认同水平不同,以及由此而建立的职业发展信念存在差异。

共同体成员的身份认同感是共同体的基本特征。我们对辅导员的职业定义一直围绕着德育共同体中的"辅导员应当如何"的规范性追问,却相对忽视了"辅导员是怎样一种角色""为什么我是辅导员"的存在论追问。因而我们的研究应当实现从应然的价值判断到实然的存在方式的转移,从外在规范要求到内在个体生命表现的转移。辅导员对"我是谁""我为什么属于这个群体""我将成为什么样的人"等一系列问题的思考和回答,是逐步建立并强化职业认同的过程。德育共同体要求其成员具有强烈的身份认同感,并充分认识到自身对共同体建设的作用。辅导员的职业认同直接关系到他们对这种职业定位和职业责任的认知,是辅导员职业稳定、长期发展的基础。

第一节　职业认同与职业发展的关系

一、职业认同的内涵与特征

职业认同(occupational identity)是 20 世纪中叶诞生的心理学专有名词,在早期研究中也有称作事业认同(career identity)、专业认同(professional identity)等,目前并没有形成统一的概念表述。国外具有代表性的观点,如:以美国著名职业教育专家霍兰德(Holland,1959)为代表的研究学派认为,职业认同是个体认识自我和认识职业环境后的一种结果,职业认同与工作环境的最佳匹配导致工作成功和个人满足。摩尔与霍夫曼(Moore & Hofman,1998)

等人从向心性、价值、协调性等角度进行定义，认为职业认同是"个体对自己所从事的职业角色的重要性（向心性，centrality）、吸引力（性价或价值，valence）、与其他角色的融洽性（协调性，consonance）所作的总体评价"①。沃尔克曼和安德森（Volkmann & Anderson，1998）认为职业认同是一个复杂的过程，是职业者的人格自我形象与其必须遵循的角色之间形成动力平衡的过程，与角色、自我、职业自我、自我形象、自我人格等有高度相关性。迪尔保夫（Dillabough，1999）认为职业认同不是固定的或预先决定的，它与职业者的自我有关，是职业者在对自身语言、行为、社会情境和环境相互关系的解释与归因中引发的。

相对而言，我国对职业认同的研究起步时间较晚，研究者们对职业认同的定义也有多种表述。魏淑华（2008）认为，职业认同是与特定的职业特征联系在一起的，由个体建构的、动态的自我认知，其中教师职业认同主要包括职业认识、职业情感、职业技能、职业期望、职业意志和职业价值观六个方面。汤国杰（2011）将职业认同视为个体对自己所从事的职业的认同程度。沈红（2012）认为，职业认同是个体对于所从事的职业的肯定性评价，是个人在内心肯定所从事的职业具有价值和意义，并从中获得收获感、成就感和幸福感。显然，学者们对职业认同内涵进行界定时，所选取的着力点是有差异的。但是不同研究也有一些基本共识，都强调：职业认同的关键点在于"认同"；认同是人们对自身同一特性的意识或内在界定，是相对的现象，并不是个人固定不变的态度；认同是在主体内部发生、发展并受到环境制约的过程；职业认同是人们对于特定职业的意识或内在界定，是变化的、动态的过程。

职业认同是教师自我发展的重要内容，"发展并维持一种强烈的职业认同是评判教师的专业性和把他们与其他工作者区别开来的重要依据"②。教师的

---

① 张宁俊，朱伏平，张斌. 高校教师职业认同与组织认同：理论与实证研究［M］. 成都：西南财经大学出版社，2013：40-41.

② Judyth Sachs. Teacherprofessional identity：competing discourses. Competing outcomes［J］. *Education Policy*，2001，16（2）：155.

职业认同是教师对自己所从事的职业所持有的积极感和肯定性评价,是对教师职业的基本性质、基本价值以及主要规范的认识。由此我们也可以对辅导员职业认同做出如下解释:辅导员职业认同是指辅导员个体对自己所从事的辅导员职业做出的肯定性评价,这种评价会受到外界环境的影响,表现为动态的、变化的过程。其中,自我和反思是辅导员职业认同的基本要素,辅导员通过自我反思将个人经验和社会期望结合起来,形成他们作为辅导员的自我形象。

与此相应,辅导员职业认同呈现出动态性、双重性、主体性、多样性等特征。一是动态性,表明辅导员职业认同是动态、变化、发展的过程。辅导员职业发展是终身学习的过程,伴随辅导员职业生涯的始终,是辅导员对"我是谁""我为什么属于这个群体"和"我将成为什么样的人"等问题的不断审视。二是双重性,表明辅导员职业认同内含辅导员个人和外在环境两个方面。辅导员的职业认同并不是单一的,德育共同体主体的价值选择从被动"参与"转向自觉"认同",高度认同党和国家赋予辅导员职业的职责使命,并能够在共同体分工中表现职业专业化的行为。这些外在期待和要求会对辅导员职业认同的形成产生影响,但辅导员有他们自身对职业价值和职业意义的认知,会在一定程度上影响他们对职业外在期待和要求的回应。三是主体性,表明辅导员在其职业认同形成过程中具有主体能动性。"职业的自我形象反映出教师认为他必须扮演的各种社会给定的角色平衡"①,这个平衡形成的过程就是职业认同的过程。认同形成的过程具有辅导员个人的独特性,是辅导员在职业认同过程中的主动行为。四是多样性,表明影响辅导员职业认同的因素多种多样,既有辅导员个体的内部因素,也有社会的、文化的等一系列外部因素。它们都会对辅导员的自我判断力产生影响,进而对辅导员的职业认同产生多面性的影响。

---

① 张敏.国外教师职业认同与专业发展研究述评[J].比较教育研究,2006(2):78.

二、职业认同的影响因素

在现有研究中，学者们一般将影响职业认同的因素归纳为个体因素、家庭因素和环境因素三个方面。根据前面对职业认同内涵的界定，职业认同主要涉及个体和环境两个方面。因此我们认为，个体本身和外部环境是影响辅导员职业认同的主要因素，我们分别称之为个体内部因素和环境外部因素。其中，个体内部因素主要包括个体特征因素和个体经历因素，环境外部因素主要包括社会环境因素和组织内部环境因素。家庭对辅导员职业认同有一定的影响，但不是主要影响因素。

（一）个体内部因素

个体内部因素分为个体特征因素和个体经历因素。个体特征因素指个体的人口学特征，既包括性别、年龄、学历、职称、工龄等客观变量，也包括个人能力、人格特质、认知风格、动机、情感等心理变量。随着某些个体特征的改变，辅导员的职业认同水平也有可能发生变化。一是性别、年龄、工龄等因素的影响。杰克逊和内维尔（Jackson & Neville，1998）认为，男女在自我发展上并不同步，年龄和性别在职业认同发展上呈现交互效应；随着个体年龄的增大和工龄的增长，所经历的职业选择方面的思考会增多，职业认同水平也会增强。[1]从事辅导员工作的时间长短，对辅导员职业认同影响呈现波浪形分布，3年以下工龄的辅导员职业认同水平最低，8年以上的次之，3～8年的则最高。[2]问卷调查的数据分析也验证了这点。二是学历、职称等因素的影响。周广军在调查后得出，学历对辅导员职业认同有一定的影响，但差别不是很大，本科学

---

[1]　Jackson，C.C. & Neville，H.A.（1998）. Influence of racial identity attitudes on African American college students. Vocational identity and hope[J]. *Journal of Vocational Behavior*，53(1)：97-113.

[2]　张淑梅.高校辅导员职业认同研究[D].上海：华东师范大学，2011：13.

历辅导员的职业认同水平要略高于研究生学历的辅导员。① 问卷调查显示,职称对职业认同的影响无显著性特征。三是心理变量因素的影响。心理变量因素对于辅导员职业认同水平的高低有直接影响。已有的研究都表明,辅导员的情感、动机、价值观等一系列心理变量与辅导员职业认同之间存在非常显著的正相关,工作价值观对职业认同有较强的预测力。

个体经历因素主要是指个体的成长经历和实践知识。一是个人成长经历,许多辅导员认为他们对辅导员职业的认同主要来源于学生时代的学生工作经历。学生时代对学生工作的体验和对辅导员工作的观察,影响了他们选择这个职业的动机,影响了他们现在作为辅导员的行为。我们在前期访谈调研中也了解到,辅导员受到他们学生时代所钦佩的辅导员的影响,从而做出了将辅导员作为职业生涯选择的决定。问卷调查显示,半数以上的辅导员选择该职业是受到了他们辅导员的影响。二是个人实践知识,学习经验、工作经验、工作教训等,也都会影响辅导员对职业的认同感。在工作实践中,辅导员会形成对这个职业的不同理解,他们会根据各自的知识背景、实践体验强化或弱化自己的职业认同。

(二)环境外部因素

环境外部因素又分为社会环境因素和组织内部环境因素。狭义上,影响辅导员的职业认同的社会环境因素有国家政策、社会支持度、社会评价等;广义上,经济、政治、历史、文化、社会、心理等因素都会对辅导员自我意识和自我认同产生影响。这里我们主要讨论国家使命、制度政策、职业地位等社会环境因素的影响。一是国家使命。辅导员制度是中国特色的职业制度,国家赋予其强烈的政治使命,对辅导员职业认同产生深刻影响。二是制度政策。国家出台一系列与辅导员相关的政策文件,进一步明确了辅导员的工作定位、总体要求、相关政策,期望从制度政策保障层面不断强化辅导员对职业的认同感。

---

① 周广军.高校辅导员职业认同研究[D].北京:首都经济贸易大学,2012:11.

三是职业地位、职业声望、社会对辅导员职业的期望、对辅导员的社会支持等社会因素,也会影响辅导员的职业认同。问卷调查结果也显示,本科院校的辅导员因为受到高校自身社会声望的影响,他们的社会自尊更容易得到满足,职业认同水平也相对较高一些。

组织内部环境因素主要指学校文化和辅导员职业文化的影响。学校文化在很大程度上决定了辅导员个体感知他们职业认同的方式。对学校文化和领导的积极或消极感知,对塑造辅导员对职业的理解、促进或阻碍他们的职业发展、建构他们的职业认同具有导向作用。而辅导员职业文化包含着这一职业群体的共同特质,是辅导员群体思维方式、精神品质、气质特征、价值取向等特征的集中反映,会对辅导员个体发展和群体发展产生潜在的制约和推动作用。优质的职业文化氛围,有利于辅导员职业认同的形成和强化。

三、职业认同对职业发展的影响

职业认同会对从事该职业的个体的心理和行为产生影响,通过工作满意度、工作成就感、自我效能感、职业承诺、工作压力、职业倦怠、离职意向等体现出来。已有研究结果表明[1],强烈的职业认同有助于克服个体对工作条件的不满,提高工作满意度,降低离职倾向;职业认同也会影响组织认可,两者之间呈现正相关性;职业认同与工作满意度、工作成就感、自我效能感等形成正相关性,职业认同度越高,工作满意度、工作成就感、自我效能感也越高;职业认同与职业倦怠、工作压力、离职意向等形成负相关性,个体越是认同自己的职业,就越少经历职业倦怠,降低离职倾向。教师职业认同能有效规范教师行为,影响教师的职业承诺、工作动机和自我效能感。职业认同是个人努力做好本职工作、达成组织目标的心理基础,对个体生命意义具有显著的预测作用,是人们获得和拥有积极心理健康状态进而做好本职工作的重要保障。

---

[1]　参见:张宁俊,朱伏平,张斌.高校教师职业认同与组织认同:理论与实证研究[M].成都:西南财经大学出版社,2013:50-51.

辅导员职业在众多职业中可以说是十分特殊的,它不仅关乎辅导员自身的发展,对学生未来的影响更是长远而不可逆的。因此职业认同对辅导员职业而言,有着更为特殊的重要意义。职业认同对辅导员的职业发展具有动机功能、创造功能和引导功能。在初次选择职业时,个人对辅导员职业价值的肯定是辅导员职业认同的开始。伴随着职业发展的进程,辅导员对职业的职责要求、技能条件、职业价值和社会地位的认识会不断深化。辅导员职业认同的深化与辅导员职业发展过程紧密相连,它既是辅导员职业信念构建、职业归属感增强的过程,也是辅导员职业生命体验升华的过程。当辅导员个人能够从职业中得到满足感、获得感时,对职业的认同会支撑和强化他们不断地创造新的职业价值和职业体验。在这种反复的良性循环中,不断构筑辅导员的职业信念,引导辅导员精神的自我悦纳,促使辅导员在职业发展中走向职业化、专业化。

(一)良好的职业认同有利于构筑辅导员的职业获得感

获得感的本意是获取某种利益后所产生的满足感,有物质和精神两个层面。不同的群体、不同的职业、不同的需求,会有不同的感受。习近平总书记在中央全面深化改革领导小组第十次会议上指出,要让人民群众有更多"获得感",就是要让人民享受到更多改革的红利。马克思说过,人们奋斗所争取的一切多同他们的利益有关,获得某种利益是让人产生获得感的基础条件。我们希望辅导员能够扮演好德育共同体关键主体的重要角色,不能完全寄希望于辅导员的奉献精神,最终还得靠让辅导员有"获得感"。有获得感才可能在职业发展上走得更远、走得更专,这种对人的发展需求的满足也是符合人的全面发展规律的。辅导员的职业获得感要让辅导员觉得,这是有盼头的工作、有体面收入的工作、可以在过程中获得自我满足的工作,让辅导员有种个人未来发展握在自己手中的现实感。职业认同有利于构筑这种获得感、现实感,而且职业认同和职业获得感之间是相互正向影响的关系。职业认同水平高说明在职业上的获得感强,而有获得感才能进一步加深对职业的认同,激励在职业上的进一步发展。

一方面,职业认同是职业发展动力形成的心理基础。具有强烈职业认同感的辅导员更容易激发内生的动力,将个人全方位的力量都调动到工作中,感受这份工作带给自己的成就感、满足感和幸福感。而缺少职业认同的人会对工作之外的其他东西过分看重,并由此产生浮躁心理、不平衡心理、矛盾心理,甚至产生消极怠工、频繁转岗等行为偏差,无形中造成德育人力资源的浪费,更会造成辅导员本身的倦怠,失去工作的热情。在访谈调研中也了解到,一些辅导员觉得与业务教师相比,他们作为教师的身份得到的支持、尊重和肯定相对较少,辅导员工作容易给人以低层次、低产出、低价值的负面印象。问卷调查显示,22.05%的辅导员完全不同意他们享有与其他任课教师同等的地位,33.07%的人认为辅导员在高校育人团队中不具有绝对的话语权,49.14%不愿意终身从事辅导员职业。这些显然与辅导员最初的职业期待和个人理想出现冲突,影响到他们的职业选择和认同,职业获得感也无从谈起。

另一方面,职业认同在工作压力对职业获得感的影响中起着部分中介作用。研究表明个体的压力与其主观幸福感呈显著的负相关,工作压力会对个人的身心健康造成负面影响并最终影响人的主观幸福感。辅导员如果长时间处在工作压力的冲击下,就会逐渐积累起对辅导员职业的负面心理,从而导致较低的职业认同感,最终影响职业幸福感、职业获得感。职业认同形成的过程是多重矛盾相互斗争、相互交织、相互影响的过程,是面对工作压力的调节过程。个人发展需求、学生需求变化等都会导致辅导员产生工作压力,这种压力会使他们对自己的职业抱负进行重新评估和定位。职业认同度高的辅导员往往能够积极面对压力,成功克服压力,保持始终向上、积极乐观的工作态度。

(二)良好的职业认同能够激发辅导员职业价值的创造力

任何职业的产生、存在与发展都是以特定的职业价值为前提的。职业价值是职业存在的意义,体现职业属性、功能对人的需要的满足关系。施恩(Schein E. H.)职业价值分类理论将教师职业价值分为外职业价值和内职业价值,外职业价值通过教师职业地位、吸引力等体现出来,比较容易被人认识;内职业价值一般通过职业情感的积极体验、职业意志的有效提升表现出来,比较难以认识和体验。辅导员的职业价值源于学生、学校以及社会对辅导员的尊重、信任与认可,体现在政治价值、社会价值和自我价值三个方面,其中政治价值和社会价值是外职业价值,自我价值是内职业价值。政治价值是辅导员在中国特色社会主义大学实现立德树人根本任务的过程中,所具有的特殊政治作用,是辅导员作为德育共同体关键主体的价值表征;社会价值主要体现在辅导员与德育共同体其他主体共同培养"又红又专、德才兼备、全面发展"人才的高等教育目标上;自我价值是辅导员在完成组织使命和社会要求的同时,丰富、充实和提升自身素养,提高自身社会地位,获得相应的社会赞誉。辅导员职业是政治价值、社会价值和个人自我价值的高度统一,体现了辅导员对社会需要的满足,体现了立德树人工作的意义,它强调的是辅导员怎么表现自己作为德育共同体关键主体的价值。一方面,辅导员扮演"引导者""支持者""成长合伙人"等角色的过程,也是自我道德修炼的过程,锻造了个人的素质和能力,为自我价值的实现奠定了基础;另一方面,辅导员要扮演好这些角色,也要成为自我潜能的"重新发现者",强化自身的道德修养,使自己能够胜任这些角色的责任、规范。

德育共同体中关键主体的角色定位,丰富且深化了辅导员职业的价值内涵,同时也对辅导员职业提出了更高的要求。辅导员所追求的职业价值绝不仅限于物质待遇等现实经济层面,而是更加注重超越物质、超越现实的精神层面的目标追求。辅导员的职业价值不能单纯以经济收入、待遇等进行衡量,更重要的是体现在对学生的培养上,体现在超越物质现实、高于道德伦理的精神方面。但问卷调查显示,多数辅导员认为岗位报酬太低是影响他们职业认同的最主要因素。职业认同强调辅导员对自己所从事职业的积极感和肯定性评价,更强调超越物质的精神层面的获得感和满足感,是辅导员对职业的基本性质、价值取向和主要规范的认识,决定着辅导员对职业及其属性的总体判断,它是支持和引导辅导员进行职业评价、职业决策和实现职业发展的内在动力。基于不同水平的职业认同,同样都是从事辅导员职业,每个人的行为取向和职业发展可能大相径庭。从这点上来讲,良好的职业认同有利于进一步激发辅导员对职业价值尤其是外职业价值的不断创造,并且在创造中不断实现自我价值。

(三)良好的职业认同可以引导辅导员精神的自我悦纳

个体从婴儿期开始就产生了自我的萌芽,这种自我伴随其一生。从意识到自我的存在开始,个体就产生了"某种关于自己的能力、外表和社会接受性等方面的态度、情感和知识的自我知觉","把自我当成一般的客观事物所做出的知觉和评价"①。对自我保持接纳的态度即自我悦纳,是个体保持良好心理状态的关键。自我悦纳意味着个体充分了解、正确认识、坦然承认、欣然接受自己的一切,既包括喜欢和欣赏自己的优点与长处,也包括改正和接受自己的缺点与短处。自我悦纳首先要求个体正确认识"物质的我",包括自己的年龄、身高、体重、外貌等个体特征;再是正确认识"社会的我",主要是指自己在特定群体中的地位、角色、与其他人的关系等;还要正确认识"精神的我",即自己的情绪、智力、性格、气质、兴趣爱好、道德观念、价值观等。这些"自我"又集中表现为个体的自尊、自信、自爱、自强。

辅导员要实现在德育共同体中的价值向度,首先要做能够正确认识自己并悦纳自己的人,也就是心理健康的人。因为只有在悦纳自我的基础上,才能悦纳他人、悦纳学生。自我悦纳是辅导员职业道德自我养成的重要方面,它可以使辅导员在悦纳自我的基础上更进一步认同自己的职业,它和职业认同之间存在着紧密的相关性。职业认同是辅导员个体不断认识"物质的我""社会的我""精神的我",并保持彼此相融平衡的结果。一方面,自我悦纳是辅导员

---

① 杨鼎家,张小冰,杜正梅.教师职业道德规范与素质修养[M].北京:中国言实出版社,2012:49.

职业认同的必要条件。职业认同需要辅导员个体在自我形象和职业角色之间,达到动态的平衡。自我悦纳可以使辅导员树立自尊、自信,并在自爱、自强的动力作用下,达到并维持自我形象和职业角色之间的平衡,保持辅导员的职业认同。另一方面,自我悦纳可以减少并避免职业倦怠感,从而强化辅导员的职业认同。自我悦纳表现为辅导员积极追求自我价值的实现,并通过自信、自爱的调节作用,实现自我的超越,能够在一定程度上避免辅导员职业倦怠的现象。研究也表明,高自尊有利于缓解职业倦怠。

第二节　辅导员对职业角色的自我认同

在辅导员队伍建设中有三种不同性质的力量,分别是专家学者、政策制定者和辅导员自身。当辅导员自我的改变是由外部的专家学者或政策制定者决定时,他们往往会置于预先规定好的角色位置而陷入被动,由此产生辅导员职业倦怠、职业满意度不高等问题。这是从外在的角度来思考辅导员的发展问题,而相对忽视了辅导员自身作为主体的发展所导致的结果。如果我们对辅导员主体性的思考是深入自我内部而展开的,或许就能够促使辅导员改变被动应付工作的状况,改变辅导员自发发展的状态,并有可能促成辅导员在批判性反思中实现自我更新,促成辅导员的自觉发展。"无论如何,政策配合和学者专家的协助都只能处于辅助的地位,最终仍需围绕在教师自我的觉醒和开展。哪怕教师对自我的觉醒力量是如何的脆弱,它却是面对外来力量的唯一着力点!"[1]因此我们探讨辅导员职业发展问题,要将焦点从"辅导员如何才能符合作为高校德育共同体关键主体的要求"转向"关键主体的职业方位对辅导员到底意味着什么",也就是要从外部的"角色规定"转向内在的"角色认同"。

---

[1]　黄腾.从"角色"到"自我"——论教师改变的历史困境与可能[J].教育研究集刊,2005(4):89.

通过实现这种转变,使辅导员的主体作用积极有效地发挥出来,让辅导员的能量充分地释放出来,让他们自觉、主动地参与德育共同体的建构、维护和发展中,并实现自我身份认同的意义建构。

辅导员对自我职业角色的认识伴随着他们在职业生活中对"我是谁""我为什么属于这个群体""我将成为什么样的人"等一系列问题的反思性觉知,是辅导员对职业的认知、情感和行为取向等各个方面新旧代替的过程,具体反映为辅导员职业态度的形成和变化过程。社会心理学家凯尔曼在1961年提出了人的态度变化过程的三个阶段——服从、同化和内化①。这三个阶段也可以看作是辅导员职业态度的形成和发展过程,是辅导员对职业角色的自我认同形成和变化的过程。在服从阶段,是辅导员对"辅导员应当如何"的规范性的遵从和执行,是被动的、顺从的行为;在同化阶段,随着职业发展的不断深入,辅导员不断接受职业的角色要求和行为规范,对"辅导员是怎样一种角色"的存在性形成认识,使自己对职业的态度和职业本身的要求相一致;在内化阶段,辅导真正从内心深入认同、接受并建立起坚定的职业信念,理解"为什么我是辅导员",回答好"我将成为什么样的人",并将这种信念融入个人价值体系之内,成为自身发展的有机组成部分。辅导员对职业角色的自我认同,表明辅导员认识并接受了他们在德育共同体中扮演的学生进行德育知识意义建构的"引导者"、学生自我管理服务的"支持者"、学生自主发展的"成长合伙人"等角色,并在这些角色扮演的过程中时时"先受教育",做自我潜能的"重新发现者",提升自身道德认知水平。

一、认识并接受在德育共同体中的"引导者"角色

辅导员是学生对德育知识进行意义建构的"引导者",在学生成长中为学生道德知识的习得提供"脚手架",对学生道德行为的规范形成"约束力",为学

---

① 时蓉华.社会心理学[M].上海:上海人民出版社,2002:199.

生的人生发展规划提供"方向盘",最终实现成为学生的"人生导师"。很多人都认为,要成为学生的人生导师确实很难做到,尤其是许多辅导员普遍反映存在"本领恐慌"的压力。韩愈说,"师者,所以传道授业解惑也",是说老师不只是简单的教书匠,还要教授学生为人处事的道理和主动学习的品质。从这点上来讲,肩负"传道授业解惑"职责的教师职业,天然地蕴含着"人生导师"的特质。因为对学生而言,在自己成长的每个关键时刻,可以从老师那里得到有用的意见,这个老师就可以称得上自己的"人生导师"。如此说来,辅导员支持学生自我管理服务、推动学生自主发展的工作实践,就是在履行着"人生导师"的职责。辅导员们要思考的是如何将每一步工作做好、做细、做到令学生满意。

第一,"引导者"的角色体现在辅导员工作的长度上。辅导员工作是全程性的工作,伴随着学生一生的成长。辅导员对学生的关注是全程的关注,而不仅仅是学生在校期间的关注。比如,浙江大学辅导员打造了"新生养成教育"慕课(MOOC)课程,由辅导员录制在线课程供大一新生入学前在线学习。这些课程将校史校情、学业支持、心理健康、生涯发展、系统保障等内容,以15分钟短视频辅以测试题或选读材料的方式呈现。大一新生在收到学校录取通知书时就会收到该课程学习的相关资料,在完成所有内容的学习后可获得0.5个学分。通过这一实践帮助大一新生了解大学生生活和学习环境、对未来形成初步规划,最重要的是让学生入校前就能够感受到来自辅导员的关怀。而学生毕业以后,辅导员的工作也并未停止,职业生涯人物访谈、校友导师等平台为辅导员与学生的长期联系提供了保障。

第二,"引导者"的角色体现在辅导员工作的宽度上。辅导员工作围绕学生成长成才的方方面面,涉及学生学习生活的角角落落。辅导员是学生的思想导师,既要引导学生确立共产主义、社会主义的理想信念,又要引导学生积极践行社会主义核心价值观。辅导员是学生的心理导师,了解学生的心理特点,熟悉学生常见的发展性心理问题,帮助学生摆脱心理困扰。辅导员是学生的学业导师,指导学生从中学"依赖性"学习向大学"独立性"学习转变,指导学生从课堂理论学习向社会实践学习过渡,帮助学生增强专业认同和学习热情,营造优良学风。辅导员是学生的生活导师,通过宿舍文化建设培育学生在宿舍小社会的公共伦理精神,培养学生在宿舍大家庭的特殊亲缘和共同气质,将有形的德育教育转化为生活教育中的无形浸润环境。辅导员是学生的职业导师,针对学生的不同需求个性化开展职业生涯规划指导,开展就业观、择业观教育。

第三,"引导者"的角色体现在辅导员工作的高度上。辅导员工作的引领价值在于,辅导员能够用思想政治教育的理论去影响学生的思想观念,使学生形成与国家社会要求相一致的道德品质并外化为个人行动,做到知行合一。辅导员对建设中国特色社会主义道路的决心是坚定的,共筑中国梦的愿望是迫切的。因此,辅导员在工作中会更加注重尊重教育规律,"围绕学生,关照学生,服务学生",探索学生成长成才的规律,让思想政治工作接地气、入人心。

二、认识并接受在德育共同体中的"支持者"角色

辅导员是学生自我管理服务的"支持者",既是提供服务的管理者,又是学生自主管理服务的助力者。学生日常事务的"管理教师"是辅导员的一个身份识别码,从某种程度上来说,相较于知心朋友和人生导师的职业要求,辅导员在日常工作中履行职能最多、目标任务最容易完成的就是"支持者"的角色。因为不论是管理性学生事务还是服务性学生事务,都有规范性的操作指南,辅导员遵从并执行这些操作指南,一般都能完成具体规定性的任务。

然而辅导员遵从并执行日常事务管理的相关规定,仅仅是对职业角色规范性的服从。如果辅导员只是局限于完成日常琐碎的事务性工作,日复一日,年复一年,就会不可避免地产生职业倦怠。"劳动者长期从事重复或缺乏创造性的活动,也会出现类似的心理体验,感觉工作枯燥无味,像吃多了油腻的东

西那样,有一种饱和感"①,也就是心理学上所说的"饱和心理"现象。辅导员要克服这种职业倦怠和饱和心理的负面影响,将消极的适应性行为转变为主动的管理服务育人,避免在简单的服从中耗尽自己最初对职业的美好期待和美好设想。

高校思想政治工作从根本上说是做人的工作,辅导员的工作就是做人的工作,辅导员的工作对象——学生是一个个个性丰富的个体,每届学生都有每届学生的特点,每个学生又有每个学生的个性。每个学生给予教师的情感体验是不一样的,辅导员如果能够在做好管理性事务和服务性事务的同时,结合学生的复杂性、多样性和差异性,在总结把握学生成长规律的基础上开展工作,就能够在简单、机械的事务性工作之外领悟到个性化育人的真谛。同时,辅导员个体在参与学生事务管理的过程中,也可以并应该尽可能地凝聚辅导员群体的共同智慧,构建事务管理的工作共同体,在相互帮助和相互促进中逐渐成长为成熟的学生事务管理的专家。

三、认识并接受在德育共同体中的"成长合伙人"角色

德育共同体是关系共同体,辅导员与其他主体的交往是发生在"人—人"系统中的,人对人的作用是相互的,它不同于"人—物"或者"人—机(机器)"系统中人对物或者机器的作用。物和机器都是固化的,而人则是有思想、有情感、有性格的。因此,从做工作的角度来讲,做好人的工作是最难的,但是如果能够真正做好人的工作,也恰恰是最能够得到职业获得感的。

"人—人"系统中人与人的交往,情感是连接交往双方的纽带,获得情感和精神的满足也是人与他人交流交往的重要目的。要做好人的工作,首要的就是要与交往的对象建立感情。就如诗人白居易所说:"感人心者,莫先乎情。"苏霍姆林斯基也说过:"教师不仅要成为一个教导者,而且要成为学生的朋友,

---

① 李冬梅,孙祥.教师职业倦怠与应对[M].北京:华文出版社,2010:18.

和他们一起克服困难,一起感受快乐和忧郁,而这时,孩子才会把一切都告诉他。"辅导员要以真挚的爱心走进大学生的心灵深处,只有与学生建立起彼此信任、相互支持的情感联系,才能收到良好的德育效果。从这点上来讲,辅导员要和学生建立起"知心朋友"式的情感关系,成为学生自主发展的"成长合伙人",帮助学生成长的同时实现自身的人格完善和德性养成。

教育教学实践表明,当一个学生喜欢某位教师时,也会同时对这位教师的课程产生极大的兴趣,并克服困难努力学好。与此同理,当一个学生喜欢某位辅导员并愿意将他作为自己的朋友交往时,他也会同时支持辅导员的工作,并努力成为辅导员希望他成为的样子。因为对学生而言,在学校的学习和生活不仅是对知识的学习、能力的培养,更会关注对情感的激发。从本质上来讲,辅导员组织开展的德育过程就是知、情、意、行相互作用的过程。知、意、行本身就包含着情的因素。没有情感的激发,学生学习知识就会缺乏动力,学习意志也会缺乏耐力,会导致行动迟缓而没有效率。因此,辅导员通过与学生的沟通、对话、谈心,以自己的爱心唤起学生情感的激发,在帮助学生完成知、情、意、行交融的过程中,实现与学生共同成长,做学生自主发展的"成长合伙人"。

"成长合伙人"寄予的是师生之间和谐、亲密、融洽的情感,这种情感也会受到多方面因素的影响。首先,辅导员的工作能力和水平直接影响学生对辅导员的情感。师生关系本质上是教学关系,学生渴望从教师那里获得知识,同样也渴望从辅导员那里获得良好的教育,获得身心的发展。教育水平高、工作能力强是学生对辅导员的普遍期望和要求。社会心理学研究也表明,在其他条件相等的情况下,一个人的能力越高就越容易受到他人的喜欢。其次,辅导员的个性品质是影响学生对辅导员情感的重要因素。真诚、诚实、理解、可信、有思想、热情、负责、无私、幽默⋯⋯这些个性品质是受学生欢迎的。实际工作中,辅导员们用各自不同的方式,扮演着"成长合伙人"的角色,在青年大学生的成长道路上一路相伴。比如,有辅导员在新生开学时专门为学生设计了幸运礼包,让前来报到的新生通过转动幸运盘抽取自己的幸运礼包,礼包的内容包括"亲爱的萌新,我是辅导员×××,欢迎你的到来。恭喜你,大学期间凭此券可以找我兑现洗护用品一套,愿你越用越靓丽!""亲爱的萌新,我是辅导员×××,欢迎你的到来。恭喜你,大学期间凭此券可以找我兑现一次生日礼物,为你的生日送祝福,愿你每天都开心!"这样的设计一下子拉近了与学生的距离,在入学之初就打通了与学生之间的情感联系,正向推动日后工作的开展。

四、认识并接受在德育共同体中的"重新发现者"角色

无可否认,人是具有很大的潜能的,但更多时候人往往会忽略自身所蕴藏的教育智慧、教育潜能。而辅导员扮演好"引导者""支持者""成长合伙人"等角色的过程,也是辅导员自身接受再教育、再学习、再提升的过程,是辅导员对自己从事德育工作的知、情、意、行的不断发现和不断提升。这种发现和提升,是在与德育共同体其他主体的交往互动、沟通协作、集体实践中实现的。辅导员在和其他主体的交往理性中,不断找到"镜中我"的自我认知,不断深化自身对德育教育的理解,不断坚定信仰、培养德性、提升自我。

一方面,是深刻认识到中国特色社会主义大学的德育共同体属性,在实践中不断深化对德育共同体的理解,认知并认同自身作为德育共同体关键主体的角色定位。辅导员与德育共同体的其他主体都是全员育人、协同育人的力量,在相互交往、分工合作、集体实践中清晰自身的责任感、权利义务和品德素养,坚持育人的方向性,共同围绕立德树人的根本任务作出努力。另一方面,在实际工作中,这种分工合作、协同育人往往是为了完成某项工作任务情形下的被动参与,并不能完全达成育人的协同效应。因而就需要辅导员发挥德育共同体关键主体的作用,能够主动地主导这种协同行为,通过组织开展德育活动在有形场域与其他主体实现交流与对话,在沟通交流中构筑形成共享的"技艺库",发挥协同育人的集体效应。

第三节　辅导员职业认同的培育

德育共同体是多元主体因共同目标凝聚起来的精神共同体、发展共同体,增强多元主体对共同体的认同感有利于融合多元主体的共同利益,构筑师生为实现立德树人根本任务共同努力的精神家园,从而夯实共同体的基础。"人的发展的重点,应当放在身份的获得而非单纯的智力成长,应当关注个人性和社会性的协调发展。"①辅导员接受并认同他们在德育共同体中的多重角色,并将它们统一起来形成对自我成长的要求,是促进辅导员职业长期发展的基础。为了巩固这一基础,就要持续培育辅导员的职业认同。职业认同既是一种状态也是一个过程,伴随着辅导员对职业的自我认知的不断发展。高校要通过持续不断地培育,实现辅导员自我的意识觉醒和审慎行动,做党执政的坚定支持者、先进思想文化的传播者、学生健康成长的陪护者,同时将这种觉醒和行动付诸培养学生的实际过程中。

一、培育政治认同,做党执政的坚定支持者

辅导员制度是我国高校教育制度史上一个重要的实践创新,它在建立之初就被深深地烙上了政治的烙印,具有浓厚的政治色彩。从革命战争时期的"政治指导员",经过军事指导型辅导员(新中国成立之前)、思想改造型辅导员(新中国成立至60年代初)、政治工作型辅导员(60年代初期至改革开放前)、事务管理型辅导员(改革开放以后至90年代初)、德育发展型辅导员(90年代至党的十七大前)、立德树人型辅导员(党的十七大以来)等不同时期的角色演变,国家赋予了辅导员职业强烈的政治使命。辅导员与学生朝夕相处,与学生

---

① 赵健.学习共同体——关于学习的社会文化分析[M].上海:华东师范大学出版社,2006:89.

接触最频繁、最亲密,他们的思想政治状况对学生而言具有很强的示范性和引领性。辅导员对政治使命的认同和履职,直接关系到大学生的价值取向和未来发展方向。只有培育坚定的政治认同,成为党执政的坚定支持者,高校辅导员才能更好地担负起这个职业的政治使命。

"政治认同是指一个人感觉他属于什么政治单位(国家、民族、城镇、区域)、地理区域和团体,在某些重要的主观意识上,此是他自己的社会认同的一部分;特别地,这些认同包括那些他感觉要强烈效忠、尽义务或责任的单位和团体"①,一般表现为认可国家基本制度、拥护社会发展道路、支持国家方针政策。培育政治认同的关键是要持续不断地加深辅导员对中国共产党执政的社会主义制度的政治认知、政治情感和政治信仰。

(一)丰富辅导员对中国特色社会主义理论与制度的政治认知

政治认知不仅是辅导员基于直接或间接经验获得的知识概念体系,即对国家认同、民族认同、政党认同、政治理想、政治信仰等的认知,也包括辅导员运用已掌握的知识,对国家政治、经济、社会、文化现象进行理性判断和理性思考的能力。它是辅导员政治认同形成的基础,必要的知识理解和思维能力是辅导员进行政治判断、形成积极的政治情感、筑牢坚定的政治信仰的前提。教育者要先受教育,辅导员要成为中国特色社会主义理论的传播者、宣讲者,就要加深对理论的入脑入心,丰富对中国特色社会主义理论与制度的政治认知,实现对政治责任与政治立场的有机统一。对高校而言,要奋力推进全面从严治党,把增强辅导员的政治意识摆在首位,严明政治纪律,在顶层设计、制度设置、机制保障等各方面注重突出对辅导员政治上的要求。对辅导员而言,要树立终身学习理念,自觉学习党的理论知识,理直气壮地用马克思主义的立场、观点和方法去分析重大社会问题,批判各种错误思潮和不良思想文化,做"让党放心,让学生满意"的高校辅导员。

---

① 罗森邦.政治文化[M].陈鸿瑜,译.台北:桂冠图书股份有限公司,1984:6.

(二)激发辅导员对中国特色社会主义道路的政治情感

政治情感是辅导员对政治对象的主观性评价和态度倾向,可以通过喜或恶、热情或冷漠、亲近或疏离等态度表现出来,是辅导员对政治生活的内心体验。政治情感具有较强的主观性、非理性,通常会受到政治对象本身的影响。党的思想建设、组织建设、作风建设、反腐倡廉建设都会影响辅导员对民族、国家的政治情感。虽然我国改革开放已经 40 多年,"建设有中国特色的社会主义"这一命题已经提出 20 多年,但对什么是中国特色社会主义、怎样建设好中国特色社会主义等重大问题,还有人缺乏科学、正确的认识,不少人存在模糊甚至错误的认识。目前大多数辅导员是出生于改革开放以后、伴随着改革开放而成长起来的一代,他们对"建设有中国特色的社会主义"的理解不可避免地会受到年龄、阅历等影响,存在不够深入、理解不透等问题。因此要不断激发辅导员对中国特色社会主义道路的政治情感,坚定他们在情感上认同只有中国特色社会主义道路才能引领中华民族实现伟大复兴。高校可以在辅导员培训中设置实践教学模块,让辅导员通过亲身体验,了解国家在党领导下取得的突出成就,坚定对中国特色社会主义道路的政治情感。还可以注重发挥典型模范的榜样感召作用,以全国高校辅导员年度人物、全国优秀共产党员的先进事迹传播弘扬正能量,"以高尚的精神塑造人",坚定辅导员对党执政的政治情感。

(三)激励辅导员坚定中国特色社会主义的政治信仰

政治信仰也可以理解为理想信念,是辅导员持有的稳定的政治价值取向,是辅导员工作的指导思想,体现辅导员对中国特色社会主义事业坚定的信奉和遵从。马克斯·韦伯认为,"任何统治都试图唤起并维系民众对它的合法性的信仰"①。政治信仰或理想信念的形成取决于国家的政治现实和政治文明程度,是国家政治、经济、社会、文化整体结构和状态的心理反映。当前,随着社

---

① 　马克斯·韦伯.经济与社会[M].林荣远,译.北京:商务印书馆,1998:239-240.

会主义市场经济的发展,社会的收入差距、职业地位不同等现象确有存在,使少数辅导员的职业信念、政治信仰发生动摇,一些人从谋生的角度看待辅导员职业,缺乏理想信仰的自觉。在这种情况下,加强辅导员政治认同教育显得尤为重要,要进一步凝聚辅导员的政治共识和精神纽带,构建辅导员的政治向心力。一要从战略维度、目标维度、解决实际问题的维度出发,对辅导员队伍建设进行顶层设计、总体部署、统筹发展,增进辅导员的职业获得感,促进辅导员的政治认同,坚定辅导员的政治信仰。二要从建设内涵、建设方式和建设价值出发,坚持以人为本,强化辅导员在德育共同体中的关键主体地位,唤起辅导员自身坚定不移地坚持中国特色社会主义理想的自觉,并对其产生广泛而深刻的认同,产生归属感和向心力,主动、自觉地肩负起师承、传道、立德树人的政治责任和政治使命。三要从思想政治教育的理念、方式和价值出发,实现思想政治教育的叙事转型,构建具有中国特色、中国风格、中国气派的思想政治教育话语体系,以话语巩固政治认同,引导辅导员讲好中国故事、传播好中国声音,坚定四个自信。

二、培育价值认同,做先进思想文化的传播者

价值认同问题是辅导员对职业角色和工作认同的核心问题。认同是发生在个体、社会和自我之间的,人要在这三者的关系中确立自身的身份感。从事某种职业者就是要通过追问诸如职业的社会价值、对个人的价值等问题,甚至是追问人生的价值和生命的意义,以此来证明自己的身份,从而正确地认识职业价值和个体价值。

教师职业对人的全面发展、社会文明的传承和公民道德的教化起着重要的教育引领作用,教师是人类先进思想文化的传播者。新时代,党和国家提出要使教师成为最受社会尊重的职业,要让全社会广泛了解教师工作的重要性和特殊性,让尊师重教蔚然成风。当前,整个社会对教师群体的评价也基本趋于"整体群像"的高度统一。但不可否认,高校德育工作和辅导员队伍管理依

然处于比较尴尬的境地。问卷调查显示,63.09%的辅导员认为他们不享有与其他任课教师同等的地位,26.03%的辅导员希望换工作或转到其他岗位。相较于专业教师,学校对辅导员工作的认可度、辅导员的发展空间、德育工作成效的评估都相对较弱。这种对比反差使部分辅导员失去工作信心和热忱,有些辅导员仅将这项工作当作向专职教师岗位或管理岗位"转"的跳板。职业价值认知的误区直接导致部分辅导员职业自豪感的缺失,进而导致了对辅导员职业的认同度低。所以,要持续培育并提升辅导员对职业的价值认同,要在提炼主导价值中凝聚辅导员群体的价值共识,在岗位实践中深化辅导员对职业文化的认知,在协调矛盾中塑造辅导员的共同体意识,在回归价值信念真实主体的行动中培养辅导员的敬业品格。

(一)凝聚辅导员群体的价值共识

以德育为业的辅导员群体进一步凝聚价值共识,是形成德育共同体主体高度认同感的基础。"我志愿成为一名高校辅导员,拥护党的领导,献身教育事业,恪守职业规范,提升专业素养,情系学生成长,做好良师益友。为培养社会主义合格建设者和可靠接班人而努力奋斗!"这份高校辅导员誓词很好地诠释了辅导员的职业使命,明确了辅导员群体共同的职业目标和价值追求。"拥护党的领导,献身教育事业"强调了辅导员职业所特有的职业精神,"恪守职业规范"明确了辅导员职业所必需的行为规范,"提升专业素养"突出了辅导员职业所具有的专业特征,"做好良师益友""为培养社会主义合格建设者和可靠接班人而努力奋斗"则凸现了辅导员职业的价值。通过誓词和由此带来的自我约束,最大限度地凝聚辅导员群体的价值共识,帮助并支持辅导员发现并再次认识辅导员职业的方向和意义,自觉担负德育共同体关键主体的职能,引导辅导员职业走向崇高。

(二)深化辅导员职业文化的内传承

职业文化是所有辅导员共同遵循的价值观念和行为规范,可以帮助辅导员加深对职业价值和职业"独特性"的理解体验,增强职业认同感和责任感,促使辅导员重视工作环境和外部关系的营造,从而将工作要求和内在自主生长的发展需求结合起来,更好地激发职业理想的升华,不断拓展职业创造力。一个刚刚参加工作、入行辅导员职业的人,要成长为具有丰富的育人理念和实践经验的人,需要老辅导员的"言传身教"。75.56%的辅导员认为前辈指导比自己摸索更有效,老辅导员的知识结构、文化背景、专业技能、情感情绪、信念信仰都会对新辅导员产生影响。在工作理念、工作经验的传承中逐步形成辅导员职业的文化,通过不断的"传承—内化—传承"的循环,这个职业以其积极的正能量对自身的发展起着强大的凝聚作用,也对辅导员个体的发展,对个体价值观、知识观、行为观、方法观等的产生起到推动作用。

(三)塑造辅导员的共同体意识

德育共同体多元主体立足立德树人的共同目标,但也不可避免地存在不同的利益考量,存在矛盾冲突。多样性是一体性的前提,差异性是统一性的条件。形象地说,德育共同体多元主体间的关系就是一个大家庭里不同家庭成员的关系。辅导员要认识到这点,树立共同体意识,客观、理性地对待与其他成员间存在的诸如地位不同、待遇不同、任务不同等问题。新形势下的高校思想政治教育工作需要我们共同建立责任共同体意识,一起"围绕学生、关照学生、服务学生",真正地为学生的成长提供服务和帮助;需要我们共同建立利益共同体意识,在协同合作中发挥各自的互补性作用;需要我们共同增强命运共同体意识,保证高校思想政治工作队伍"后继有人,源源不断"。

(四)培养辅导员的敬业品格

"物质财富的增长与经济的发展不能给人提供生活的目的和价值信念。"①承载人的生活价值或者生活意义的绝非是物质上的满足,只有当人的精神生活得到满足时,才会生成对生活价值或生活意义更丰富的体验,促使人在其生活世界中更进一步思考如何发展得更好的问题。因此在职业生活中,从事某

---

① 贺来.有尊严的幸福生活何以可能[M].北京:中国社会科学出版社,2013:326.

种职业的人绝不只注重职业带给他的物质回报,更看重的是职业给予他的精神满足。"自由的、具有人格的个人是价值的真实主体,因此,对于人应当如何生活、人生意义如何理解、人生的道路如何规划,具有自由品格和独立人格的生命个体完全有资格、有能力自我选择和自我决定。"①也就是说,我们所要做的最本质的是寻求回归价值信念的真实主体,也就是其中的"人"。所以,培育辅导员的价值认同就是要寻求回归辅导员作为价值信念的真实主体,将辅导员置于其职业发展的主体地位上,让辅导员主动意识到选择这个职业"意味着什么""我是谁""我该如何做""我将去往何处"等问题。选择同时意味着责任,自由和责任是一体的两面,当辅导员自身考虑清楚这些问题的时候,他们对职业的价值认同问题似乎也迎刃而解了。而且这个思考的过程本身也是不断塑造他们对职业的敬业品格的过程,当认为值得去做而且必须要做好时,一定是可以全身心投入并且全力以赴的。

三、培育情感认同,做学生健康成长的陪护者

情感是在交往关系中产生的价值体验,它"可以阻止、压抑、诱发、转移、强化人们对于价值的需要,当对某种客观存在产生正向性的积极情感,那种对其价值的需要也就会相应的强化;在情感因素的驱动影响下,客观存在也可产生心理上的价值增值"②。因此,情感认同的培育应当是和价值认同的培育同步进行的。情感认同主要是指在社会交往中,人与人的心理相容性在情感上的体现。辅导员的情感认同是辅导员将立德树人的要求同化、内化,进而产生"共振效应"的心理过程。这种认同能够有效地引发辅导员正面的情感反应,从而产生即时即刻或潜移默化的影响。而辅导员只有在情感上对"德育共同体"和"立德树人"的价值目标呈现出高度认同时,才能真真切切地体会到这份

---

① 贺来.有尊严的幸福生活何以可能[M].北京:中国社会科学出版社,2013:334.
② 李清先.社会主义核心价值体系认同机制与路径研究——兼论当代大学生社会主义核心价值体系认同的教育策略[M].北京:教育科学出版社,2012:134-135.

工作的意义,体验到职业的乐趣,获得超越物质需求的精神上的满足感和自豪感。情感认同是切己性的,情感认同的实现与辅导员主体的相关度有很大的关系。这种切己性直接影响到辅导员职业情感认同的实现,也是情感认同实现的最重要影响因素,主要涉及辅导员的职业获得感、归属感、共鸣感和愿景感。

(一)增强辅导员职业获得感

我们在前面已经谈到了辅导员职业获得感的问题,获得感关乎人的切身利益。人本理论认为,激励是增强人的幸福感、获得感的最有效手段。高校要从建设激励机制出发,设计德育共同体内部有效的激励机制,使共同体内的主体间形成"努力工作—产生绩效—有效激励—满足需求—产生新需求—努力工作"的正反馈机制。这种激励机制又具象化为一系列的政策、编制、待遇等保障措施,教育部令第 43 号已经以文件形式予以明确。但是高校对文件的落实情况是各不相同的,落实不到位就会容易使人失去心理平衡。要通过激励机制满足人的需要,一方面根据需要的联系互补性对不同的需要分门别类,尽可能满足迫切的、可以满足的需要,适当补偿和诱导难以满足的需要,形成组织的向心力;另一方面,根据物质需要满足的有限性和短效性,建立组织文化,引导辅导员追求长效的精神需要,优化组织的精神氛围。例如,天津市坚持从落实上下功夫,增强辅导员的获得感。一是给编制,为高校新增 1300 个专职思政课教师、专职辅导员和专职组织员编制,充实思政工作队伍;二是给补贴,设立辅导员岗位奖励绩效,每位辅导员每月有 1000 元标准的岗位绩效,通过待遇肯定辅导员的工作价值。通过一些实实在在的措施,让辅导员工作有条件、干事有平台、待遇有保障、发展有空间。

(二)提升辅导员职业归属感

"作为群体动物的人,实际上是归属需要的产物,而由交往关系所产生的情感认同也就天然地主要受到归属机制的影响。"[1]在马斯洛看来，归属是人的基本需要，每个人都希望归属于一定的群体，成为其中的一员，在群体中得到关心和照顾。当人的归属需要不能得到满足时，个体就会产生孤独感和焦虑感；归属需要得到满足时，会产生快适感和宁静感。"没有归属型情感认同的人，是很难存在于人类社会的，归属所导向的情感认同从一定程度也就成为了马斯洛所说的生理需求了。"[2]良好的文化环境和氛围有助于激活辅导员对核心价值观认同的情感动机，对辅导员思想意识、价值判断、道德情操产生潜移默化的影响。归属型情感认同不仅是辅导员的认知态度，更是价值信仰的承诺与坚守，是涉及灵魂归宿的求索。从文化层面探求归属感，不仅需要强化主体对共同体的认知，还要发挥职业文化黏合剂的作用，把辅导员紧紧地团结在一起，使他们目标明确、协调一致。

（三）引发辅导员职业共鸣感

共鸣是个声学上的定义，指的是当一个物体发生振动时，影响了另一个物体，如果另一个物体的自振频率与原物体的振动频率相同或形成一定比例，便与之产生共振的现象，这种现象就是共鸣。将其延伸到职业中，我们可以把共鸣理解为两个人或者一个群体在工作中产生了精神上的无限延展和沟通，对相同工作有了看法和理解的基本一致。也就是说，产生情感上的共鸣意味着辅导员群体对职业本身的价值、目标、文化等有了共同的理解。要让彼此之间形成这种共鸣，增进交流是主要手段，也就是要强化辅导员与德育共同体中其他主体间的交往互动。许多高校创设了辅导员论坛、沙龙、交流会等，全国层面也有辅导员示范培训班，都为辅导员的交流创设了条件。通过交流增进彼此对职业共同期待的理解，增强对职业育人价值的自信，交流的过程也是学习

---

[1]　李清先.社会主义核心价值体系认同机制与路径研究——兼论当代大学生社会主义核心价值体系认同的教育策略[M].北京：教育科学出版社，2012：135.

[2]　李清先.社会主义核心价值体系认同机制与路径研究——兼论当代大学生社会主义核心价值体系认同的教育策略[M].北京：教育科学出版社，2012：137.

他人经验的过程。发挥先进典型的引领和示范作用也是引发群体内产生职业共鸣的重要手段。教育部自 2008 年开始评选全国高校辅导员年度人物,至今评选产生 104 人。他们是全国高校辅导员中的典型代表,在为人师表、爱岗敬业、无私奉献等方面有突出表现,对激励他人、感染社会、推动辅导员群体职业发展具有重要作用。这种先进典型的引领示范作用要比一般意义上的宣扬树立育人责任、承担政治使命更加生动直观,更具有说服力和感染力,在先进典型事迹中发掘出来的职业精神对其他辅导员也更具榜样价值。

(四)创设辅导员职业愿景感

愿景是对未来的愿望和所向往的前景,以及希望、愿意看到的景象。换言之,愿景就是可以通过努力实现的、充满魅力的未来情景。现代管理学对愿景的定义认为,愿景是组织内部成员制订的,通过团队讨论,获得组织一致的共识而形成的大家愿意全力以赴的未来方向。辅导员的职业愿景就是这个职业的发展方向和未来蓝图,它就好比是灯塔,为辅导员群体的发展指明方向,指导着整个组织的发展策略,形成面向未来发展的共同愿景,使之成为辅导员心中的一股令人深受感召的力量。这个愿景包含了至少三方面的内容:大家愿意看到的(期望的)、大家愿意为它付出努力的(主动的)和通过努力可以一步步接近的(可接近的)。当前对辅导员队伍建设提出的一系列政策措施,不仅为辅导员描绘了一幅充满希望的未来发展的画卷,更是对辅导员提出了实现职业共同愿景的具体要求。关键在于各高校如何在实践中结合实际加以落实,要让辅导员看到希望、收获到成果、体验到幸福。共同愿景是有生命的,是辅导员的信仰,它是很难在短期内孕育出来的,必须经过不断的创设、培育、检验,才能真正凸现出来。要从高校层面的顶层设计出发,在高校领导层面达成一致目标,然后再将其扩散到所有的组织成员,继而将组织成员的意见反馈给领导层,并经过全体成员不断的反复的检验才能确定。共同愿景确立之后,要将其纳入学校的章程、发展规划、行动计划中,写进工作手册中,并在不同场合通过多种形式加以强化,加深辅导员对它的认识。

第六章　专业发展：
突破辅导员在德育共同体中的路径困境

　　本章讨论的主要问题是：辅导员职业角色中断的原因是什么？如何破解由此造成的路径困境？围绕这两个问题，本章的基本观点沿着以下逻辑展开。

　　1.德育共同体强调个体的主体性，不同主体在分工基础上全员育人、协同育人。一方面是各自按照既定的规范履行职能，另一方面也要顺应专业化的必然趋势以保持职业生命的永久性。

　　2.辅导员职业发展既有强调群体价值的"组织发展"，也有强调个体价值的"专业发展"，两者有何关系？专业发展为何是辅导员职业发展路径的理性选择？

　　3.辅导员专业发展的基本定位是要实现由外部推动走向自我主动要求的过程，即实现从"自在"专业发展向"自为"专业发展的内在超越。

　　4.辅导员专业发展要进一步思考"发展什么"的认识论问题以及"怎么发展"的方法论问题，浙江大学基于学生成长需求的辅导员队伍专业发展模式为辅导员的专业发展提供了思路和路径。

　　本章为辅导员突破角色中断的路径困境提供可遵循的参考。

当前,高校辅导员职业发展的路径主要指向"专""转""升"三类,而且绝大部分辅导员选择"转"和"升"两个方向,通过转岗或者提拔离开辅导员岗位。真正将"专"作为出路,选择终身从事辅导员职业的人是极少的。这既有体制机制的原因,也有辅导员自身的原因。然而,绝大多数辅导员中途"转""升"的发展路径所造成的后果,是辅导员队伍难以保持长期连贯稳定因而缺乏职业发展的动力,并最终影响到队伍的工作质量和工作积极性。久而久之就会形成恶性循环:在辅导员岗位上培养的一批能力、水平较好的辅导员,都转到或者提拔到其他工作岗位上了,成熟一批"转""升"一批。长此以往,这支队伍一直处于快速流动的状态,十分不利于辅导员职业的稳定发展。

要提高辅导员队伍的质量,就要从这支队伍本身出发,考量其职业发展的长期性和稳固性问题。当前各种社会劳动在原有分工的基础上,正在不断地被细化并独立化,专业化成为社会分工不可阻挡的趋势。正如涂尔干在《社会分工论》中所言,"在高等社会里,我们的责任不在于扩大我们的活动范围,而在于使它们不断集中,使它们朝着专业化的方向发展。我们必须划定我们的范围,选择一项确定的工作,全心全力地投入进去"[①]。辅导员职业和社会上其他众多职业一样,在发展过程中也正面临着不断适应社会分工专业化的要求。辅导员要承担德育共同体中关键主体的职能,有其职业外在的期待和要求。而且随着高校德育的发展和环境的变化,辅导员的工作已经发生了深刻改变,这种改变极大地增加了辅导员工作的复杂性和创造性。因此,没有辅导员的发展,没有辅导员专业上的成长,辅导员的育人使命是无法完成的。辅导员专业发展是历史发展的趋势,符合德育共同体发展的要求,是高校德育改革与发展的必然,更是辅导员实现个人价值的理性选择。

---

① 埃米尔·涂尔干.社会分工论[M].渠东,译.北京:生活·读书·新知三联书店,2000:359.

第一节　职业专业化是历史发展的趋势

辅导员职业发展大致可以分为两个层面:一个是"组织发展",主要关注辅导员整体的素质能力提升和质量提高,谋求整体职业社会地位的提升。它体现了外在对辅导员职业群体的价值期待,是辅导员职业整体寻求专业化发展的过程。另一个是"专业发展",既重视辅导员的技能提升和价值观的塑造,又要求辅导员有专业的学科知识和教育知识,重视辅导员对自身工作实践的认知和反思,并在此基础上不断提升教育实践,促进专业发展。它体现了辅导员作为发展的主体,内在对自身发展的期待和愿景,是辅导员个体寻求专业发展的过程。

一、辅导员专业化:高校德育共同体建构的外部规定

进入 21 世纪以来,我国掀起了一股强劲的"辅导员职业化专业化"浪潮,要求各地各高校提高辅导员的社会地位和职业待遇,重视辅导员专业化建设,使辅导员成为像教师、律师、医生那样的专业人员。一时间,辅导员专业化不仅成为辅导员职业发展的趋势,而且成为辅导员队伍建设的核心问题和改革发展的热点问题。

(一)专业化是社会变迁下辅导员角色转变的必由之路

从时间维度来看,辅导员在不同历史时期所承担的任务和扮演的角色是不同的。从革命战争时期建立"政治指导员"制度开始,历经"军事指导型""思想改造型""政治工作型"的变化,到 1966 年全国各级高校基本上完成了正式意义上的辅导员队伍建设,辅导员开始由兼职转向专职,辅导员的职业化发展也随之拉开帷幕。改革开放以来,党中央从制度法规、明确角色、建立学科等方面,推动辅导员职业化的进一步发展。《普通高等学校辅导员队伍建设规

定》(2006)第一次以文件政策形式确认了辅导员职业的专业地位,标志着我国对辅导员职业专业化的推动从理念倡导进入正式实施。新时代党中央把高校思想政治工作提高到关系国家前途命运的高度,对高校思想政治工作寄予更多期望,这些期望自然而然地转嫁到辅导员身上,使推动辅导员职业发展成为一项重要的战略任务。在德育共同体中,辅导员角色从传统的"管理者、教育者、服务者"转向"引导者、支持者、成长合伙人"和"自我潜能的重新发现者",对辅导员专业化的要求更加明确,要求辅导员成为专业工作者。

(二)辅导员专业化是世界高校学生工作的发展趋势和潮流

辅导员制度并非我国高校独创,发达国家和地区高校的学生事务管理工作历史悠久,最早可追溯到西方中世纪大学。目前许多先进国家高校学生事务发展已经非常成熟、非常专业,对学生事务管理人员有明确的角色职能划分,形成了以规范性的制度管理和有限的专业人员管理相结合的学生事务管理模式。他们的从业人员都是高校学生事务相关专业的毕业生,工作经验丰富且接受了专业化培训,具有较高的专业地位、职业待遇和社会声望,体现专业化标准和专家化水平,具有多方面的职业管理知识,甚至是某一方面的专家。而且综合来看,随着国外大学教育专业化程度的不断加深,建立"专业、专职、专项"的学生事务工作队伍,成为世界高校学生事务专业化发展的特点。

(三)专业化是辅导员群体谋求自身专业地位的表现

目前高校辅导员的整体地位与职业待遇还不高,问卷调查显示,63.09%的人不认为他们享有与其他任课教师同等的地位,34.4%的认为他们的工作回报没有反映他们所投入的努力情况。这种状况与辅导员职业化专业化程度不高有密切联系,许多人把辅导员视为"万金油",直接影响了辅导员的专业地位和社会评价。辅导员的职业发展是伴随着大学生的成长而发展的,这个过程不仅需要实际工作经验的积累,更需要辅导员主动探寻学生成长规律和思想政治工作规律,提高工作的专业化水平,有针对地性引导、支持和促进学生发展。如果辅导员长期滞留在经验型、事务型发展阶段,不积极主动地进行专业化发展，不仅不能很好地履行职能，相应的职业地位也会降低。"无论就表面还是本质而言，个人只有通过最彻底的专业化，才有可能具备信心在知识领域取得一些真正完美的成就。"①辅导员要养成学者的思维、专家的视野、科研的积淀和工作的互动，促进群体的专业化，争取职业发展的话语权，不断提升辅导员职业的专业地位。

二、辅导员专业发展：辅导员实现自我发展的内在诉求

马克思、恩格斯在《德意志意识形态》中指出，"个人怎样表现自己的生活，他们自己也就怎样。因此，他们是什么样的，这同他们的生产是一致的——既和他们生产什么一致，又和他们怎样生产一致"②。辅导员的社会地位、职业待遇是和辅导员自身的工作态度、工作方式、工作产出密切相关的。辅导员的工作态度、工作方式、工作产出，是辅导员"以自身为根源"，体现出个体生命的主体性、目的性和价值性的过程。所以，这里强调的是辅导员将自己作为生命发展的主体和目的，通过自身的创造性活动，完善生命、实现价值的过程，也就是辅导员自身全面发展的过程。

（一）真正将"辅导员"视为发展的目的

首先是将辅导员视为发展的主体，尊重辅导员作为德育共同体关键主体的主体性，给予辅导员自我选择的权利。"每一个生命个体都拥有不受强制的以自己的方式选择自己的生活目标的自由。"③选择意味着辅导员有多种职业发展的可能性，如前文所述的"专""转""升"等。辅导员可以在多种选择中去追求和创造自己想要的"可能生活"，而不是在外在政治要求、政策强制下进行非此即彼的"决定"。我们不能把"普遍性"的价值原则置于个体生命的目的之

---

① 马克思·韦伯. 学术与政治［M］. 冯克利，译. 北京：生活·读书·新知三联书店，1998：23.

② 马克思恩格斯文集（第一卷）［M］. 北京：人民出版社，2009：520.

③ 贺来. 有尊严的幸福生活何以可能［M］. 北京：中国社会科学出版社，2013：344.

上,促使个体去服从和遵循在他之上或之外的价值规范。对辅导员职业的发展规定不能仅靠外部规范化要求来推动,应该是基于辅导员作为独立的个体的理性选择。辅导员群体的职业化,也是基于这个群体中一个个个体的专业化来实现的。其次,"把人视为'内在的目的',而不是把人视为达到某种'外在目标'的工具和手段"①,给辅导员以自由的权利。从最纯粹的形式上讲,责任或职责是具有强制性的,它要求人们在履行职责时要不折不扣地完成。而责任的存在有赖于自由的出现,责任和自由是密不可分的,只有确立了"个人自由",每个人才能为自己的行为真正承担起责任。

(二)帮助辅导员实现自身的全面发展

马克思主义人学理论对"人的全面发展"提出了构想,人的全面发展包含人的社会关系的全面发展、能力的全面发展、素质的全面发展以及个性的全面发展。第一,社会关系的全面发展。"一个人的发展取决于他直接或间接进行交往的其他一切人的发展"②,个人的全面性是"他的现实关系和观念关系的全面性"③。辅导员的职业发展是在与德育共同体其他主体的交往互动、协同实践中实现的。第二,能力的全面发展。马克思将其视为人的全面发展的核心,"任何人的职责、使命、任务就是全面地发展自己的一切能力"④。辅导员职业以德育为业,最主要的就是专业地开展德育工作的能力。第三,素质的全面发展。"素质不仅是每个人生存、发展的内在条件,而且是群体、民族、社会发展的主体条件"⑤,包括自然素质、社会素质和专业素质。第四,个性的全面发展。马克思认为人的全面发展和人的个性发展是相容的,"即使在一定的社会关系里每一个人都能成为出色的画家,但是这决不排斥每一个人也成为独创的画

---

① 马克思恩格斯文集(第四卷)[M].北京:人民出版社,2009:302.
② 马克思恩格斯全集(第三卷)[M].北京:人民出版社,1960:515.
③ 马克思恩格斯文集(第八卷)[M].北京:人民出版社,2009:172.
④ 马克思恩格斯文集(第八卷)[M].北京:人民出版社,2009:172.
⑤ 陈尚志.人学原理[M].北京:北京出版社,2004:385.

家的可能性"①。个性的全面发展在一定意义上是个人的优势或者特长的发展，是个人的整个精神面貌的发展，是人的独特性、自主性和创造性的全面发展。从本质上来说，辅导员专业发展是辅导员个体专业不断发展的历程，是辅导员不断丰富社会关系、增强能力、提升素质、促进个性发展的过程，也是辅导员自我潜能重新发现的过程。我们要在重视辅导员思想政治素质培养的同时，注重辅导员的专业发展，以适应不断发展的社会需要和学生多元化发展的需求。

三、从"辅导员专业化"到"辅导员专业发展"的转向

（一）辅导员专业化与辅导员专业发展的关系

辅导员专业化与辅导员专业发展是两个密切联系但又有区别的概念，专业化强调的是辅导员群体外在的专业性提升，专业发展更为强调辅导员个体内在的专业性提高。两者的区别体现在：目标价值上，专业化强调职业的社会意义即辅导员职业的社会地位和职业待遇等，专业发展强调职业的教育价值和意义即辅导员职业的不可或缺性；对象属性上，专业化是提高辅导员职业社会地位和待遇的上移，体现群体的发展观念，而专业发展注重辅导员个体的专业化，注重个体德育能力水平的提高；支持范围上，专业化主要依托外部支持和认可，需要外界给予足够的关注和支持，而专业发展强调个体的自主发展，是个体专业知识和能力等内在品质的提高；发展驱动上，专业化是社会地位、职业荣誉、职业待遇的提高，体现的是被动发展，而专业发展强调自身德育工作能力水平的提升，是辅导员基于自身发展需求主动实现专业发展的过程。

无论是群体的专业化还是个体的专业发展，都是长期的发展过程，贯穿在辅导员职业发展体系不断完善和辅导员个体专业生涯不断拓展的过程中，表现为辅导员专业知识不断增加、专业能力不断熟练、专业信念不断增强的持续

---

① 马克思恩格斯全集(第三卷)[M].北京：人民出版社,1960：460.

发展过程。群体的专业化是由个体的专业提升所决定的,它为个体专业发展提供更为广阔的发展空间。辅导员专业发展是提高辅导员专业化程度的根本途径,辅导员专业发展程度越高,职业专业化的程度就越高,也就更容易获得社会对辅导员地位的肯定。

(二)辅导员专业发展的主体建构

综合上述分析并参考"教师专业发展"①的概念界定,我们认为:辅导员专业发展不是被动地接受外部规定的培训,而是辅导员自己领导的、对自身发展有相当强烈的自主意愿和选择,可以根据自身发展需要选择学习时间、内容、形式、考核办法等,同时也有机会参与专业发展的设计。这里突出的是辅导员对自己专业发展的主体性,将辅导员视为自身发展的主体。

可以从"主体层次"的视角来建构辅导员专业发展的层次,将其分为"经验主体""认知主体""价值主体""审美主体"。"经验主体"层次是指辅导员根据自身工作实践自主建构专业;"认识主体"层次是指辅导员自我在对客体反映中表现出自主建构专业实践的理性水平;"价值主体"层次是指辅导员自我对专业认同、专业使命的建构水平,辅导员对这个职业高度认同,并视之为终身追求的专业使命;"审美主体"层次是指辅导员对专业认同和专业使命的实现过程中体验专业幸福的意义的建构水平。由此可以将辅导员分为相对应的几种类型:

"经验主体"层次对应"经验型辅导员",是在工作中结合职业要求,通过事务管理、活动设计和组织协调,不断积累支持学生全面发展的实践工作经验,实现"能够胜任辅导员的工作"。"认知主体"层次对应"研究型辅导员",是在积累实践经验基础上将实践经验升华为工作理论,探索教书育人规律、思想政治工作规律、学生成长规律,并遵循规律开展工作,形成认识框架,同时具备研

---

① 参见:卢乃桂,陈峥.中国内地教师继续教育中的权力关系与教师领导[J].复旦教育论坛,2008(5):62.

究工具、研究方法、研究技巧等素养。"价值主体"层次对应"学术型辅导员",是高度认同辅导员职业的专业维度并主动建构多重角色,展示专业引领、专业服务的身份价值,同时具备对工作开展研究的学术规范、学术能力和学术追求。"审美主体"层次对应"专家型辅导员",是在"价值主体"层次上的升华,是辅导员专业发展的最高层次,体现的是辅导员作为教师和管理者的双重身份的统一。在专业发展的主体建构过程中,辅导员自主发展和外部驱动是有机结合的。一个辅导员要在专业上有更好的发展,既要有强烈的自我发展愿望即内部驱动力,也要有外部政策和高质量的培训等各个方面的支持保障。如果缺乏自我发展的愿望,辅导员的专业发展必定是低水平的;而缺乏外在的支持,仅靠辅导员个人的摸索和学习,也同样难以实现辅导员专业发展的目标。

第二节 辅导员专业发展的基本定位

辅导员专业发展是教师专业发展的题中应有之义。后现代主义教育思想认为,"教师专业发展的本质是自治的发展,发展是教师不断超越自我和自我实现的过程,更是教师作为主体,能动、自觉、主动、可持续的建构过程"[①]。教师专业发展以教师自身发展为价值取向,体现教师在发展过程中的主体性、自觉性和能动性。辅导员专业发展和教师专业发展一样,从本质上来讲也是自主发展,是基于辅导员个体自我的、主体的、自觉的发展,倡导的是辅导员本身力量的承认和释放,使辅导员职业在获得话语权的同时向相对独立自主的方向运行。从实践来看,过去那种追求辅导员职业的专业地位和追求集体向上流动的专业化目标,并没有取得十分令人满意的结果,甚至招来一些质疑。所以,我们强调要从辅导员自主发展的角度,来考察辅导员的专业发展问题。自

---

① Bullough, R. V., Kauchak, D. F., Crow, Stockes. D. K. Professional Development School Catalysts for Teacher and School Change [J]. *Teaching and Teacher Education*, 1997(2).

主是专业的最基本特征之一,专业发展自主是专业人员的必然要求。辅导员专业发展自主意味着辅导员对自己的专业发展负责,它不仅包含辅导员可以依据专业知识和技能自由开展相关工作,也包括辅导员能够独立于外在的压力订立适合自己的专业发展目标和计划,选择自己需要的学习内容,同时将目标计划付诸实践。

人的存在和发展有"自在"发展和"自为"发展两个阶段。亚里士多德认为,"自在"是潜在的、固有的、尚未发展的层面,"自为"才是展开的、可能的和超越的阶段。[①] 目前高校辅导员的专业发展多是被动的、无意识的自发性行为,辅导员凭借实践经验而非基于专业角度参与学生思想政治教育,这显然不符合德育共同体对主体行为的要求。辅导员专业发展的机制主要依托外部形塑的培训体系和刚性推进的政策体系,辅导员多是被动、盲目地适应外在要求如国家政策规范、高校制度的约束,被动地跟从一种希望并要求向专业化发展的态势,我们可以把它称为"自在式"发展。从根本上来讲,辅导员专业发展需要实现从被动的、无意识的"自在"阶段,向自觉的、能动的"自为"阶段的内在超越。辅导员要从本质上认识到自身在德育共同体中的关键主体地位,主动、自觉地参与德育共同体的建构和维护,积极、有效地行使发展自主权,从根本上培育起坚定的职业认同,实现职业的长期稳定发展。

一、"自在式"专业发展

高校辅导员制度有其特殊性,辅导员扮演着多重角色。从事辅导员职业的人将做好学生思想政治教育工作内化为培养学生成才的自在意识,从这个意义上来说,辅导员的职业存在就是自在存在,这个职业本身具有自在性,辅导员就是高校中以德育为业的人。辅导员职业的这种自在性是辅导员在职业生涯和教育过程中自然呈现出来的本真存在状态。"在自在阶段人盲目地受

---

① 张世英.哲学导论[M].北京:北京大学出版社,2008:51-53.

着必然性的支配，为其所奴役。"①自在的人只会通过索取自然的直接存在物来满足自己眼前的、短暂的经济利益上的需要，维系自己的生存，消极、被动地适应外界社会。因此在自在状态下，辅导员谋求的是对自己的现实能力和所处的教育环境的简单适应，被动地适应职业本身对他们提出的要求，从事基本的工作，还谈不上主动、自觉地思考专业发展的问题。

一方面，这种"自在式"专业发展主要表现为贯彻执行国家政策和高校制度安排的顺从性行为。目前，高校辅导员培养模式一般都是按照国家层面的刚性政策和制度加以实施，很少有高校从学校实际情况和未来发展战略出发，对辅导员队伍建设进行长远的顶层设计。国家政策和制度虽有助于管理的操作性和有效性，但"规范性管理"的刚性要求下，辅导员往往只是国家政策和制度的被动执行者。这种客体化的专业发展目的、标准化的专业发展过程、业绩化的专业发展标准，一定程度上消解了辅导员专业发展的内在价值，会使辅导员在遵从中逐渐丧失职业发展的兴趣和毅力。例如，《普通高等学校辅导员培训规划（2013—2017年）》统一部署了辅导员培训的内容、任务、方式等，许多高校即据此要求按部就班地加以落实执行，并没有将辅导员看成是自身发展的"主人"，而是一个"局外人"，辅导员在发展中被动地接受和执行。一是高校所建立的辅导员专业发展机制是对国家具体政策制度的回应和落实，是对刚性政策规范的统一执行；二是高校根据政策制度对辅导员进行"一刀切"的管理，试图通过统一的培养体系、培训内容、考核方式，来提升辅导员的发展动力，结果是造成辅导员压抑"自为"发展的精神需求和选择能力，在不知不觉中屈从于外部的规约，丧失职业发展的积极性和主动性。

另一方面，除了外在屈从于刚性的制度规范外，辅导员自身内在的发展意愿缺失也是"自在式"专业发展的显著表现。有些辅导员从事这个职业是因为门槛低、工作稳定，德育世界对他们来说是"先在"的领域，他们习惯于机械地

---

① 张海国.自在与自为：思想政治教育学的重要范畴[J].襄樊职业技术学院学报，2009(4)：83.

落实上级主管部门的工作要求、按部就班地完成各项工作任务。在服务对象数量多、工作繁杂、工作压力大等现实条件和评价体系的制约下,他们也习惯了学校制度下外在的培养、培训和促进,往往缺少进一步思考如何深入、高效地实现专业发展的问题。

二、"自为式"专业发展

人的"自为"发展是人存在和发展的高级阶段,人的自主能动性和创造性在该阶段都将发挥出来,人有了从"要我发展"转向"我要发展"的主动诉求,开展主动思考自身发展问题并付诸行动。这也符合德育共同体对挖掘主体自主性的要求,主体的价值选择、目标选择和行为选择都从"要我怎样"转向"我应该怎样"的主动转变。辅导员在职业生涯和教育生活中表现出追求有所作为的积极状态,开始主动、自觉地对自己的职业进行规划,不断思考如何提升专业化工作能力和水平以更好地引导支持学生成长,这就是作为具有社会性的辅导员职业的另一种存在状态,即"自为"的存在。"自为"状态下的辅导员开始意识到自身发展需求与需求得到满足之间的矛盾,期望通过自身努力达到自我改变与教育环境的统一。也就是说辅导员不再满足于现阶段的发展,不再受"自在"的规约和束缚,而是自觉认知在德育共同体中的关键主体地位,适应德育共同体发展的需要,打破习以为常的工作模式,主动创新工作方式方法,从"要我发展"转向"我要发展",成为自我专业发展的自觉行动者。

首先,"自为式"专业发展体现了辅导员发展需求和发展愿望的内在性。辅导员的自我发展需求和愿望是内在的,基于辅导员个人人生价值与意义的追求愿望和目标而产生。就本质而言,辅导员"自为式"专业发展是内源性发展,这种动力来自辅导员内心对知识的渴求、对工作的思考和对自我的要求,是辅导员实践个人人生价值的过程。

其次,"自为式"专业发展体现了辅导员专业发展内容的个体性。专业发展是辅导员个体内在潜能的充分发挥和展现,每个辅导员的专业发展都是根据个人的特点、兴趣和才能有针对性地进行。根据建构主义理论,辅导员专业发展中的知识结构、能力结构都是由辅导员自己探索出来的,具有鲜明的"个人特征"。辅导员是自身发展中专业知识的主动建构者,他们不再单纯接受普遍适用的"规律"或者发展模式,而是转向结合自己兴趣特征的更具个性化的发展。

再次,"自为式"专业发展更强调辅导员个体的自觉能动性。它不仅是辅导员职业发展的认识和意识,还是超越表象和浅层的、内在的职业认同和专业发展适应。辅导员通过"自由选择"积极追求和实现这种"自为"的境界,有意识地、自觉地追求自身作为主体的意义,从而显现自我内在发展的本质。这个过程是辅导员从已有的德育知识意义建构向新的德育共同体目标建构的实践过程。"自为式"专业发展实际上是辅导员意识到自己职业成长过程中"要专业发展",意识到自己不仅是学校辅导员队伍专业化建设制度参与的客体,朝向"我要发展""我要成为专家""我要展现专业水平"的主体意义建构。这样的辅导员,可能会随身带一本笔记本,记录自己最近在工作中发现的问题、最近想研究的课题,收集相关的资料,进而确定自己的行动计划,还会主动寻求发现了同样的问题、对同样课题感兴趣的合作伙伴,安排专门的时间阅读有关资料、反思工作实践,并将这些内容写下来,形成良好的学习习惯。

三、从"自在式"到"自为式"的内在超越

自在和自为作为人存在和发展的两个阶段,可以简单地描述为:自在即"自然存在",自为即"自主作为"或"自觉作为"。人类发展的历史已经证明,只有当人的自主性、自觉性充分释放出来时,人的发展才是彻底的、全面的。辅导员从"自在式"专业发展走向"自为式"专业发展,体现辅导员作为"人"发展的自然过程,符合德育共同体对主体的规范要求,是辅导员职业发展的理想归宿和理性选择。

(一)从"自在式"专业发展走向"自为式"专业发展的必要性

长期以来,辅导员被视为实现高校德育目标的手段和工具,被动地实现外

界所订立的标准，执行外界所规定的要求。辅导员的主体性缺失导致辅导员专业发展意愿不强、专业知识不足、专业水平不高，严重阻碍了队伍质量的提高，也使德育共同体的完善和发展遇到障碍。"我们对高等教育的需要比以往任何时候都更加迫切，对科学知识和卓越人才的渴求比以往任何时候都更加强烈"，辅导员从"自在式"专业发展走向"自为式"专业发展，是适应这种外在刚性变革要求的体现，也是辅导员内在自主发展需要的体现。因为人从不满足于"自在"的状态，从没有停下前进的脚步，人凭借永不停歇的自为性活动，满足生存和发展需要，同时也在时刻谋求进步和发展空间的过程中，"在外在事物上刻下自己内心生活的烙印"①。这种内在的超越是基于自我的"无限可能"，不是靠外部推动就能实现的。辅导员如果一直停留在被动的、适应性的"自在"状态，势必会被日复一日、年复一年的事务性工作消磨了职业理想，产生职业倦怠、削减职业认同也就成了理所当然的事情。辅导员的发展不能通过机械地复制工作经验来实现，而要通过创造性的生成与发展过程来实现。从"自在"向"自为"的超越，是衡量辅导员专业发展成熟度和觉悟程度的重要指标，也是辅导员队伍逐渐走向成熟的重要标志。

(二)实现从"自在式"专业发展向"自为式"专业发展的升华

辅导员要在深入思考"培养什么样的人、如何培养人以及为谁培养人"这些根本问题的过程中，逐渐明晰如何进一步提升专业知识和专业水平，履行好德育共同体关键主体的职能。首先是要激发专业自觉意识，转变发展的自我认识。人的主体性突出地表现为对自我的认识，是自我需要、自我改造、自我发展的自觉意识。辅导员在工作中能够经常性地审视自己的行为，在习以为常的工作中打破思维定式，结合自身发展的需求主动地改善自我认知。也就是要学会深层次地思考"我是谁""我为什么属于这个群体""我将成为什么样的人"等问题，从"自在"走向"自为"。这种专业自觉意识一方面来自不断变化

---

① 黑格尔.美学(第一卷)[M].北京:商务印书馆,1979:38.

的外部工作环境带来的工作危机感和紧迫感,辅导员要不断提高专业能力和水平去化解这些危机和困难;另一方面来自辅导员内在的主动愿望,也就是辅导员本身对职业的热爱和认同。激发辅导员自主专业发展的强烈自觉意识,是辅导员专业发展的原动力。第二,要激励辅导员形成发展的自我规划。《高等学校辅导员职业能力标准(暂行)》将辅导员职业能力分为初级、中级和高级三个等级,并对每个等级的工作年限、工作要求、工作标准、工作评价等做了具体规定,体现了辅导员职业发展的渐进性和阶段性。辅导员可以据此清晰地对照自己当前所处的职业发展阶段和所应具备的职业能力,形成自身职业发展努力方向和目标,按照人才发展规律循序渐进地进步提升。第三,要帮助辅导员实现发展的自我塑造。辅导员的自我塑造是指辅导员不满足于现有的发展境遇,而去不断创造新的职业价值的过程,实际上就是辅导员不断自我践行职业目标的过程。在实践中思考、在思考中成长,是辅导员自我塑造的有效路径。辅导员要坚持学习、善于学习,不断总结提炼实践中的经验,并将其上升为辅导员工作的理论,形成自己对德育工作的思考和研究,将自己塑造成"反思型实践者"。这种反思型实践可以帮助辅导员在成为培养学生成才的"高级专业劳动力"的过程中,实现与学生的共同成长,实现职业的自我价值。

第三节 辅导员专业发展的基本内涵

辅导员专业发展蕴含了高校建构德育共同体的外部规定和辅导员实现自身发展的内在诉求两方面的价值,预示着辅导员从"自在式"专业发展到"自为式"专业发展的内在超越。因此,界定辅导员专业发展的基本内涵既要关照外部对辅导员这一中国特色高校政治制度的规定性要求,又要关照辅导员作为"人"的自我发展需求。前面我们从价值论的角度,阐述了辅导员专业发展缘何是辅导员职业发展的理性选择,又从辅导员专业发展的基本定位阐明了辅导员专业发展需由外部推动走向自我发展的主动要求。在明确了辅导员专业发展的价值与意义之后,我们需要进一步讨论"发展什么"和"怎么发展"的内涵问题。从认识论层面考察辅导员专业发展的内涵,即解决"发展什么"的问题;从方法论层面考察辅导员专业发展的内涵,即解决"怎么发展"的问题。

一、认识论层面:发展什么

辅导员专业发展是教师专业发展的题中应有之义。当前学界对教师专业发展的内涵界定呈现多元化趋向[①]:在横向上,教师专业发展被认为是动态的、复杂的正式学习和非正式学习相结合的过程;在纵向上,教师专业发展被认为是连续的、包含职业生涯的终身过程;在发展内容上,包含了专业知识、专业能力、专业精神等方面构成的结构体系,强调传统意义上的专业知识的发展,更重要的是专业能力特别是创新能力的发展以及以职业价值观为核心的专业精神的发展。参考学界对教师专业发展的内容界定,结合辅导员在德育共同体中的角色规范要求,我们将辅导员专业发展结构即"发展什么"的内容规定,归纳为专业精神、专业知识、专业能力和专业自我四个方面。见图 6.1。

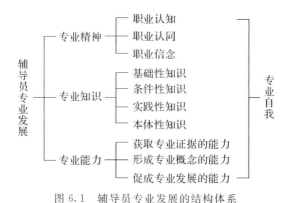

图 6.1 辅导员专业发展的结构体系

① 参见:教育部师范教育司.教师专业化的理论与实践[M].北京:人民教育出版社,2002:54.

（一）专业精神是辅导员专业发展的首要基础

社会多元的价值规范和个人存在的意义之间始终保持着一种永恒的张力性矛盾，当人们试图确立自我的身份感或意义感时，这种矛盾会迫使人们根据自己的价值信念、利益需求、情感态度做出认同性选择，人们习惯于认同那些和自己的需求、情感、信仰相一致或相接近的东西。情感和信仰是可以培养的，利益需求是可以在日常的利益冲突中进行调整的，虽然这需要人们体现奉献精神。这也是很多老辅导员工作几年后不愿意离开自己的工作岗位的原因所在，他们认为从事辅导员职业是情感所系，将工作上升到了情感和信仰的高度，这就是我们所说的辅导员专业精神。

专业精神是辅导员对职业发展坚信无疑的态度，它影响着辅导员专业发展的取向，决定辅导员对专业发展活动的投入程度。辅导员的工作对象是人，是做人的思想工作，这决定了辅导员的专业性和其他职业的专业性有实质性的不同。辅导员的专业性不能仅通过外在专业知识和专业技能的提升来实现，而要基于辅导员对思想政治工作本身的理解。辅导员对思想政治工作本身的理解贯穿在他们对"我是谁""我为什么属于这群体""我将要成为谁"等一系列问题的追问和反思中，他们需要意识到、思考并澄清自我存在的价值和意义，并由此形成对辅导员工作的正确认识和判断，形成对辅导员职业价值的看法和评价。这种看法和评价反映在对"辅导员何为"（认知）、"专业基础何在"（认同）、"职业生涯何求"（信念）等问题的进一步回答中。首先是对职业有清晰的认知，明晰工作目标、工作对象、工作内容、工作方式，进而形成高度的职业认同感。这种认同既包括对职业的自我认同，也包括组织认同即认同自我和组织之间的职业关系。在此基础上进一步表现为在工作实践中越来越坚定职业理想，形成专业发展的规划和目标，最终确立符合辅导员职业规律和学生现实需要的专业理想和专业精神。专业精神是从辅导员对职业的认知、认同和信念中概括出来的德性与品质，是辅导员从事思想政治教育活动的精神寄托和心理慰藉，也是对学生的职责承诺。

（二）专业知识是辅导员专业发展的必备基础

教育学界认为①，教师专业知识主要包含"教什么"的知识和"如何教"的知识两方面。我们也可以将辅导员专业知识分为学科取向的"内容知识"和实践取向的"默会知识"两类，其中"内容知识"包括基础性知识和条件性知识，"默会知识"主要指实践性知识。前者是针对辅导员职业作为教师职业和特定的思想政治教育职业所提出的内在要求，后者是辅导员职责本身固有的职业特性决定的核心要求。

第一，基础性知识是与教师职业相关的教育学等基础文化知识。中华人民共和国《教师资格条例》（国务院令188号）对教师基础性知识的要求同样适用辅导员，包括基础的教育学、心理学等知识以及教育政策法规、教师职业伦理等知识。第二，条件性知识是辅导员从事思想政治工作必须掌握的思想政治教育专业的相关理论知识，包括马克思主义中国化相关理论，思想政治教育专业基本理论、基本知识、基本方法，大学生思想政治教育工作实务相关知识等。第三，实践性知识是辅导员在工作中积累的经验性知识。辅导员与专业教师相比，拥有的最大优势就是天然地与学生生活在一起，在朝夕相处中了解学生需求，在与一届又一届学生的相处中掌握学生成长的规律，他们的工作有明显的情景性。给学生"教什么"往往会受到所掌握的基础性知识或理论性知识丰富程度的影响，但"如何教""教得如何"又不可避免地受到他们所积累的实践性知识的影响。

除此之外，我们认为辅导员的本体性知识也很重要。它是辅导员原有的学科专业知识，如哲学、管理学、心理学、社会学、数学、农学、医学等。研究表明，辅导员的本体性知识与思想政治教育工作之间几乎不存在统计上的关系。问卷调查显示，55.64%的人毕业于理、工、农、医、文各科，27.49%是社科专业毕业，但思想政治教育专业科班出身的不到5%。非科班出身并非一定是辅导

---

① 参见：邹斌，陈向明.教师知识概念的溯源[J].课程·教材·教法，2005(6)：85-90.

员的弱势,因为从学科交叉、学科多元融合的角度来讲,这反而利于辅导员运用特定学科的知识更好地开展德育实践。这一点从很多优秀辅导员的成长经历上可以得到证明,大多数高校辅导员年度人物获得者并非科班出身。

(三)专业能力是辅导员专业发展的必要基础

第一,获取专业证据的能力。专业证据是指辅导员为实现思想政治教育工作目标,主动收集的与学生培养相关的资料,主要通过阅读的方式获得,包括与德育工作密切相关的材料如德育原理、心理学、教育学等,与学生发展相关的动态资料如德育理论和实践的最新研究成果。第二,形成专业概念的能力。专业概念是指辅导员对该职业作为一项专业工作的理解,从而实现专业行为的有意图的外显。专业概念的形成可以通过学习的路径实现,也可以通过"分析—判断—推理—固化"的过程路径加以建构,通过自我判断形成对辅导员专业的深刻理解。这是辅导员对专业知识自我建构的过程,辅导员结合自身工作经验,逐步建构形成专业发展的基本概念。第三,促成专业发展的能力。辅导员通过不断学习、实践、总结,形成对专业发展的自我认知和概念,并不断把工作的零散经验上升为系统经验、个体经验上升为群体经验。这个过程对辅导员语言表达、思维等基础能力、教学能力、管理能力、应急能力的要求较高,通过这些能力的培养,促成专业发展能力的提升。

(四)专业自我是辅导员专业发展的目标基础

专业发展带有明显的个人特征,是辅导员个体不断提高职业认同感,坚定职业理想,并在实践中不断总结经验,上升为理论,再以理论指导实践的过程。换言之,辅导员专业发展并不是把某种既定的专业知识或理论学会以后应用于工作实践的简单过程,它要求辅导员积极参与富有共性的"理论知识"的学习,更尊重辅导员个体已有的工作实践经验,并将理论知识和辅导员个体的实践性知识进行整合,完善个人的工作理念的过程。而能够做到这一点的,只有辅导员自己。辅导员专业发展的空间是无限的,要经历从不成熟的工作人员到相对成熟的专业人员的发展历程。在辅导员工作岗位上并不意味着他就是成熟的专业人员,还需要个人不断完善职业知识和职业能力,不断坚定职业自我。这种追求自我专业发展的过程实际上是"知、行、思"交融的动态发展过程。辅导员自我专业发展是以辅导员已经掌握的专业知识、经验等为基础,规划和设计自己的专业发展向更高阶段迈进的过程。这个过程我们可以简单地以图6.2来表示:

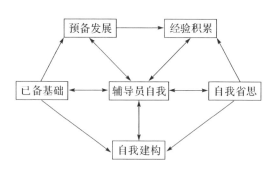

图 6.2　辅导员自我专业发展

综上,辅导员专业发展是持续的、不断丰富的过程,是辅导员专业精神、专业知识和专业能力素质内化的过程,是辅导员专业自我形成的过程。我们认为,它和当前研究中所述的辅导员专业化发展是两个不同概念。辅导员专业化是指整个辅导员群体实现专业化的过程;而辅导员专业发展是基于辅导员自我的考量,是辅导员通过不断学习新知识,提高专业能力和各方面的素质,逐渐从初级辅导员成长为专家型辅导员的过程,它是辅导员队伍实现专业化的重要途径和手段。

二、方法论层面:怎么发展

解决了认识论层面"发展什么"的问题,就要进一步讨论具体"怎么发展"的问题,为辅导员专业发展提供方法论指导。德育共同体中的多元主体彼此间紧密联系、交往互动,因此考察辅导员专业发展"怎么发展"的问题,不能孤立地就辅导员自身发展而谈,而要把它放在德育共同体的主体结构关系中,分析与它相关的各种关系网络,在关系共同体中来讨论辅导员的专业发展问题。

为此，我们期望通过建构专业发展模型的方法，为辅导员专业发展提供方法论上的指导。

（一）辅导员专业发展生态模型

我们在前面介绍了德育共同体理念下的中国大学系统，辅导员的专业发展可以理解成是这个系统内的子系统。该系统以辅导员为主体，以辅导员专业知识和专业技能为物质基础，与其相关的组织环境构成辅导员专业发展生态系统。建立这个生态系统的目的是为满足提高高校思想政治工作质量对辅导员发展的突出要求，解决辅导员职业发展的盲目性、盲从性和导向的偏离性等问题，提供新的辅导员专业发展的研究视角。

我们可以进一步从生态系统的组成结构即物种、种群、群落三个层次，对辅导员专业发展系统进行具体分析。在"物种"层次，辅导员与德育共同体其他主体有着密切的联系，包括领导层、部门管理人员、专业教师、学生，辅导员是自身发展系统中的主体；在"种群"层次，辅导员和其他主体间以某种固定的形式组成学校的组织机构单位，如学校的机关部门、不同院系的辅导员群体、与专业教师共同参与的课程教研室、不同年级的学生等，它们各自存在于固定的空间范围内，由性质相似的人组成并承担相应的责任和任务；在"群落"层次，各个机关部门构成了学校管理机构，每个专业院系都有自己所辖的辅导员群体，辅导员还自由组合组成各个工作室，学生则构成了更为庞大的学生体系，他们之间各有分工，按照具体的规范章程和运行流程，对外呈现各自的德育功能。辅导员专业发展系统中所有的"人"依附于学生培养的过程，传递信息、物质、资源、制度等。我们对该系统的关注重点是对辅导员发展起作用的内部联系，因而上述传递过程的物质基础就是辅导员的专业知识和综合素质能力。高校德育共同体则构成了这个生态系统的环境因子，我们在整个德育共同体中讨论辅导员专业发展，是以辅导员的发展为主线，学校办学定位、政策导向、组织结构、学校文化、实际支持、人际关系等各方面构成了辅导员专业发展的内部环境，国家政策、社会认同氛围等则构成了辅导员专业发展的外部环境。上述这些生态系统要素相互联系,共同构成了辅导员专业发展生态系统,如图 6.3 所示。

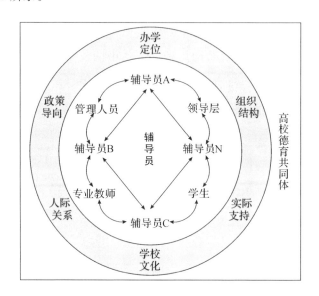

图 6.3　辅导员专业发展生态系统结构

　　辅导员专业发展系统和自然生态系统相类似,不同因子间的信息、物质、资源交换构成了生态系统的主体部分。而存在于系统中的每个因素都对辅导员的发展过程起着不可忽视的作用,对辅导员的发展形成作用力不等的影响。相较于其他外部环境如社会认同氛围、国家政策等而言,高校内部的环境即办学定位、学校文化、政策导向、组织结构、实际支持、人际关系等,是影响辅导员专业发展的关键因素。而且内部环境对辅导员与德育共同体其他主体间的关系也会形成较大的影响。整个系统表现为对德育环境和德育要求的不断适应,更重要的是要采取适当的措施,主动改变并创造更适合辅导员专业发展的生态环境,让辅导员的职业发展朝着适应建构德育共同体的方向发展。

　　这里需要特别指出的是,德育共同体蕴含着多个子系统,不仅有辅导员专业发展生态系统(教师专业发展生态系统),更有学生学习生态系统,还有管理生态系统,多个子系统间彼此依存。正如我们前面的分析所述,对德育共同体的各个主体而言,相互间必是彼此联系、彼此影响、彼此促进的关系。居于德育共同体中的各子系统,其中学生学习生态系统是最中心的内核,也充分说明了高校德育以学生培养为目标、以学生培养为中心;辅导员专业发展生态系统和教师专业发展生态系统共同居于中间,管理生态系统居于最外层。三个层次的子系统,彼此间形成了层层递进的关系,辅导员专业发展生态系统(教师专业发展生态系统)联结着学生学习生态系统和管理系统,如图 6.4 所示。德育共同体中的辅导员个体通过获取知识和自身努力,并不能完全承载发展的要求,辅导员的发展受到越来越多的外部因素的影响,他们和德育共同体中其他主体彼此间的依赖性也越来越强。所以,我们解决辅导员专业发展"怎么发展"的问题,必须将辅导员专业发展系统放到与其他子系统的相互联系中来进一步思考。

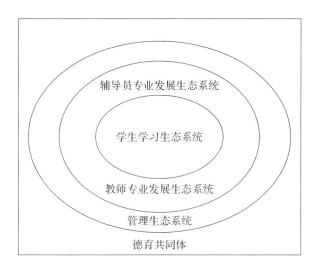

图 6.4　德育共同体中的各子系统

(二)辅导员专业发展生态系统的运行

第一,建立良好的竞争和合作机制。良性的竞争环境有利于推动高校内部有限资源的合理流动,因为毕竟高校内部可以提供的资源如培训机会、发展途径等是有限的,通过良好的竞争机制可以使有限的资源不断满足辅导员发展的需求。例如许多高校组织辅导员素质能力大赛、案例大赛、论文评选等，通过"竞赛性竞争"促进辅导员职业能力的提升。同时良好的合作机制也十分重要，因为生态系统内部各要素间是相互依存、彼此有利的。例如，辅导员与管理人员的合作有利于管理层将学校的发展定位、政策导向、实际支持等内容很好地导向辅导员专业发展过程，从而避免出现上下脱节等现象；辅导员也在与管理人员的沟通中参与队伍管理，更好地反馈自身发展的愿望和需求以获得更多的关注与支持；辅导员是学生成长成才的"引导者""支持者""成长合伙人"，他们之间的协同合作是密不可分的，辅导员在培养学生过程中不断加强自我教育，促进自身专业发展，对辅导员和学生而言是互利共赢的。

第二，建立良好的沟通与交流机制。沟通与交流是辅导员个体与辅导员专业发展生态系统内外部要素之间不断进行信息、物质、资源交换的重要途径，也是保证德育共同体各子系统有效协同的重要方式。辅导员与其他主体围绕立德树人的共同目标，建立彼此沟通联系的机制，包括针对某一特定问题的实时沟通，如针对学生学业指导问题与教务部门、专业教师的实时沟通；建立资源信息共享的平台和机制，如辅导员将优秀学长的资源引入"思想道德修养和法律基础"课程教学，与思政理论课教师共享教学资源；依据职能模块与管理队伍建立分工不同的办公协同体系，如针对学生就业问题，和学校就业指导与服务中心工作人员协同育人；构建一些联结彼此的组织结构，如将辅导员个体与群体联结起来的辅导员工作室等。见图6.5。

第三，建立良好的实践与创新机制。美国教育心理学家萨奇曼曾做过这样的描述，"学校构造了一些脱离真实世界的中性场合，在其中是先学会一些东西然后再将它们应用于真实世界，这个前提本质上是误导性的……所有的学习都是情境中的学习……学校构成了特定的学习情境，它有自己的文化、历史、政治和经济方面的影响，学校是非情境性的这一前提则掩盖了对这些方面的关注。学校不是培养学生以使其能够获得某种一般形式的迁移能力，将校内所学迁移到其他场合，而只是为了将其培养成为学生、为了成功、为了有

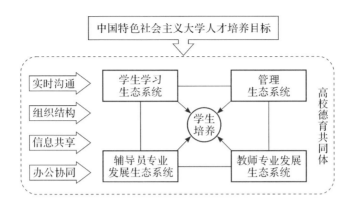

图 6.5　辅导员专业发展生态系统沟通与交流机制

更多的人进入就业市场,等等"①。因而从根本上来讲,高校人才培养工作的核心是让学生适应社会未来发展需求。德育共同体中所有子系统的工作都应该是基于高校的人才培养目标,从学生培养需求这个前提来推进运行的。高校围绕人才培养目标,搭建德育实践创新平台,辅导员建立与实践创新平台功能相对应的专业发展平台,同时回应学生面向未来发展的需求,指导建立学生自主成长平台,在这种良性循环中不断调整并适应高校人才培养的需求。辅导员与学生之间围绕学生成长需求和辅导员自身发展需求,形成双向互利共赢的实践互动,并不断适应外部环境对高等教育及人才培养提出的要求,不断适应社会对辅导员赋予的期望而形成适应环境需求的创新机制。通过这种实践与创新使辅导员以更加开放的育人视野和更加有效的育人创新手段,在帮助学生不断适应社会发展对其能力素质要求的同时,回应辅导员自身专业发展的命题。见图 6.6。

当前,很多高校在具体实践中似乎存在认知上的偏差,即一味地追求思想

---

①　Whlson,B. G. , Myers, K. M. (1999). Situated Cognition in Theoretical and Practical Context. In D. Jonassen & S. Land(Eds.), Theoretical Foundations of Learning Environment. Mahwah NJ: Erlbaum. Available at http://ceo. cudenver. edu/~ brent _ wilson/SitCog. html.

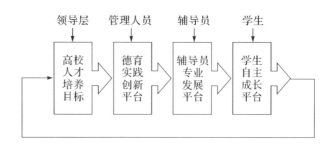

图 6.6　辅导员专业发展生态系统实践与创新机制

政治教育中辅导员地位的专业化,而忽视了培养辅导员工作实践的专业化。我们要达到的是辅导员在具体德育工作实践中的专业化,并非其地位的专业化。而且只有当辅导员达到了专业化的能力和水平,其地位的专业化才能得以实现。所以回应辅导员专业发展"怎么发展"的命题,要重视辅导员在具体德育实践中的专业精神、专业知识、专业能力和专业自我的提升,并以实践来推动整个高校德育工作的不断创新发展。

第四节　辅导员专业发展的实践取向
——以浙江大学的探索为例

前面我们从价值论、认识论、方法论的不同层面,论述了辅导员专业发展"为什么""是什么"以及"怎么发展"的问题。有了认识论基础和方法论指导,最终还要落实到实践论上,本节就以浙江大学的探索为例,进一步探讨辅导员专业发展的实践取向。浙江大学从供给侧角度出发,提出了"基于学生成长需求的辅导员专业发展"新思路。从解读"学校人才培养目标"出发,将培养目标具象化为学生面向未来发展所需的核心素养,通过学生工作部门搭建一系列旨在帮助学生提升核心素养的"德育实践创新平台",在各平台基础上又组建相对应的"辅导员专业发展平台"和"学生自主成长平台"。以辅导员为主要师资,联合管理队伍、专业教师队伍和外部师资队伍的力量,构建"系统化设计、规范化实施、专业化教育"的学生素质教育体系。由此形成了"人才培养目标具象化—搭建德育实践创新平台—组建辅导员专业发展平台—支持学生自主成长平台—学生面向未来成长所需的各项素质能力提升—实现学校人才培养目标"的学生培养逻辑体系,通过体系运行达成实现人才培养目标和辅导员专业发展目标的双重目的。该模式的整体设计框架如图 6.7 所示:

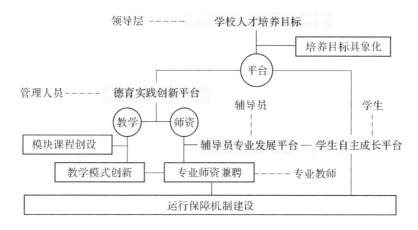

图 6.7 浙江大学"基于学生成长需求的辅导员专业发展"模式

一、基本思路:回归人才培养的逻辑起点

人才培养是高校的第一要义和根本使命,而人才培养目标是高校对"培养什么样的人"的理性思考与周密设计,具有导向价值、标识价值和激励价值。当前,随着高等教育规模和结构等格局改变以及技术革命带来的工作组织形态和技能要求的变化,高校的人才培养需要和社会有更多的融合与协同,更加注重根据社会需求来培养学生。既要符合时代发展对人才需求的共同趋势,也要强调突出学校自身特色,将人才培养根植于学校特色育人土壤之中。基于此,浙江大学围绕"培养具有国际视野的高素质创新人才和领导者"的目标,将其具象化为"知识、能力、素质、人格"等核心素养的培养。在具体实践中,由

学生工作部门牵头,组织人员专门开展研究工作。在参考理论界对学生未来发展所需核心素养的研究成果基础上①,结合在校内面向学生所做调研结果,梳理学生未来成长所需的核心素养,确立了文化基础、社会参与、自主发展等三方面的基本内容。文化基础重在培养学生政治素养与家国情怀、文化素质与国际视野、优秀习惯与卓越意识等;社会参与重在培养学生领导决策与协作精神、规则意识与执行能力、人际交往与表达能力等;自主发展重在培养学生创新意识与研究能力、人生规划与职业素养、身心素质与抗挫能力等。见图 6.8。

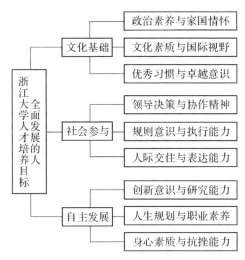

图 6.8 浙江大学学生发展核心素养指标体系

二、协同依托:德育实践创新平台

针对上述学生发展核心素养体系,坚持系统性、体系化的原则,建立了一批"德育实践创新平台"即"大学生综合素质训练中心",如图 6.9 所示。这些

① 教育部委托北京师范大学,联合国内高校近百位专家成立课题组,开展"中国学生发展核心素养"的研究。该研究认为,核心素养以培养"全面发展的人"为核心,由文化基础、自主发展和社会参与三方面组成,综合表现为人文底蕴、科学精神、学会学习、健康生活、责任担当、实践创新六大素养,具体细化为国家认同等 18 个基本要点。

平台由学生工作部门统筹,由部门管理人员具体负责协调,依托相关专业院系(或单位)组建而成。平台的运作坚持学生核心素养培养在课堂的原则,把掌握知识与提高能力、培养优秀品质、塑造健全人格相整合,帮助学生养成面向未来发展的必备品格和关键能力。

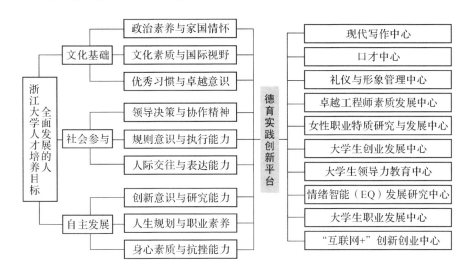

图 6.9 浙江大学"德育实践创新平台"组群

(一)德育实践创新平台介绍

浙江大学已建成 10 个德育实践创新平台(大学生综合素质训练中心),分别是:现代写作中心,挂靠传媒与国际文化学院,提升学生写作能力和水平;口才中心,挂靠人文学院,提升学生演讲与口才能力和水平;礼仪与形象管理中心,挂靠教育学院,引导学生自我形象的塑造、培养基本社交礼仪与人际沟通技能;卓越工程师素质发展中心,挂靠化学工程与生物工程学院,提升工程专业学生领导力;女性职业特质研究与发展中心,挂靠经济学院,是专门为女大学生领导力提升搭建的平台;大学生创业发展中心,挂靠管理学院,为学生创新创业教育提供支持;大学生领导力教育中心,挂靠学工部思想教育办公室,提升学生领导力;情绪智能(EQ)发展研究中心,挂靠外国语言文化与国际交流学院,提升学生情商;大学生职业发展中心,挂靠管理学院和求是学院蓝田学园,提升学生职业生涯规划意识和能力;"互联网＋"创新创业中心,挂靠计算机科学与技术学院,为学生互联网创新创业提供服务。

(二)平台运行机制

第一,以全面为导向的顶层设计。当前全人教育特点日趋明显,对高校人才培养的评价也日趋多维,既要求高校关注学生专业技能的培养,也要关注学生非专业技能的提升。基于此,浙江大学以德育和智育的协同以及思政教育和通识教育、专业教育的融合为前提,构建系统化、整体化的学生核心素养培养体系。既关注学生"知识"的传授,又聚焦学生"能力、素质、人格"的培养,搭建系列平台为学生的全面发展提供支撑。

第二,以协同为导向的运行架构。见图 6.10。平台在组织架构上实行校院两级管理模式:一级是校级层面的管理机构,由学工部的相关科室负责统筹。主要职责是研究解读学校人才培养目标的细化指标体系,整合力量、共享资源组建平台,制定平台中长期发展规划,制定平台管理办法,建立平台组群议事制度,统筹监督各个平台的具体运行,为平台运行提供各类保障等。另一级是院系层面的执行机构,由平台所依托的相关院系或单位负责具体执行,是平台日常工作开展的主要承担者。主要职责是围绕中心建设的目标任务,面向全校学生开展综合素质能力提升培训;组建"辅导员专业发展平台"(辅导员工作室)和"学生自主成长服务平台"(学生社团),并指导运行;对接校内外资源,组建校内外拓展实践平台,促进学生的学以致用;组织开展相关课题研究等。校院两级管理模式将学校领导层、学生工作部门管理人员、院系辅导员、专业教师和学生联结起来,围绕学生培养构建整体性的框架,有利于系统推进学生培养工作,有利于整合校内外资源形成育人合力,也为辅导员专业发展提供了支撑平台。

第三,以整合为导向的共享机制。由学校统筹并依托院系建立的面向全校学生核心素养培养的德育实践创新平台,是将全校的资源有效整合,避免了

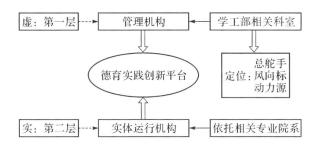

图 6.10 浙江大学"德育实践创新平台"运行架构图

多头重复建设,节省了人力物力,提高了资源的有效利用率。如依托人文学院运行的口才中心面向全校学生开放,通过训练营等多种形式为学生演讲与口才能力的提升提供服务。当口才中心的课程中需要融入"演讲礼仪"内容时,可以借助依托教育学院运行的礼仪与形象管理中心的力量;当需要融入"即兴演讲情感控制"内容时,又可以借助依托外国语言文化与国际交流学院运行的情绪智能(EQ)发展研究中心的力量。十个中心虽然功能不同、侧重不同,但彼此间形成了开放、协调的共享机制,是个相辅相成的有机整体,在横向上强调平台之间的交叉性、互补性,在纵向上强调充分发挥院系资源和优势,体现校院两级共建模式。这种共享机制也形成了群体激励的氛围,激励的结果是导向德育工作绩效的提高和德育队伍满意度的提升。

第四,以共促为导向的运行模式。平台的运行体现了德育共同体多元主体的协同育人效应。平台由党委学工部负责统筹,由院系或单位负责运作。以平台为协同依托,领导层、管理人员主要负责第一层级的顶层设计和统筹协调,辅导员主要负责第二层级的平台实体运行。辅导员一方面联合专业教师资源和校外师资资源,成为平台开展培训等任务的主要师资;另一方面,辅导员是"学生自主发展服务平台"即学生社团的指导教师,为学生自我服务提供支持。这种自上而下设计、校院两级共建的模式,将学校领导层、管理人员、辅导员、专业教师、学生等不同的主体都联系起来,形成以共促为导向的师生"共成长"的运行模式。见图 6.11。

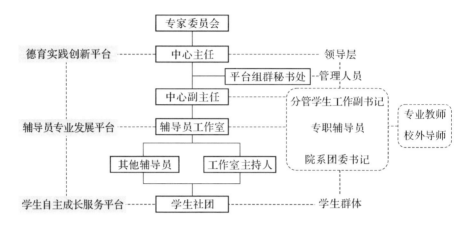

图 6.11　浙江大学"德育实践创新平台"运行模式

三、发展共同体:辅导员专业发展平台

学生在大学期间能力的提升只有 60% 来自高校的贡献,高校给予学生的还是传统意义上对专业学科领域的基本知识、发展前沿的理解以及对专业操作能力的培养。[①] 而对那些具有可迁移性的发现问题、分析问题和解决问题的能力,也就是前面所说的"非专业技能"的培养,高校还可以做出更多的贡献,其中很重要的就是发挥辅导员的作用。浙江大学将学生培养和辅导员专业发展联系起来,建立了以共促为导向的师生"共成长"发展模式。在"德育实践创新平台"的基础上又相应地建立多个"辅导员专业发展平台"(辅导员工作室),既回应学生培养的现实需要,又回应辅导员专业发展的现实需求。通过这种联动机制使辅导员充分认识到自身的专业发展和职业发展是立足于学生培养基础上的,不能脱离学生的需求来谈辅导员的专业发展。辅导员通过参与不同的专业发展平台,推进德育实践创新平台的运行,同时指导学生自主成长服务平台的建设。在此过程中不断明晰自己的专业发展方向,提升专业能力和

---

① 范皑皑.面向未来的大学生能力发展[N].光明日报,2016-02-25(15).

水平,并依靠本身专长优势分层分类地关照每个学生,多维推进"精准育人",为促进学生全面发展提供智力支持和教育保障。德育实践创新平台、辅导员专业发展平台和学生自主成长服务平台之间的关系如图 6.12 所示。

图 6.12　浙江大学"辅导员专业发展平台"组群

(一)辅导员专业发展平台介绍

目前已经建成 8 个辅导员专业发展平台(辅导员工作室),分别是:辅导员口才工作室、辅导员礼仪与形象管理工作室、辅导员卓越工程师教育工作室、辅导员女性职业特质工作室、辅导员创业教育工作室、辅导员领导力教育工作室、辅导员情绪智能发展教育工作室、辅导员职业发展工作室。工作室依托"德育实践创新平台"而建,实行主持人负责制,每个工作室由 10 名左右辅导员组成,全校有近 70%的辅导员参与其中。

(二)工作室运行机制

第一,基本定位。工作室是以辅导员专业发展为目标的非行政组织,依托

"德育实践创新平台"而建,为学生发展核心素养的提升提供师资保障;是以共同发展为愿景联结的学习共同体,辅导员们因为共同的专业发展兴趣和要求汇聚在一起,围绕平台的运行相互学习交流,进一步明确自己的专业发展方向,形成发展目标和动力,推动自身专业发展;是以学生的发展和辅导员的自我发展为特征的自发性组织。

第二,人员构成。工作室依托平台而建,平台的执行主任即所在院系分管学生工作的副书记;实行主持人负责制,主持人一般由该院系团委书记担任。每个工作室由不同院系的 10 名左右辅导员组成,人员构成主要考虑:专业发展方向相同,如在口才工作室的辅导员都对学生演讲与口才能力的培养有兴趣,愿意在这方面作出努力;辅导员"变量"群的特性,如时间变量特征(既有高级辅导员也有中级和初级辅导员)、空间变量特征(成员来自学校的不同校区)、发展变量特征(既有高级职称也有中级和初级职称),由此形成的团队是多元互补结构的。

第三,运行模式。工作室由中心主任担任顾问,由主持人牵头具体统筹中心和工作室的日常运行。以辅导员礼仪与形象管理工作室为例,其基本架构如图 6.13 所示。

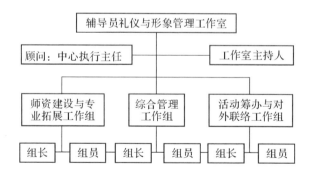

图 6.13　浙江大学辅导员礼仪与形象管理工作室组织架构

工作室主要围绕中心承担的提升学生发展核心素养的目标任务运行,运行模式如下:

一是组成专业教学团队,为平台运行提供师资保障。一方面支持辅导员参加专业的资质培训,如考取国家二级心理咨询师、全球职业规划师、中国形象设计协会注册礼仪培训师资格证书等,强化辅导员在某一方面的教学能力和水平;另一方面借助专业教师的力量,邀请校内外专业导师来校为辅导员授课,通过"教师培训"的方式帮助辅导员积累专业知识。由此形成的教学团队是合作学习的发展共同体,不同知识结构、思维方式、认知风格、专业特长的辅导员为合作学习提供了丰富的资源,通过合作互动实现知识与经验的互补、思维与智慧的碰撞,形成个体难以独立形成的创新观点、思路和问题解决方案,不断完善自身知识结构,实现既发展自己又成就他人的共同发展目标。

二是创建模块课程体系。围绕特定的教学目标和教学任务,通过参与专业培训、阅读"专业证据"、团队内部研讨深化等方式,开发形成由工作室辅导员主讲的"理论—能力—实践"模块化课程体系。每个模块内设的课程又针对学生需求进行分层次、分类别的教学,由不同的成员承担授课任务。目前已形成 10 个模块 100 余门课程,成为学生发展核心素养教育体系的重要内容,使学生在"宽思路、厚基础、重内涵、重实践"的前提下,进一步形成契合人才培养目标的知识体系。例如辅导员卓越工程师教育工作室开发的卓越工程师教育课程,见表 6.1。

表 6.1 辅导员卓越工程师教育工作室开发的卓越工程师教育课程

模块	主题	具体内容
一	认识领导力	领导力的内涵概述、领导的类型、模型和风格、领导者的价值体系
二	认识自我	认识自我、理解他人、自我管理训练(时间和压力管理)
三	凝聚团队	团队理论、团队建立、团队冲突管理
四	人际沟通	人际沟通、团队沟通、组织沟通、谈判管理、授权与控制等
五	创新思维	创新思维、头脑风暴、创新创业等
六	决策与执行	信息收集、科学决策、结果导向、执行法则等

续表

模块	主题	具体内容
七	项目管理	现代工程的特征、工程管理的内容、精细化的项目管理
八	跨文化管理	多元文化的意识、跨文化的交流、国际领导力的培养
九	工程伦理	职业道德、社会责任感

三是探索"师徒式"教学实践模式。作为课程教师的辅导员在教学实践中主动改进教学方式,设置互动性强、参与度高、延展性大的课堂教学和实践环节。强调体验式,让学生动起来、说起来、走出去;强调先进性,通过高科技教学手段的应用,盘活课堂气氛,提高学生参与的积极性;强调自主性,形成"自我需求—自主参与—主动提升—反哺教学"的内生动力机制。一般由学生社团的骨干担任辅导员助教,他们基本上都是曾经参加过培训的学员,因为有获得感又自愿参与到中心的工作中来,组建形成了许多学生自主发展服务平台。在跟随辅导员授课的过程中,形成了"师徒式"的教学参与,学生进一步将自己从辅导员那里学习来的知识应用于他们所在的其他学生组织的成员培训中。由此形成了"工作室—学生社团—全校学生"的逐级影响辐射体系,产生了以点带面、由面及群的辐射效应。

第四,作用发挥。工作室是学习社群,是辅导员交流的平台、学习的课堂、培训的基地,为辅导员业务水平的提高、理论素养的提升、学习能力的增强和团队凝聚力的培养提供支撑。作为集体组织,工作室在功能上追求的是对学生教育的最优化,关注利用辅导员的合理搭配形成目标明确、具有共同信念基础的、能够互帮互助的集体。这个集体强调的是辅导员群体之间的合作关系、和谐氛围、共促成长。浙江大学的辅导员通过参加工作室,形成了一个个精神共同体、学习共同体、实践共同体、发展共同体,在服务学生成长的同时,实现自己的专业发展目标。见图6.14。

经过六年多的探索,学校从系统设计的理念创新出发,建立校院两级共建、多部门协同分工、校内外资源整合、师生成长联动等机制;从教育实践的方

图 6.14　辅导员工作室作用发挥机制

式创新出发,开展小班化、体验式、实践性和"师傅带徒"的教学;从队伍建设的路径创新出发,将学生培养与辅导员发展联动设计,形成了促进学生成长与辅导员专业发展的"双成长"辅导员队伍建设模式,也为加快推进高校辅导员队伍专业化建设提供了案例。

四、职业愿景:在"教学相长"中实现职业价值

浙江大学的探索实践体现了我国古代"教学相长"的教育思想,蕴含着"乐学""善教""相长"的理论价值。"德育实践创新平台—辅导员专业发展平台—学生自主成长服务平台"的体系架构,将辅导员和学生置于素质教育的课堂上,师生间相互促进、共同提高。辅导员很好地践行了学生进行道德知识意义建构的"引导者"、学生自我管理服务的"支持者"和学生自我发展的"成长合伙人"的角色,促进学生发展核心素养的培养;同时,辅导员、管理队伍、专业教师、学生通过德育实践创新平台,全员育人、协同育人;在此过程中,随着学生的发展需求变化,对辅导员提出新的更高的学习要求,促进辅导员不断进德修业,并在与学生的相互学习中获得自身持续的专业发展。

(一)学生发展需求是辅导员职业发展的逻辑起点和动力源泉

人才培养是高校的第一要义,也是教师的首要职责。主动回应学生面向未来发展所需的核心素养,是推进辅导员专业发展的逻辑起点和现实归依,也是辅导员队伍专业化的价值所在。当前,核心素养为世界各国所普遍重视,以培养学生核心素养推进教育改革与发展,已经成为国际教育领域所关注的热

点。学生发展核心素养是一切教育活动使人成为"人"、成为"全面发展的人才"的关键。构建适应个人终身发展和社会发展需要、契合高校人才培养目标的学生核心素养框架,也是高校落实立德树人根本任务的着力点。通过核心素养这一桥梁,辅导员将党和国家的教育方针转化为精准育人实践中可用的、易于理解的具体要求,明确学生的必备品格和关键能力,从而回答"立什么德、树什么人"的根本问题。引导并激发学生对发展需求的主动认知,积极回应学生核心素养提升的要求,是辅导员专业发展的逻辑起点。

有调查显示,22%的学生认为自己很全面地了解"自我认知",42%的学生了解一些相关的内容,33%的学生知道但没有尝试全面了解。[①] 大学生的"自我认知"不仅包括大学生对主观的我及客观的我的认知和评价,还包括其作为主体对自己成长需求的认知和评价。在"95后"大学生中存在"橄榄球现象",少数学生对自己的成长目标和发展需求有很清晰的认知,知道"我是谁""我想要成为什么样的人""我应该培养什么能力""我需要发展什么资源";少数学生完全茫然;而大部分学生是按部就班地遵循"计划学习",缺乏主动的规划和设计。通过建立支撑学生认知的体系,有效引导并激发学生对自我发展需求的主动认知,并结合人才培养目标和社会对高校人才培养的要求,将学生的发展需求具体化为学生发展的核心素养,以实现社会需求和高校培养人才供应链之间的"无缝对接"。培养学生核心素养的关键在教师,关键靠教师的专业发展。辅导员工作的根本就是激发学生作为发展主体的自主性,引导学生主动寻求自我认知,为学生主动、自觉提升核心素养创造条件。同时,辅导员要有专业知识,更要有专业能力,依靠所掌握的专业化技能,为学生发展核心素养提供支持。

(二)基于"教学相长"的"双成长"模式对辅导员专业发展的价值

浙江大学的探索是从德育共同体建构的视角,来考察辅导员专业发展生

---

① 王晶,詹三瑞.大学生自我认知现状调查及教育引导对策分析[J].教育教学论坛,2016(15):41.

态系统,将高校人才培养的目标、高校德育工作的实践创新、辅导员专业发展和学生成长需求结合起来,回应当前和未来社会对高校人才培养的要求。这种探索将学生面向未来发展所需的核心素养的培养即学生面向未来的发展需求,作为辅导员谋求专业发展的逻辑起点和现实归依,形成了促进学生成长与辅导员发展的"双成长"模式。既回应了当前社会对高校人才培养提出的具体要求,也回应了国家对辅导员队伍专业发展提出的具体要求。

这种实践也很好地体现了我国传统的"教学相长"教育思想。"教学相长"思想在我国源远流长,它的本义是阐释了教师在"教人"过程中的"自学"。"教人"与"自学"两种行为相互作用,共同促进教师自身发展。"教学相长"在本质上反映了教师个体发展中"教"与"学"的密切联系,指向教师不仅要具备"教"的意识和能力,更要具备以"学"为动力的教育专业发展理念。教师只有将"教"与"学"统一起来,才能收到良好的发展效果,也才能更好地履行育人职责。浙江大学在实践中强调辅导员作为教师的身份,引导辅导员立足学生发展需求,通过课堂教学的方式开展德育实践。将辅导员自身的主体性发展与反思性学习相结合,反映了辅导员从学到教,由教返学,教学相辅,不断提高,实现专业发展的辩证过程。基于"教学相长"的"双成长"模式反映了辅导员专业发展的理想信念,建构了辅导员专业发展的基本原则,也表明了辅导员专业发展的关键路径。这种模式对辅导员积极实现由"要我发展"到"我要发展"的转变,把专业成长看作自身职业发展的内在诉求具有重要的意义和价值。

这种价值具体体现在引导辅导员"善教""乐学""相长"的参与过程中。第一,通过在课堂上"善教"的互动促进辅导员的自我提升,促使辅导员由"自在式"专业发展向"自为式"专业发展的超越。教师是最好的课程资源,而对教师而言,教学是极其重要的知识学习方式和教育实践途径。教师只有通过教学活动才能发现自己知识的不足之处或经验缺乏之处,进而不断自我反省、自我提升。让辅导员走进学生发展核心素养教育的课堂,在"教"学生的过程中不断深化对自身专业发展中"学什么,向谁学,怎么学"等问题的认识。学然后知不足,知不足然后能自省,自省以促自我完善。第二,在"乐学"的追求中不断坚定辅导员的职业信念,提升职业知识和技能。辅导员对自身职业的热爱和执着是辅导员专业发展的持续动力。我们能够明显地体会到辅导员参与其中的动力和乐趣,体会到辅导员在其中所获得的职业幸福感。他们执着于"教",并且在此过程中不断追求"善"于"教"的自我专业知识和能力提升。第三,在"相长"的生态中不断优化师生间的协同与发展,推动学生和辅导员的"共同成长"。工作室的辅导员表现出了"善教"和"乐学"的职业品质和职业水准,他们热情高涨,全身心地投入其中,还坚持研究性学习,将工作中的体会通过研究上升为理论。大家还通过研讨会、沙龙、督导等制度提升自己"善教"的技能,通过创造性的劳动不断完善职业行为。这实际上将辅导员的引导、学生个体的主动探寻、学生群体的整体提升、辅导员的专业发展体系构建联结起来,深化辅导员在擅长领域和专题内的探索,激发辅导员在某一领域的研究潜能,成为学生发展某一方面的专家,在教学相长的过程中,进一步提高精准育人的专业能力,实现与学生的"共同成长"。

第七章　协同育人：
突破辅导员在德育共同体中的生态困境

本章讨论的主要问题是：辅导员职业角色冲突的原因是什么？如何破解由此造成的生态困境？辅导员职业发展既要考虑自身选择等问题，也要考虑与德育共同体其他主体间的协同问题。围绕于此，本章的基本观点沿着以下逻辑展开。

1.德育共同体强调主体间的相互关系，在交互理性和交往行为中形成协同的整体效应，在多元主体的集体实践中推动共同体的不断完善和发展。

2.辅导员是高校学生思想政治教育的骨干力量，但绝不是唯一力量。我们要改变过去从一个主体（辅导员）或者多个主体（辅导员＋学生）局部着手改进德育工作的方式，思考德育共同体各主体如何实现协同育人的问题。

3.协同的现实壁垒主要是受制于顶层设计层面整体性构思不足、各个主体间协同的动力不强、协同推进中的制度性保障缺乏、主体育德自觉的激励不够。

4.科层制协同、沟通性协同、约束性协同以及战略性协同，构成了德育共同体各主体间协同的分析框架。就辅导员单一主体而言，也要强调个体与群体的协同问题，通过建立基于导师制的团队合作模式，形成辅导员职业发展共同体。

本章主要想解决德育共同体多元主体协同的生态困境问题,构建良好的辅导员职业发展生态。

　　辅导员职业发展除了要思考辅导员主体对职业发展的共性认识即思考职业发展的基础和路径之外，还要思考辅导员在整个德育共同体环境中的发展问题。毛泽东同志在《矛盾论》一文中指出，事物发展的"任何过程如果有多数矛盾存在的话，其中必定有一种是主要的，起着领导的、决定的作用，其他则处于次要和服从的地位……研究任何过程，如果是存在着两个以上矛盾的复杂过程的话，就要用全力找出它的主要矛盾。捉住了这个主要矛盾，一切问题就迎刃而解了"①。高校德育共同体是关系共同体，多元主体间的关系处理是关乎共同体发展态势的主要矛盾，即共同体内各个主体间的协同问题，是每个主体如何围绕共同的目标而分工协作的问题。

　　德育工作是项复杂的系统工程，需要有关部门、众多资源、全体教师和学生的共同参与和密切配合。德育共同体是开放的生态系统，它标志着内部各成员之间相互作用的、整体的、集体的或者合作的效应，客观上要求成员发挥各自的自组织能力，在一定条件下形成合作、配合、互补、同步的协同效应。然而，传统的德育工作更多地建立在高度的专业化分工和僵化的科层式组织基础上，存有"一亩三分地"的思维定式，强调的是各自工作的重要性，各个部门的工作界限比较明显，对整体的重视却显得不足，缺乏协同配合的理念主导以及积极有效的协同行动，往往导致各自为营、缺乏协同的现实困境。这种现实困境直接影响到德育作用的发挥和德育目标的实现。紧紧抓住"协同育人"的主要矛盾，是高校德育共同体高效地实现"全面提高人才培养能力"的内在要求，也是高校自组织的形式和手段。

---

① 　毛泽东选集（第一卷）［M］.北京：人民出版社，1991：322.

第一节 系统协同理论的视角

一、协同理论概述

"协同"一词最早来源于希腊语,指的是事物或系统在联系和发展过程中各要素之间的有机结合,强调相互协作、配合和谐性与一致性。《现代汉语词典》将其解释为"各方互相配合或甲方协助乙方做某件事"[①],强调的是主体间的互动目标性以及各方面相互配合协作,以共同达到某一目标的行为。协同思想源远流长,但是"协同"作为学术概念被提出来,是源于 1976 年西德著名理论物理学家赫尔曼·哈肯(Hermann Haken)创立的协同理论(Synergy Theory)。协同理论所强调的"协同"主要指向系统中多个要素之间的相互协调、相互合作或者同步的联合作用,广义上它包含了竞争和合作两方面,但重点是强调合作。就如恩格斯在《反杜林论》中所说的,"许多人协作,许多力量结合为一个总的力量,用马克思的话来说,就造成'新的力量',这种力量和它的一个个力量的总和有本质的区别"[②]。所以,协同理论也可以说是"协调合作之学"。

协同理论是系统科学的分支理论,是系统的"自我构建"理论,也被称为"协同学"或"协和学"(Synergetics)。一般系统理论认为,系统是由各种不同的要素组成的集合,而且各个组成部分(要素)和总体(集合)是处于一定的相互关系中的,并与环境发生着密切的联系;万事万物都不能脱离系统而独立存在。哈肯提出的协同理论则进一步从系统演变的视角,研究自然界和人类社

---

① 中国社会科学院语言研究所词典编辑室. 现代汉语词典(修订本)[M]. 北京:商务印书馆,1998:1392.

② 马克思恩格斯选集(第三卷)[M]. 北京:人民出版社,1995:469.

会系统中各个子系统在外界的物质、能量与信息等多种因素的作用下,所产生的非线性相互作用而形成协同效应的机理和规律。它的基本思想主要包括协同效应、伺服原理和自组织原理,其核心思想是"协同导致有序"。哈肯从系统及其进化的角度集中研究协同效应,并把协同效应提到方法性科学的高度加以概括。作为系统科学的分支,协同理论提出后在物理、数学、化学、医学、经济、生态、社会、工程等许多学科领域都产生了巨大影响。它所倡导的系统化、整体化的观点,在教育领域已经得到广泛且有效的实践,诸如我们所熟知的"协同教育""教育合力"等。

协同教育是协同理论应用于教育领域的产物。美国、加拿大等国研究协同教育理论较多,付诸实践应用也较早,在教育改革的多项实验中应用该理论。在我国,1987 年李仲涟首次在《论心理的协同效应》①中将协同理论引入教学研究领域。但直到 1996 年,"协同教育"一词才出现在研究文献中,刘纯姣在《学校家庭协同教育构想》②中进行了阐述。她认为,教育是一个由学校教育、家庭教育和社会教育构成的整体系统,学校教育和家庭教育是其中的两个主要子系统,通过发挥各自的自组织能力在一定条件下形成协同效应。此后,协同教育因其巨大的优越性引起了国内教育界的广泛关注,学者们分别对协同教育进行了阐述,他们共同的核心思想是:联合对学生有影响的"家庭、学校、社会"等各个社会机构的力量对学生进行教育,提高教育效率,增强教育效果。教育合力则强调系统整合教育目标、内容、方法、载体、人员等各种教育资源和力量,在此基础上使之体现出空间结构上的层次性和时间结构上的顺序性,形成协调一致、相互配合、综合作用的教育效果。如果不能如此,那各种教育资源就有可能重复、浪费,教育力量就会相互抵消。综上,协同理论在教育领域的实践,强调的是整体性,彼此之间相互配合、相互影响、资源共享、优势互补,从而达到良好的育人效果,这点与德育共同体要求内部各要素之间协同

---

① 参见:李仲涟.论心理的协同效应[J].湖南师大社会科学学报,1987(5):1-6.
② 参见:刘纯姣.学校家庭协同教育构想[J].怀化师专学报,1996(3):328-330.

配合以实现共同目标的思想是一致的。

二、德育协同的内涵与特征

(一)德育协同的内涵

德育协同是指运用协同理论的基本思想和基本方法研究德育主体的协同规律,指导高校开展德育工作的理论体系。德育协同的目的在于更加有效地实现高校德育的整体功能效应,全面提高高校的人才培养能力。与传统德育相比,德育协同在原理和思想、处理问题的方法、对待问题的视角等方面都有很大的不同。

传统德育建立在高度的专业化分工以及僵化的科层式部门机构基础上,强调分工的重要性,对整体的重视相对不足;德育协同则突出强调要素间、主体间的协同和配合思想。传统德育注重通过自上而下灌输的方式建立统一的政治规范,往往忽略德育环境和德育对象的变化;德育协同强调德育与环境变化的适应性,关注育人主体的多元性、育人场域的多样性和育人方式的多态性等现实变化,将德育的开展与此协同起来。传统德育强调职能分工,教学、思政、管理等方面的界限比较明显;德育协同重视系统协同思想,将高校视为德育共同体,共同围绕学生培养的核心职能,围绕学生发展所需的方方面面如教学、实践、素能提升和入学、培养、离校等各过程的协同,将涉及学生培养的各项活动作为“价值链”来研究落实。传统德育中各职能部门的工作是相对稳定、可以预测的,德育协同要面对育人环境的变化、育人主体的变化、育人方式的调整,很多变化是难以预料的,所以更强调随时应对的配合、同步。

相较于传统德育而言,德育协同的价值基础和价值诉求更趋向于通过共同的努力来解决日益复杂的问题。一方面,德育协同在于集成育人价值产生的吸引力。马克思认为,“许多人在同一生产过程中,或在不同的但相互联系的生产过程中,有计划地一起协同劳动,这种劳动形式叫做协作……这里的问题不仅是通过协作提高了个人的生产力,而且是创造了一种生产力,这种生产力本身必然是集体力"①,集体力的产生为育人目标的实现增强了价值动力。另一方面,德育协同在于协同实践凸显的有效性。德育共同体本身就是实践共同体,其内部各个主体在实践中,既有不同主体功能的协作,又有不同主体功能的互补,从而从总体上把握德育的开展。

(二)德育协同的特征

一是目的性。德育协同追求的中心目标是"1+1>2"的协同效应,是调动高校的整体力量,实现各方面的优势互补、聚合放大和功能增倍。这就要求德育共同体多元主体按照一定的协同方式相互配合、优势互补、同步发展,由此产生主宰系统发展的序参量,即围绕学生培养形成协同力,产生育人的协同效应。

二是互动性。德育协同的目的是实现育人的协同效应,而这是单个主体无法实现的,要求各主体相互配合、相互作用,从而加强主体建设并导向整体的发展。在一个系统中,只有个体之间形成互动并形成协同的力量,系统的有序运作才有可能实现。德育共同体具有主体交互性的特征,多元主体在交往互动中推动德育目标的实现。

三是同步性。德育工作围绕学生培养的目标展开,整个过程都强调各主体配合在时空上的同步性。时间上的同步要求各主体的工作紧密衔接,针对学生成长的各个阶段,遵循共同的时间参与;空间上的同步则要求各主体的工作协调配合,在课堂、宿舍、活动室等各个场域形成同步。

四是优化性。当前由于高等教育内外部环境的变化,高校德育工作的环境、对象、方式等也发生了深刻的变化,德育协同就是要整合各类资源、要素,实现育人优势的互补性,发挥各个主体的优势,以最终实现整体优势、整体优化的目的。

---

① 马克思恩格斯全集(第二十三卷)[M].北京:人民出版社,1972:362.

三、德育共同体的协同原理

根据协同理论的观点阐述,德育共同体内部各构成要素之间必是相互关联的,并且能够在稳定、有效的机制下形成育人的协同效应,从而达到最佳的育人效果。德育共同体的系统要素之间绝不是简单的线性关系,它们是复杂的非线性关系。因而需要动态地对各种要素进行不断的有机整合、合理匹配,形成良性规范的竞争和相互支持、有效的合作,使系统表现出宏观整体上的有序、高效、协调、持续发展,呈现出整体正效应的涌现。将协同理论的基本原理应用于德育共同体,主要蕴含了以下几个方面的内容:

第一,协同效应。它是指系统中由于协同行动与协同作用而产生的结果,是在复杂开放的系统中,大量的子系统通过相互作用而产生的整体效应或者集体效应。任何一个系统都存在协同作用,它是系统有序运作的内驱力。德育共同体由涉及人才培养环节的多部门、多主体构成,各主体围绕立德树人的共同目标,相互配合协作形成育人的合力,最终指向学生的全面发展,达到"1+1>2"的效果。如图 7.1 所示。

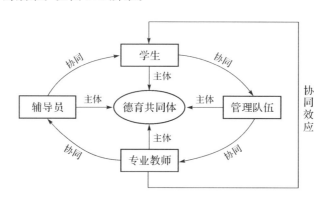

图 7.1　德育共同体的协同育人效应

系统内部各要素间形成协同效应,有其外在的客观必然性和内在的主观能动性。一方面是客观必然性,就像自然物质一样,必定与周边发生着联系;另一方面,协同效应又不是自发形成的,要通过一定的外部管理和组织加以实现。不同个体在某个系统中可能是被管理者、被组织者,但在另一个系统中又有可能是管理者、组织者。比如,辅导员是学生工作部门对整个队伍建设进行规划时的被管理者、被组织者,同时他们又是学生事务性工作的管理者、组织者。在内部和外部指令共同支配下,形成个体成长的正向序列,并且在此过程中协同地推进各自的发展。

第二,伺服原理。伺服的原意是"奴隶",在协同理论中指控制系统变量的序参量。协同理论认为系统在运动中的控制变量分为快变量和慢变量,慢变量是序参量,在整个系统中处于主导地位。当系统濒临临界状态时,内部各组成要素由一种有序的状态转化为另一种无序的状态,系统的稳定结构因此被破坏。此时快变量对系统走向的影响并不大,但是慢变量即序参量对系统有非常大的影响,能够决定整个系统的发展方向。正如哈肯所言,序参量以"雪崩"之势席卷整个系统并掌握全局,主宰着系统演化的整个过程。在序参量的主宰下,系统从无序转向有序。德育共同体包含专业教师、管理队伍、辅导员、学生等多个行为主体,需要依靠高校内部或外部的多种资源配置。而为了适应复杂多变的外部环境,及时应对学生思想和需求的更新与变化,不同主体在不同时期内依次起着序参量的作用,推动德育系统从传统的各自为营、缺乏协同的无序状态,走向有序化、系统化、高效化的德育共同体模式,实现德育内涵与外延的扩充。这种转变如图7.2所示。

具体来说,教师和学生都是高校德育工作的主体,教师在课堂上讲得再好,如果无法调动学生的积极性,无法与学生产生协同关系,那也只能使德育理论停留在书本层面,无法产生实际的效果。此时学生就构成了德育系统的序参量,唯有引导学生发挥主观能动性,才能达成德育的效果。又如,学生工作部门、院系、辅导员围绕学生成长需求设计综合素质训练项目时,为了实现项目目标,将各自的智慧和力量融合在一起协作时,就会产生一股特殊的协同力,此时的协同力就是序参量,它决定着整个项目目标的实现。传统的单向指令式的德育模式显然不符合以生为本、全员育人的德育理念,因为不可能存在

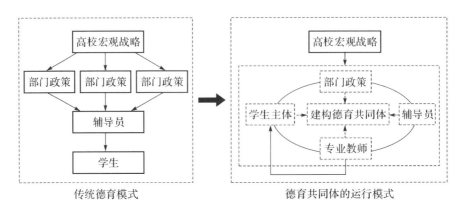

图 7.2　传统德育模式向德育共同体模式的转变

一成不变的单一的序参量,指向唯一的既定状态。我们要做的是要构建一个能够发挥各方面作用的德育共同体,发挥序参量在不同状态转换前的正向引导作用,导向更加高效的、系统化的德育成果和德育目标的实现。

第三,自组织原理。组织的进化形式一般来说主要有自组织和他组织两种,自组织是自动地、由内而外地形成的组织,他组织是依靠外部指令形成的组织。自组织是与外界进行物质和能力交换的系统,会自动形成一个比之前更复杂的、更完善的新系统,这个新系统的功能会比之前更强大。系统之所以形成新的有序结构,关键在于系统的内部自组织。德育共同体的自组织是指共同体内部各主体之间基于交互性、相关性、协同性或默契性而形成特定结构和功能的过程。也就是说德育工作无须外界强制指令而能够自行组织,自我走向有序化的过程。通过自组织即激发各个主体内在的主观能动性,使德育共同体的建构与维护成为大家的自觉行为。相互联系、相互作用是推动系统自组织的根本动力,且这种非线性的相互作用有竞争和合作两种相反相成的互补对立性机制。如图 7.3 所示。

换言之,德育目标的实现可以是外界的强制命令,但最本质的还是依赖内部的自组织发展。在某些方面如德育课程安排等,各个主体之间存在"心理契约",蕴含着教务管理部门、任课教师、辅导员、学生等各方的期待、意向、精神

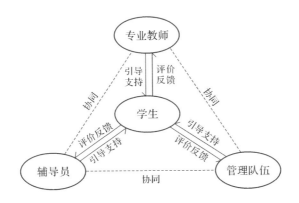

图 7.3 德育共同体自组织原理

激励和物质奖励等。这种心理契约就是自组织发展的支持力,推动各主体作为自组织的发展。而在德育目标的实现中,整个德育共同体又是一个自组织,蕴含内部各要素之间的相互联系、相互协作、共同发展。

第二节 协同育人的基本原则和主要构成

一、协同育人的基本原则

协同育人原则是育人主体之间进行有效协同必须遵循的基本要求,对德育协同的开展起着指导作用。高校德育工作作为一项影响因素众多、变量之间相互关联性强的系统工程,既要协调德育共同体内部各要素间的关系,又要协同辅导员发展生态系统与教师发展生态系统、管理队伍发展生态系统以及学生发展生态系统间的关系,还要统筹德育与人才培养环节中其他子系统(科研系统、社会服务系统、国际化推进系统等其他高校子系统)之间的联动。协同理论认为,系统要实现协同效应需要满足三点:各个子系统之间、系统内部各要素之间充分协同;找准起决定性作用的参变量即序参量;系统及各子系统

保持开放性以充分交换信息和资源。基于此,德育共同体实现育人的协同效应要遵循以下基本原则:

(一)整体协同原则

生态系统的概念是强调整体,由相互关联、相互制约的各个部分组成统一的整体,整体性是系统最鲜明、最基本的特征。我们一再强调德育共同体就是一个整体,构成整体性的生态系统。因此,它从本质上就对各个主体提出了协同参与、整体推进的要求。现实中,高校的德育工作部门和工作主体却存在各自为营、条块分割、缺少沟通等问题,德育教育的内容和载体没有相互协调,导致有些内容重复、有些内容缺失等现象。如思想政治理论课中有职业道德教育、就业创业教育的内容设置,学生工作处、就业指导与服务中心也有这些内容设置,那么这两者内容有何不同? 方式方法有何不同? 学校是否从学生需求角度出发,就这个内容做整体上的设计并在此基础上有所分工、有所侧重? 很少有高校是做了系统设计、不同主体相互间有协调沟通的,导致的结果就是教育重复。对于整体性的德育系统而言,各个主体树立协同育人的理念就显得非常重要,要共同围绕学生的发展构筑协同育人的工作机制。

第一,遵循整体性要求。德育共同体是个整体,德育工作涉及学生培养的各个方面,要围绕学生的培养,对德育工作进行系统化设计、规范化组织、专业化教育。要有整体的规划和计划,统一的奋斗目标,统一和协调共同体内部各主体各要素间的相互联系。第二,遵循分工化要求。从德育整体目标出发,牢固树立立德树人、德育为先的理念,各主体明确各自在德育共同体中的职责要求,发挥各自核心职责,有分工、有侧重、有配合。对各主体实施德育工作岗位责任制,将德育目标落实到教育工作的各个环节中。第三,遵循共享性要求。从制度安排、物质手段、资金投入等方面,保证大学生需求、德育教育资源、工作经验等信息的共享,提高各类资源的利用率,并对各类学生需求做出快速回应,这也是实现德育工作有效性的要求。

(二)以人为本原则

以人为本就是要促使人的主体性的发挥，这里的"人"应该包括德育共同体中的所有主体。人的主体性，主要体现在人的自为性、自主性、能动性三个方面。

第一，体现人的自为性。自为性强调主体对自身存在、与客体间的关系等有明晰的意识，主体的活动有明确目的性和方向性。也就是说，主体与客体之间对象性关系的确立是主体从"为我"的角度主动展开的选择。客体不是自发地进入主体活动领域的，它不仅取决于客体本身，还取决于主体的能力和需要。因此对共同体中的各主体，我们需要从他们的能力和需要出发，使他们对自己在德育共同体中的职责要求有明晰的认识，并且能够将自己的工作置于促进彼此丰富发展、和谐发展的视角。管理人员、专业教师、辅导员等明晰各自承担的育人责任和未来职业发展的要求，学生明晰自己面向未来发展的需求，更为重要的是在相互协调和集体实践中实现自身德性养成，各方在相互协同中达到共同体的平衡。第二，体现人的自主性。自主性强调主体从自身目的和愿望出发，主动与客体相互作用发生关系，通过支配和改造客体，使客体朝着有利于主体需要的方向发展。它说明人对制约自身存在与发展的主客观因素有了独立自由以及自己支配自己的权利和责任。人只有具有自主性，才能主动吸收外界的教育资源，主动地加以内化和主动发展，成为想要成为的人。学生的自主性是说学生意识到自身发展的需求，主动地吸收德育知识、德育规范，内化于心、外化于行；其他主体如专业教师、辅导员的自主性，是说他们意识到自己作为师者的责任，并将这种责任转化为自己职业发展的动力，主动修炼自己，更加自觉地服务学生成长，并在此过程中实现职业价值。第三，体现人的能动性。能动性强调主体对活动方式和活动手段的自由选择，对活动条件的自觉认识和积极创造以及对活动价值的多种追求和有效利用。它意味着现实中的人并不单纯地受制于外界或他人的作用而被动存在，而是在活动中具有目的性、计划性和选择性。自主性说明主体知道自己应该做主，但是不一定知道为什么这样以及如何做主。因此,就需要建立在科学知识基础上的能动性,使主体的认识和实践活动更具目的性、方向性和科学性。也就是说,师生都从根本上认识到中国特色社会主义大学的德育共同体属性,都围绕立德树人的共同目标和社会主义核心价值观的价值立场,教师在培养学生中实现自身作为师者的职业价值,学生在主动参与中实现自身面向未来的成长。

(三)开放互补原则

任何系统只有处于开放的状态,与外界有信息的交换,才有可能有序;如果系统是与外界没有信息交换的封闭状态,就不可能使之有序。德育共同体也是开放的,它的各个主体应当自觉地、主动地把自己置于开放系统中,不断扩展与外界的信息、资源交换,使协同教育机制具有良好的适应性,从而推动共同体的进步与发展。这种开放性既包括整个系统内部向外部的开放,也包括系统内部各主体间的相互开放。德育是中国高校教育的首要任务,它不应该只是高校内部的工作,而应当站在国家战略发展的潮流前面,是为国家培养未来建设者和接班人、推动社会前进的力量。同样,对高校的德育、智育、体育、美育、劳育而言,彼此之间更应当是相互开放、相互联系的,要打破相互间的界限,德智体美劳各个系统要相互开放,课堂教学与课外活动要相互开放,专业教学与思政教育之间要相互开放。而这些开放都依赖于德育工作的各主体来推动实现,也就是说专业教师、管理队伍、辅导员、学生等各主体之间也要相互开放。

主体间以开放意识、全局意识、合作意识和共赢意识,彻底摒弃"一亩三分地"的固化思维和本位观念,以德育的顶层设计,营造德育主渠道和主阵地的良性互动;以德育的协同设计,推动课堂教育与课外教育的深度融合;以德育的制度设计,促进学工系统与其他部门的相互协调。相应地,就会对这种互动、融合、协调提出具体化的要求,进一步考虑每个主体在其中承担何种职能、存在何种优势、发挥何种作用等问题,对彼此功能互补、协同合作提出了新的要求。协同还要讲求"和而不同",追求内在的和谐统一,而不是表象上的相同与一致。所以从主体承担责任的分工角度,本身就存在相互互补的规律性。比如,管理教师擅长制度化育人,专业教师擅长课程式育人,辅导员更擅长活动式育人。

(四)目标同一原则

不同的系统有不同的目标,混淆了目标必定会导致系统的混乱。高校德育共同体是目标一致性导向的价值共同体,高校德育工作的推进只有一个总的或者主要的目标。如果存在多个目标,必定在人力、财力、物力、时间、信息等各个方面产生相互干扰,达不到目标的最优化和育人效果的最大化,多个目标更谈不上形成共同体。因为各主体的主动参与与功能发挥是和目标的存在正相关的,共同的工作目标能使不同的主体心往一处想、劲往一处使,产生最大的育人合力,收到最好的育人效果。相反,如果每个主体都是以自我目标为主,与组织目标相分离,必然会导致各主体功能的内耗,使各自的工作效率打折扣,而且主体的时间、精力、智力等都是有限的。各自为政就谈不上目标的优化,最终影响的是整个高校人才培养目标的实现。

二、协同育人的主要构成

(一)协同化的育人过程

育人过程的协同化是协同育人的内在要求和本质属性。德育共同体以实现立德树人根本任务为目标,这是需要多个主体共同完成的多边活动,而且是一项长期性的工作。高校承担德育工作的各个主体尽管都围绕着人才培养的总体目标发挥着不可替代的作用,但在整个育人过程中也存在不协同问题。比如,高校现有的体系设置有校级管理机构和院级管理机构,校级管理机构推动德育工作开展时往往会较多地受到上级管理部门(如省级教育主管部门)的行政安排,而院级管理机构的德育工作开展又较多地受到师生间协作产生的序参量的影响,这样就会导致德育工作的不协调和低质低效。对整个育人过程而言,要确保上下协同、内外协同、前后协同,具体体现为:

第一，内容协同，体现德育教育的全面性。关照学生发展的方方面面，为学生的全面发展创造条件。第二，方法协同，体现德育教育方式的综合性。课程育人、科研育人、实践育人、文化育人、网络育人、心理育人、管理育人、服务育人、资助育人、组织育人等多元育人体系以"结合"的方式协同运作，产生集体的教育力量。第三，载体协同。高校的一课堂主渠道、二课堂校内科研训练、三课堂校外实践服务、四课堂国际交流访学、五课堂网络思政教育的目标一致，协调配合、协同教育、形成合力。各种教育载体的协同并不是简单的线性叠加，而是在优势互补的基础上实现有机整合与协同创新。第四，标准协同。围绕学生发展的德育设计，其设置依据、考量方式、评价标准等都要尺度统一，在标准的制定和法规的执行上做到步调一致。

（二）多元化的参与主体

主体多元化一方面是德育共同体内部承担德育任务的主体的多元化，即不存在特定单一主体的问题；另一方面则是每个独立主体自身需求的多元化，特别是学生主体需求的多元化和丰富性。关于共同体内部主体多元化的问题，我们在前面关于德育共同体的主体构成中已有分析，专业教师、管理队伍、辅导员、学生等构成了高校内部承担德育工作的各种力量。客观而言，这些主体之间存在着竞争与合作的关系，他们拥有各自不同的价值取向与利益诉求，并且掌握不同的教育资源和信息。协同育人就是要打破传统的德育模式，德育工作不再是单向导向学生的育人过程，而是高校内部所有育人主体的共同责任。从参与主体内部来看，每个主体如管理队伍的校级层面组织和院系基层工作者之间也存在不协同的问题，他们之间单线条的上情下达会导致上层不了解基层情况、基层缺乏活力、工作不能落地等问题。又如，师生之间因为缺乏有效的沟通也会导致学生存在排斥德育的心理，或者学生参与积极性不高等问题。所以，基于同一性目标的各个主体应该在思想上、行动上与党中央保持高度一致，紧密地围绕当前德育工作的目标任务，各司其职，沟通协商，平等交流，有效配合，在整体上组织协调，优势互补，形成教育合力，实现单个主体无法达到的整体教育效果。

单个主体特别是学生主体需求的多元化,是指教育主体、教育对象的分众化。当前高校学生主体从"95后"向"00后"转移,呈现出新的个性特点:在现代教育方式下,他们视野宽阔,具有较强的自我意识;对网络突破时间、空间的广泛应用,使他们的学习和生活更便利,具备更现代的思想意识和更多元的价值观念,对冗杂的网络信息有独立的思考;在日新月异的发展节奏中,他们更喜欢尝试新事物,具有自发的创新创业意识;在崇尚自由平等的观念下,他们敢于质疑、勇于发声、挑战传统、要求改变。同时,学生群体的内在诉求也发生了变化:他们热爱社会主义祖国但对民族文化认同不高,有共产主义理想但更追求现实目标;重视实际问题的解决但反对道德理论的说教,忽视社会需求但关注自身发展;义务意识淡漠但权利意识增强,强调个性发展但弱化群体共性。学生群体特点与诉求的变化对高校德育工作提出了新要求,我们既要思考如何通过针对性的教育,引导学生、支持学生、帮助学生,也要思考如何适应主体需求的变化,为各个主体的发展提供条件和支持。

(三)统一化的规则制度

制定统一化的规则是协同育人的实现条件和根本保障。德育共同体中的不同主体有不同的利益诉求,它们所掌握的教育资源和教育信息也不尽相同,这就导致其组织目标和实现手段的多样化。在这种情况下,要使所有人都围绕德育共同体建构的目标而共同努力,似乎存有困难。因为教育资源和教育信息能否实现交换和共享,与主体间共同制定的规则和交换的环境密切相关。如果各方之间没有统一的规则,各干各的,各取所需,就谈不上协同育人,更谈不上构建并完善德育共同体。例如,针对相同的德育内容如社会主义核心价值观教育、校园文化建设等,宣传部门、学生工作部门会分别制定本部门的教育方案。这就出现了同一主题但相互独立的教育活动,有时候甚至还会出现冲突。所以要构建使各主体都能积极参与进来的、共同接受的统一化的规则制度,使各方都遵循这个规则并围绕同样的教育内容,各司其职。

统一化是指两种以上同类事物的表现形态归并为一种或者限定在一定范围内的标准化形式,其实质是使对象的形式、内容、功能等具有一致性,并将其通过标准或者制度确定下来。在德育共同体中,主要指向选择统一、融合统一和创新统一。选择统一是在需要统一的对象中选择并确定一个,以此来统一其他对象。毋庸置疑,高校始终围绕"培养什么样的人、如何培养人以及为谁培养人"这个根本任务,高校的所有工作都围绕人才培养这个核心点,所有主体都围绕学生培养而发挥作用。融合统一是要融合不同的德育方法、德育形式等,取长补短,融合成一种新的更好的形式,各方面形成互补性。创新统一是要进一步思考,面对思想的独立性、选择性、多变性和差异性都明显增强的当代大学生,如何用适应他们成长规律的德育方式来促进他们的发展。

(四)同一化的育人目标

育人目标的同一性是协同育人的最终落脚点和最后指向。教育目标是教育活动的灵魂,德育目标是德育的出发点和归宿,它规定了德育共同体运行的方向,对德育过程起到定向、激励、强化、调控的作用,制约着整个德育的展开。德育目标与德育共同体各主体期望自身达到的目标是个有机整体,是德育共同体存在和发展的核心。德育共同体的主体之间形成有效协同,主要依赖德育目标的一致性。如果没有目标或者存在多个主体自身期望达到的目标但不能统一,德育工作就会陷入无序的混乱,德育共同体也会瓦解。因此,德育教育必须以同一化的育人目标为指引,协调德育制度、德育主体、德育内容、德育方式、德育过程、德育评价、德育环境等各方面,从整体上取得优势,提高德育质量,提升育人效果,实现德育共同体建构的价值。

一方面,是教育目标的协同。德育教育包含多重子目标,是由课程目标、活动目标、学期目标、年级目标等共同构成的有机整体,这些目标的协同需要关注德育目标与学校总体办学目标之间的协同、德育目标与其他各类教育(如智育、体育、美育)目标之间的协同、德育内部知情意行之间的协同。所以制定的德育目标要明确、具体,避免盲目性;理论与实际相结合,避免随机性;短期和长期相结合,体现前瞻性。另一方面,是教育目标和各主体自身发展目标间的协同。德育共同体围绕德育目标运行,德育目标是确保共同体内各主体获得发展的前提,也是整个德育过程开展的指挥棒。既要协同教与学、管理与服务、知识丰富与全面发展等方面的关系,也要考虑主体自身的发展需求。主体以德育目标为指向,将自身价值实现融入立德树人的德育工作中,不断促使自身发展各方面的协同,包括预期与行动的协同、身体与心理的协同、理智与情感的协同、能力与水平的协同。

第三节　辅导员参与协同育人的基本思路

我国建立辅导员制度的初衷是加强党对高等教育事业的管理与领导,保证社会主义的高等教育发展,保证党的政治规范的有效落实。辅导员制度的缘起、沿革、发展都始终围绕贯彻落实党的思想政治教育政策规范而展开,一直以来,这支队伍兢兢业业、甘于奉献、奋发有为,为高校思想政治教育工作做出了重要贡献。但也因为如此,长期以来在高校形成了一种职业偏见:只要谈到大学生思想政治教育,就认为这是辅导员的工作,"与我无关"。我们不能否认,在高校中存在这样的现象:有的专业老师认为完成教学任务就等于完成了育人职责;有的认为课堂上只要传授学科专业知识,无法实现课堂思政教育,思想政治工作是辅导员的事;有的认为上级部门的思想政治教育要求只要通过文件落实到辅导员身上,就算是完成了政治规范要求……这一系列问题导致目前高校仍然存在重智育轻德育、重教书轻育人、重科研轻教学、重学术轻思想政治工作、重任务布置轻协同配合等现象。

辅导员是高校开展学生思想政治教育的骨干力量,但绝对不是唯一的力量。我们一再强调高校德育共同体涵盖了多个子系统和多种要素,德育工作是项体系庞大、结构复杂的系统工程,工作的实效性受到系统内各主体的制约。过去那种从一个主体(辅导员)或者多个主体(辅导员+学生)局部着手改进德育工作的方式,显然已不能很好地解决现实中的所有问题。这就要求高校必须重视各个主体彼此间的配合,不仅要发挥各主体应有的作用,维系德育共同体运行的正常化和有序化,还要协调各主体相互配合产生的协同效应,整合发挥出 1+1>2 的功效,使高校思想政治工作朝着有序、高效的方向发展。

一、辅导员与其他主体的协同

德育共同体首先是由人组成的共同体,其主体是人,在共同体建构中居于最核心地位的是人,德育的最终成果也仍然要落脚到人的身上。因此,人际的生态、人与人之间的关系在德育共同体中显得尤为重要,共同体的维系从根本上来说就是人际生态的平衡和人际关系的协同。这种平衡和协同体现在师生之间、师师之间、生生之间所形成的共生性范式。而辅导员作为德育共同体中的关键主体,从某种程度上来说,德育共同体发挥协同育人作用要依靠辅导员这个关键力量来协调各方面的关系,把握系统内部的动态平衡。德育共同体内各主体的协同育人越顺畅,协同效应体现得越强烈,如图 7.4 所示。

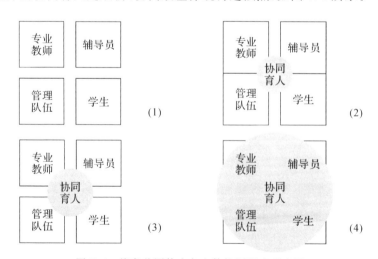

图 7.4 德育共同体内各主体协同程度示意图

（一）协同的价值理念

德育共同体的各个主体在性质上有着相当的独立性、自主性、差异性，在关系上则存在互补性、共生性。作为关系共同体中的不同个体，他们之间的这种独立性和共生性，往往体现了共生共荣、同向同行的生态思维和价值理念。

第一，这种生态思维和价值理念要求个体确立明确的共同体意识。从马克思关于社会关系学说的论述来看，个体总是特定社会关系中的个体。个体的意义生成或价值体现是置于其社会关系、社会网络中的，而且个体意义的生成是出现在既定的共同体之中与之后，并不是"在这之前"。因此对德育共同体的各个主体而言，它们作为独立的个体，前提是要清醒而自觉地认识到自身和他人的行为可能造成的相互影响，意识到自身在共同体中应承担的职责和任务。

第二，这种生态思维和价值理念确立了德育共同体各主体彼此间界限的模糊性和灵活性。共同体内各主体间存在复杂的"自主—依赖"关系，尤其是师生之间的这种"自主—依赖"关系更为明显。在这种情境中，各主体逐步发展了自身的多重角色意识：教师与学生作为教育实施者和接受者，管理队伍与专业教师、辅导员作为教育管理的主动者和被动者，辅导员与专业教师作为教育领域独立的个体和共享系统的"部分"……他们彼此间的关系界限变得模糊、灵活，正是在他们之间多向多层的交往互动中，共同体才得以不断地更新、发展。

第三，这种生态思维和价值理念所确立的德育共同体的核心价值取向，是导向动态的过程平衡而并非静态的结构平衡。德育共同体围绕立德树人共同目标展开德育工作，它的发展是依据学生的需求、学生的成长规律变化，不断适应的动态过程。这个过程是不断集聚资源、化解矛盾、共促发展的动态网络，它的当下生成是依据当前育人主体的多元、育人场域的多样、育人方式的多态，创造性地突破以往的经验界限，同时又不断地充实共同体的价值核心，通过反复的循环不断地验证和丰富德育共同体的核心理念。

（二）协同的现实壁垒

第一，协同的现实壁垒受制于顶层设计层面整体性构思不足。顶层设计是从工程学引申而来的词语，是指从总揽全局的高度出发，系统地考虑工程的各个层次和多元要素，从整个项目的最高层次设计问题的解决方案。目前高校承担德育工作的机构如宣传部门、学工部门、马克思主义学院等属于平行关系，不存在隶属关系，各司其职。具体工作中往往是围绕各自单位的目标开展工作，缺乏有效协同。在访谈调研中也有辅导员反馈，目前各主体（各支队伍）在育人工作上疏离大于协作，在目标和理念上存在误解，在信息和资源等方面共享不够，在活动安排和环节设计上也不够配合，源于目前高校德育的顶层设计、整体性构思不足。

第二，协同的现实壁垒受制于各个主体间协同的动力不强。从系统产生协同效应的角度出发，互动的、互补的、协同的主体人际关系有助于推进德育工作的实施。但是在边界约束条件下，系统内部与外界要素的影响都会对系统内部各要素间的相互关系和协同方式产生影响。当前大学生接受思想政治教育的渠道和途径是多样化的，学生思维的选择性和差异性也较之前有显著增强，这对主体间的协同提出了更高的要求。但目前高校德育工作的开展基本上划分为思想政治理论课上教师的课堂教学和课堂外辅导员的工作开展，彼此间的协同动力不足。如传统的课程备课方式、考核评价方式使多数思政理论课教师不愿与辅导员开展协同教学；辅导员也因缺乏专业学科背景、倦于事务性工作、缺乏教学热情，不愿承担课堂教学的任务。

第三，协同的现实壁垒受制于协同推进中的制度性保障缺乏。目前许多高校尚未建立起德育协同工作制度，条块分割、各自为政的现象依然明显；教育信息及资源共享的制度尚未建立，不能体现整合资源集中育人的优势。比如有些高校的教务部门和学工部门没有建立共享机制，辅导员不能实时动态地把握学生的学业情况，当出现学业预警时，往往只是由教务人员简单地通知辅导员，交由辅导员处理，防止学生出现心理问题等。再如，专业教师与学生的沟通多限于课堂之上，课堂外的传道授业解惑，因为没有指标性的考核评价制度，就变成一种良心活。

第四，协同的现实壁垒受制于育人主体育德自觉的激励不够。在当今这个价值多元论的时代，每个个体都会有自己的生活目标和职业发展追求，它们并不都是可以公度的。当高校教师们面对严峻的科研压力和生活压力时，除了完成既定的教学、科研任务外，禀承传道、授业、解惑的天职，就成为一种自觉行为了。社会对教师的职责要求、建设中国特色社会主义大学对高校德育工作的要求，对所有教师提出了育德自觉的前提。而随着社会的发展和进步，做好人的思想工作的难度显然增大了，思想政治教育的内容更多地要从显性政治规范向隐性价值引导发展，这些工作都需要育人主体来承担，需要他们树立育德自觉。

（三）协同机制的建立

协同指向的是各种力量的整合、协调以发挥整体效应。德育共同体涉及的是不同主体之间的协调与合作，但是这些主体本身的利益各不相同，他们参与协同的动力机制也不尽相同。有些协同是在协同双方志愿协商基础上达成的，有些协同则需通过制度层面的约束才能达成。如果我们试图将焦点关注于协同主体的多元性和协同领域的多元性来构建协同的体系，就会显得比较困难甚至自相矛盾。我们不妨从主体间协同所涉及的核心变量出发，也就是从协同的目标和利益出发，来构建一个德育共同体中辅导员与其他主体协同的体系框架。

所有的协同都涉及目标问题，目标是否一致直接影响协同的达成。我们在前面也专门阐述了，德育共同体主体协同育人的基本原则是基于目标的同一性。但多数时候各个主体的目标并不一致，而且当目标冲突时也可以达成协同。比如组织开展志愿服务活动，辅导员希望学生更多地融入社会、关注社会、服务社会，而少部分学生在具体实践中可能考虑更多的是志愿服务学分的获得。这就存在目标的冲突，但是并不影响这项工作的具体落实。再来看一下主体间协同的另一个核心变量——利益。利益通常有利益耦合和利益分离两种:利益耦合是指需要协调的各方在利益方面有相互依赖性,一方需借助对方或者其他各方的资源来达成目标;利益分离是指各方在利益方面不存在相互依赖性,这种情况下协同是不可能自动形成的,需自上而下的强制力来推动协同的实现,或者是各方意识到离开协同就不能达成自己的利益因而产生妥协导致协同。目标和利益这两个变量的结合,会形成四种协同的形式,如图7.5所示:

	目标冲突	目标一致
利益分离	I 科层制协同	II 沟通性协同
利益耦合	III 约束性协同	IV 战略性协同

图 7.5　德育共同体各主体间协同的分析框架

第一,I科层制协同,是指目标和利益均不一致,但是一样可以产生协同,这种协同关系最常见的就是自上而下的协同安排。比如,针对社会主义核心价值观教育,宣传部门、学工部门、团组织都会组织开展,尽管教育的主题内容是一致的,但是由于各个部门的核心职责不同,自上而下的考核任务也不同,它们在协调合作中的目标和利益是不同的。对主体来说,合作不能为他们带来"利益",在上级的考核中也没有加分,合作反而可能增加部门的工作成本,所以主体往往不愿意主动协同。因此,科层制协同天然地强调的是分工而不是合作。对此的解决方法是通过科层体系中的上级部门施以统筹协调,来推动不同部门间的协同。上海交通大学学生工作指导委员会的工作开展,提供了很好的科层制协同的案例。上海交通大学学生工作指导委员会(简称学指委)是统筹全校学生工作的职能部处,由分管学生工作的党委副书记担任主任、分管教学工作的副校长担任副主任,秘书长兼任学生工作党委书记、学生处处长，全校 16 家单位组成执委单位①。学指委围绕学生培养建立理想信念与思想教育平台、能力建设与人格养成平台、成长服务与事务管理平台三大平台，根据学校整体建设要求科学规划了 25 个学生工作领域，全力推动学校创新人才培养体系构建。学指委统一配置育人资源，打破部门间的壁垒，在原有的条块上建立统筹协调各项学生工作的专门委员会，提高统筹全校学生工作的能力。对各部门来说，需要协同的事务可能存在目标和利益上的冲突，因为这些事务有些并不是明确界定的本部门职责，与其他部门协调合作处理这些事务很有可能会影响本部门其他工作的完成，所以很大程度上会缺乏主动协调的动力。建立这种集体协商的委员会制度，可以解决主体间协同动力不强的问题。

第二，Ⅱ沟通性协同，是指目标一致但是利益分离。各方目标一致但是利益不存在相互依赖性时，各方的协同关系一般只是临时性的、沟通性的或者非制度化的协同。这种情况下的协同，往往是碎片化的、不稳固的。比如应对一些突发事件时，各主体为了应对所面临的共同问题，需要相互间不断地沟通、协调、配合，在这种情况下产生的协同就是沟通性协同。沟通性协同最常见的案例就是应对学生突发事件的情况。这里说的学生突发事件是指突然发生的、危及学生生命和财产安全，对高校和社会的安全稳定具有重大影响的、急需高校快速应对的负面事件。当这类事件发生时，所有人都组成临时性的集体组织，站在维护学校声誉、维护学校安全稳定的角度，共同应对事件的处置。如 2015 年某高校"外语＋X"类专业学生电子学籍注册群体事件发生后，学校马上启动应急预案，成立应急工作领导小组，由校领导、职能部处、相关院系、辅导员等共同组成现场处置、舆情监控、联络接待、法律援助等工作小组，共同应对事件的处理。这类协同组织在事件处理完成后，往往就自行解散了。这种协同就是沟通性协同，各方的协同合作往往缺乏特定的利益联系，有时候甚

---

① 上海交通大学学生工作指导委员会机构简介［EB/OL］. http://sac. sjtu. edu. cn/index. php？option＝com_wrapper&view＝wrapper&Itemid＝280，2017-12-05.

至会存在一定的利益冲突。各方为完成共同的目标任务,必须通过多方协同来提高效率,所以沟通性协同一般只是在特定目标任务下的临时性协同。

第三,Ⅲ约束性协同,是指彼此目标冲突但利益耦合,为了保证利益的获得必须参与协同。同时为了使利益最大化,一方需在其中承担监管者的角色。这种协同在公共服务领域出现的较多,类似于市场的买卖关系,即各方为了各自目的进行利益交换,他们的目标不具有同一性,但是通过协同可以获得各自的利益。例如公共服务领域的民营化公私伙伴关系,政府与企业之间目标并不一致,政府致力于公共利益最大化,而企业则是将利润最大化作为自己的目标。双方在目标上并不一致甚至存有冲突,但是政府在其中承担了监管者的角色,使得企业在提供公共服务的过程中不至于损害公共利益。这种情况在高校也存在,例如创新创业教育。创新创业教育需要高校与社会资本力量的对接,但是学校育人力量与社会资本力量的目标并不一致。高校开展创新创业教育是以培养学生的创新精神和实践能力为核心,以育人为目标;社会资本力量与高校合作推进创新创业实践的目的是获得相应的利润。两者虽然目标不同,但是利益是耦合的,双方通过协同合作满足不同的利益需求。

第四,Ⅳ战略性协同,是指目标一致且利益耦合,往往能够形成制度化、经常性、持续的战略协同关系。由于各方彼此间并不存在实质上的目标冲突和利益冲突,因此这种协同关系就显得十分稳固,它是促进共同体最大化地发挥功能的理想协同机制。战略性协同的实现需要高校在对整个德育工作的开展达成共识并进行全局性顶层设计的基础上,适应外部需求、高等教育自身发展规律和学生成长规律,关注学生面向未来发展的需求,结合高校人才培养的实际制定具有前瞻性、科学性、针对性、可操作性的德育工作战略规划。在这种协同中,各方彼此间可以达成制度化、经常化、常态化、稳固化的协同机制,各方通过投入一定的资源为实现共同的目标而努力。战略性协同与德育共同体的理念吻合,协同理念本身强调的是制度化和经常化,而非约束性和短暂性。制度化是发挥契约作用、保障协同各方利益的有效措施,通过一定的制度约束,规定各方在执行过程中必须遵循既有的约定,以实现共同的目标;经常化体现的是共同体发展的长期战略性规划,要求高校对德育工作有前瞻性、统揽性、整体性、一致性的指导,从动力机制上保障共同体破除协同的困境。

一要形成"同向同行,协同育人"的目标固基。主体围绕"全面提高人才培养能力"这个核心点形成共同育人的目标认同,以目标认同为支点切入实际,促使高校开展建构德育共同体的理论思考和实践创新,形成更加细致、贴切的制度建设;以目标认同为支点切入实际,进行各种育人资源的利益调适和利益求解,改进并完善共同体内部各方的利益共享机制;以目标认同为支点切入实际,促进共同体内部价值意识的凝聚,强化共同体成员的心理定式和身份归属。二要构建上下贯通、多层级有效协同的管理体制。在高校组织体系设计中,为了应对分工的要求,往往没有重叠的角色和功能,各个部门、机构的分工是相对明确的。而有效的协同强调的是彼此开放,进行有效的物质、信息和能量的交换;消除部门之间、人员之间的壁垒,理顺关系、协调合作、构建平台,推动有机融合。在这方面,上海交通大学学生工作指导委员会的管理体制架构是很好的模式,即:打破原有的部分分割且相对独立的多层级管理体制,确保不同管理主体及管理层级之间既科学分工、各负其责,又有机统一、协同育人,以此强化德育全过程和各主体全视野的系统规划与整体推进。三要建立促使育人主体发挥育德自觉的激励保障机制。"思想政治工作,各个部门都要负责。共产党应该管,青年团应该管,政府主管部门应该管,学校的校长教师都应该管。"[①]要发挥各主体在育德上的自觉性,建设激励保障机制。激励机制是指通过满足个体需求的方式激发内部各要素在系统运行中的能动性更好发挥的机制,包括物质激励与精神激励相结合、教师激励与学生激励相结合等,目的是最大限度地发挥师生的主动性和积极性;保障机制是指为德育共同体的运行提供良好的内外部条件,以保证德育活动的有序运行,包括物质保障、队

---

① 毛泽东文集(第七卷)[M].北京:人民出版社,1999:226.

伍保障、组织保障等。

综上,协同是德育共同体中多元主体互动中的必然选择,当超过一个主体时必定会形成协同的需求。但协同并不是必然会发生的,在从各自工作碎片化走向彼此协同的过程中,有很多因素影响着协同能否发生以及发生何种协同关系。因此,分析在何种情况下以及会发生何种协同关系,有助于指导实践在不同情况下有选择地推进协同机制的建立。

二、辅导员个体与群体的协同

从辅导员自身工作情况来看,当前辅导员工作的开展主要依托于"条块分布"的"学校—院系—年级或班级"三级学生管理体系。学生思想政治工作的各项职能集于辅导员一身,千头万绪,存在"上面千条线,下面一根针"的情况。再加上辅导员专业背景差异大、研究兴趣分散、职业发展支撑体系不健全等内外原因,辅导员的个人成长基本上是"散兵作战式"的零散型工作模式。这种工作模式存在的问题有:对于同样从事学生思想政治教育工作的辅导员们,他们之间的工作和研究缺乏分工协作,很大程度上阻碍了辅导员知识储备和专业技能的有效增长;辅导员在抵抗事务性工作压力中会疲于应付,身心俱疲,容易产生职业倦怠,职业发展的持久性难以保证。而在现有政策、制度和形势下要突破这种瓶颈,一个重要方向是发挥人的主观能动性。它不仅包括辅导员个体的主观能动性,还包括辅导员群体的集体能动性。因此在辅导员职业发展过程中要强调辅导员个体与群体的协同育人问题,他们之间应该是职业发展共同体。实现以群体应对变化、个体在集体之中实现更好、更快的成长,是行之有效的路径。

(一)"导师制"与"团队式"辅导员队伍发展模式

国内外高校在教师发展中引入了导师制,应用于青年教师的培养并成为促进青年教师成长的有效途径之一。青年教师导师制主要是指学校按照一定的标准和程序,遴选一批有事业心、有责任感、学术水平高、教学经验丰富的名师，通过"结对"的方式进行一对一指导的模式，全方位地指导青年教师成为"有理想信念、有道德情操、有扎实知识、有仁爱之心"的优秀教师。国内外高校青年教师导师制的实践证明，它能够有效地促进青年教师的社会化、职业发展和学术进步。

相对于专业教师，辅导员囿于专业背景和事务性工作，他们在理论提升、专业发展和学术研究等方面迫切需要这种职业指导。导师制的经验对于推动辅导员队伍职业成长、提升辅导员学科知识储备和专业工作水平具有重要的参考价值和借鉴意义。而且在学科、专业领域越来越细分的现代社会背景下，分工与合作的理念已经深入各行各业。合作不仅是一种能力，也是一种工作模式。近年来，各高校越来越重视辅导员的团队建设，基于某一群体辅导员的共同兴趣或发展方向的各种辅导员工作室或平台不断涌现，通过辅导员团体协作或合作的模式，加强辅导员之间的交流与沟通，促使辅导员探索职业成长路径。

"导师制"和"团队式"是高校推进辅导员职业发展的两种模式。"导师制"以学术研究为起点，由思想政治教育领域的专家或者学者对辅导员进行职业引领、专业指导，体现的是"师徒式"的训练；"团队式"以平台建设为依托，以辅导员职业能力和水平的提升为核心，体现的是"伙伴式"的训练。两者侧重点不同，但都以促进辅导员职业发展为目标。因此可以进一步将两种模式结合起来，打破辅导员"散兵作战式"的零散型工作模式，探索"基于导师制的团队合作模式"，充分发挥导师和伙伴在辅导员职业发展中的功能和作用。

（二）"基于导师制的团队合作模式"的构想与模型设计

我们一般将辅导员的职业发展划分为探索期、建立期、职业中期、职业后期、衰退期五个阶段[①]。"导师制"主要针对的是新入职辅导员的职业探索期和

---

① 参见：彭庆红.组织主导型高校辅导员职业生涯开发与管理模式初探[J].思想教育研究，2012(8)：101-102.

建立期,通过这种学术式的师徒关系建立明晰的职业规划,确立规范的学术训练,为职业成长打下坚实的基础。"团队式"主要针对具有一定工作年限和工作经验并具有明晰的职业规划的辅导员,通过朋辈式训练,为他们的职业成长提供发展平台,一般是在辅导员的职业成长期展开的一种合作方式。辅导员的职业发展是一个连贯性过程,如果这两个模式分别只针对辅导员职业发展的不同阶段,两者不在一个框架和体系内,各具独立性,界限明显,缺乏必要的关联,容易造成两阶段的脱节。

为解决以上问题,可以将两者结合起来,形成"基于导师制的团队合作模式"。这种模式可以打破辅导员职业发展的壁垒,衔接辅导员职业发展的不同阶段,实现辅导员职业发展的持续性、发展性。需要明确的是,"基于导师制的团队合作模式"不是简单的"'导师制'+'团队式'",而是"导师+团队"式的发展模式。这一模式不是过去两种模式的简单累加,而是充分融合形成良性互动机制。它主要有两个特点:一是建立在"导师制"和"团队式"基础上,发挥两者优势,克服辅导员职业发展的阶段性问题;二是以导师和团队为纽带,以职业能力提升为核心,建立辅导员职业可持续性发展的职业生态,为辅导员职业发展创造更好的内外条件。这种模式打破了以往团队式发展模式的界限和壁垒,在导师和团队合作的基础上,促进导师与导师、导师与辅导员、导师与团队、辅导员与辅导员、辅导员与团队五种关系的交叉与互动,营造有利于辅导员职业发展的可持续性的发展生态,它要解决的阶段性和专业化问题正是辅导员职业发展的核心问题。

在以上关系和系统中,最为关键的因素是人的因素即导师、辅导员及其团队,其功能和效率的发挥与人的主观能动性密切相关。因此,这一体系需要建立在一定的选拔、考核和支持机制之上。在选拔机制上,无论是导师还是辅导员,在进入团队前,需要对其进行全面合理的评价;在考核机制上,需要建立完整的、可实行的考核标准,对导师、辅导员个人和团队进行定期考核,并设置必要的退出机制,退出机制允许辅导员在职业困惑期进行必要的职业探索和试验；在支持系统上，高校相关部门需要达成一定的氛围和共识，构建有利于辅导员职业发展的支持环境，营造促进辅导员职业发展的保护性制度和规则。这种"支持"是将辅导员纳入全校整体发展的网络和共同规则之中，彰显重视全员参与、重视人的潜能开发的制度文化，充分发掘辅导员的潜力和创造性。这种"支持"外显为情感支持、信息支持和手段支持，以此为辅导员的职业发展及尽快掌握学生思想政治教育的规律、融入本校思想政治教育环境提供最大限度的帮助，以外部援助促进辅导员的职业成长。这种团队协作式的发展模式不是简单的模型建构，而是基于合理的顶层设计，建立良性的职业文化发展生态，并通过建立相应的支撑体系和支持机制，充分发挥导师、辅导员及其团队的能动性、积极性和创造性的过程，其最终落脚点则是辅导员的职业发展。

（三）"基于导师制的团队合作模式"的优势体现

"基于导师制的团队合作模式"的提出与设计是高校在自上而下的政策推进、制度统筹的基础上，充分融合过去两种典型模式的优势和特点，同时考虑辅导员个性化的发展性需求和自主成长的内在性驱动，从而持续地促进辅导员的职业发展。从理论和实践上看，这种模式具有如下优势：

第一，有利于形成"发展共同体"的团队合作局面。这种模式在保持辅导员工作"组织管理"集中化的前提下，由"导师—高级辅导员—中级辅导员—初级辅导员"组成授课共同体、研究共同体、工作共同体、学术共同体等"发展共同体"集群。要求辅导员从以往散兵作战式、较多关注个体发展，转向团队合作式的同事互助，实现知识、能力和水平的"集体增长"，实现协同育人的目标。这种导师带领下的"发展共同体"能够最大限度地整合辅导员知识资源，应对工作中的知识匮乏，从而实现整合力量应对新情况，解决新问题。

第二，有利于形成"职业化发展"的辅导员职业认同。这种模式将辅导员分成多个职业发展方向团队，围绕学生成长道路上的困惑，如人生理想、价值塑造、道德行为、情感问题、职业发展、网络运用等，设置相关课程，设计模块化的学生工作专题，给予学生"知识传递式的成长指导"，帮助辅导员实现"促进者""支持者""成长合伙人"等多重角色的统一。这种对学生专业性的指导相较于以往"经验事务型"的帮助,有了更明确的工作要求和更高的工作标准,在专业化、模块化、团队化帮助学生解决成长困惑的过程中,不断增强辅导员的职业认同。

第三,有利于形成"辅导员职业文化"的传承创新机制。职业文化作为辅导员共同遵循的价值观念和行为规范,可以让辅导员加深对职业价值和职业"独特性"的理解体验,增强职业认同感和责任感,促使辅导员重视工作环境和外部关系的营造,从而将外在工作要求与内在自主生长的发展需求相结合,更好地激发职业理想升华和创造力拓展。这种模式蕴含的老中青辅导员的梯队架构,在"传、帮、带"的机制运行中,很好地将"辅导员职业文化"予以传承并结合时代的变化不断创新。

结　语

　　"教师是一所大学最为重要的内部支持者,因为教师团体的质量和成就比起其他因素更能决定大学的质量。"①辅导员是教师中的特殊群体,是中国高校坚持社会主义办学方向、实现立德树人根本任务的重要力量。在中国特色社会主义大学建构德育共同体的视域下考察辅导员职业发展问题,最重要的意义在于全面提高人才培养质量,为培养中国特色社会主义事业建设者和接班人提供智力支撑。

一、本书回答的基本问题

　　第一,辅导员职业发展的研究为何要置于德育共同体的视域下展开。该问题中包含的相关子问题都与解读"德育共同体"有关,如共同体与大学的关系、德育共同体与中国特色社会主义大学的关系、德育共同体的本体论意蕴和系统构成等。本书分析了德育共同体的内涵、构成、特征、走向,为考察辅导员职业发展提供现实背景。一方面,中国特色社会主义大学具有强烈的意识形态性,是知识共同体、学术共同体基础上的德育共同体,德育共同体具有主体多元性、目标一致性、协同实践性,对大学办学的方方面面尤其是大学中"人"的因素提出新的要求和期待。共同体主体的价值选择从"参与"向"认同"转

---

　　① 詹姆斯·杜德斯达.21世纪的大学[M].刘彤,等译.北京:北京大学出版社,2005:45.

型、行为选择从"合作"向"协同"转型、目标选择从"规范"向"专业"转型,这些转型对身处其中的辅导员提出了新的职业要求和职业期待。另一方面,我们研究辅导员职业发展问题,不是在德育内部单一地解决如何提高辅导员职业能力和水平的问题,它不可避免地受制于整个教育体系以及教育外部并与它们产生联通。所以将辅导员职业发展放在整个德育共同体建构的视域下,从德育共同体目标一致性、主体多元性、行动协同性的特征出发,探讨辅导员在德育共同体中的职业方位和角色定位,使辅导员职业发展更好地回应中国特色社会主义大学建设对高校思想政治工作的价值眷注,更好地适应社会外部规范要求和自身内在诉求的统一,同时也是为辅导员职业发展找寻现实可依的路径趋向。

第二,辅导员在德育共同体中的职业方位和角色定位如何的问题。德育共同体的不同主体在共同体中的价值向度是以他们所扮演的角色为逻辑起点来体现的,角色又与他们在共同体中的位置密切相关。不同主体扮演的各种角色其实是在共同体给予各种角色的认定和地位的规定下的扮演,是他们符合这种认定和规定的行为模式。本书认为,辅导员因其职业的"中国特色"性,在德育共同体中居于关键地位,是德育共同体多元主体中的"关键主体",扮演着学生进行德育知识意义建构的"引导者"、学生自我管理服务的"支持者"、学生自主发展的"成长合伙人"和自我潜能的"重新发现者"等多重角色。一方面,辅导员要努力达成德育共同体所赋予的多重角色的期待和要求;另一方面,他们个体发展的主观愿望又往往会遭遇先存条件的制约而无法付诸现实,有时候甚至会混乱于各种角色的模糊与繁杂。因而在扮演角色过程中不可避免地存在角色不清、角色冲突、角色中断等"角色失调"的现象,体现为职业发展需求的社会性与本位性并存、发展规划的长远性与功利性兼有、发展状态的自发性与自觉性相伴的矛盾性。本书进一步通过问卷调研的方式,分析了辅导员职业发展多重矛盾的现实性,提出要强化职业认同,突破辅导员在德育共同体中的身份困境;推进专业发展,突破辅导员在德育共同体中的路径困境;

构建协同育人生态体系,突破辅导员与德育共同体其他主体间以及辅导员群体内部不同个体间协同不畅导致的生态困境。

第三,在德育共同体中辅导员职业发展的身份困境如何突破的问题。共同体尤为强调成员的归属感、认同感和主体性,强调在协同的实践中共同成长。认同自身在共同体中的角色定位、责任规范和权利,是共同体对其成员的基本要求,也是共同体得以形成并维系的基础。本书认为,辅导员在职业发展中,当来自职业价值的内在期待和来自德育共同体等外部规约的外在要求不能有机统一时,往往会造成角色不清,破解这种身份困境的着力点是形成强有力的职业认同。职业认同是辅导员对他们在德育共同体中扮演的多重角色的肯定性评价,是他们对"我是谁""我为什么属于这个群体""我将成为什么样的人"等一系列问题的思考和回答,辅导员认同职业即接受他们在德育共同体中的"引导者""支持者""成长合伙人""重新发现者"等多重角色,并在自我的道德修炼中逐步明晰这些角色的责任、权利和规范。职业认同是辅导员职业发展的基础,有利于构筑辅导员职业获得感,激发辅导员职业价值的创造力,引导辅导员精神的自我悦纳。职业认同是一种状态也是一个过程,伴随着辅导员对职业方位、角色定位的自我认知不断发展。它受到个体特征因素、个体经历因素、社会环境因素以及组织内部环境因素的影响,可以通过持续不断的培育得到强化。从培育政治认同、价值认同、情感认同等方面入手,实现辅导员对角色的意识觉醒和自觉行动,成为党执政的坚定支持者、先进思想文化的传播者、学生健康成长的守护者。

第四,在德育共同体中辅导员职业发展的路径困境如何突破的问题。共同体强调成员的主体性,辅导员专业发展以辅导员自身发展为价值取向,体现辅导员在发展过程中的主体性、自觉性和能动性。当前辅导员职业发展的路径主要指向"专""转""升"三类,"转"意味着辅导员的角色中断或中止,"升"的只是少部分辅导员,整体而言并不符合社会对辅导员职业的长期性、稳固性要求。但是希望每个辅导员都能长期、稳定地从事辅导员职业显然并不现实,也不适应共同体生态的景象。本书认为,"专"是辅导员职业发展路径的理性选择。目前辅导员专业发展多是被动、盲目地适应外在要求如国家政策规范、高校制度的约束,被动地跟从一种希望并要求向专业化发展的态势,我们称为"自在式"发展。从根本上来讲,辅导员专业发展需要实现从被动的、无意识的"自在"阶段,向自觉的、能动的"自为"阶段的内在超越。从内涵上来讲,辅导员专业发展主要是发展专业精神、专业知识、专业能力,进而实现自我专业发展的过程。辅导员专业发展的过程是基于共同体建构的目标,在与共同体其他成员的竞争合作、沟通交流和实践创新中实现的。以浙江大学"基于学生成长需求的辅导员专业发展模式"为例,为辅导员专业发展提供了现实可行的思路和路径。

第五,在德育共同体中辅导员职业发展的生态困境如何突破的问题。共同体由多元主体构成,大家围绕共同目标各有分工,要形成整体效应,讲求的是协同合作。本书认为,辅导员角色冲突的归因在于多重角色间形成了网络关系,在关系的处理中存有矛盾、冲突从而导致角色失调,解决的路径是达成协同合作。多元主体的行动协同也是德育共同体发展的内在要求,这对主体尤其是作为关键主体的辅导员提出了如何主导并协同其他主体力量达成整体育人效果的要求。辅导员参与协同育人的基本思路是遵循整体协同、以人为本、开放互补、目标同一的原则,突破顶层设计层面整体性构思不足、各个主体间协同动力不足、协同推进中制度性保障缺乏、对育人主体育德自觉的激励不够等现实壁垒,建立适应共同体特征的协同机制,包含协同化的育人过程、多元化的参与主体、统一化的规则制度、统一化的育人目标。本书进一步从协同涉及的两个核心变量即目标和利益出发,分析了不同主体间的协同机制,分为科层制协同(目标和利益均不一致)、沟通性协同(目标一致、利益分离)、约束性协同(目标冲突、利益耦合)和战略性协同(目标和利益均一致)。实现战略性协同与构建和发展德育共同体的理念吻合,共同体的主体间形成"同向同行,协同育人"的目标固基,构建上下贯通、多层级有效协同的管理体制,建立促使主体发挥育德自觉的激励保障机制,主导高校不同的育人主体由工作碎片化走向彼此协同。本书还探讨了辅导员个体与辅导员群体的协同问题,提出了"基于导师制的团队合作模式"以构筑辅导员职业发展共同体。

二、本书形成的基本观点

在依次展开上述问题的研究中,本书形成了如下基本观点:

第一,理解"共同体"的当代意义,是理解共同体与中国特色社会主义大学的社会学基础,也是理解德育共同体的重要理论基础。德育共同体是以共同的利益需求和价值取向为基础,由个体出于本质意志形成的关系体,在维系和发展群体关系的同时,更为强调个体在实践中的主体性和交互性,主张多元主体在积极对话、启发引导、持续反馈中形成主体间的互动关系,通过集体实践达成教育目标和规范价值。它是中国特色社会主义大学的本质属性,以整体性、主体性、协同性的要求,指引中国特色社会主义大学凝聚成以德育为主导的教育系统。这个系统由教师(专业教师、管理队伍、辅导员等)和学生为主体组成,在促进学生"知识、能力、素质、人格"全面发展的集体实践中达成教育目标和规范价值,它具有目标一致性、主体交互性和行动协同性等特征。

第二,辅导员是德育共同体多元主体中的关键主体,在与其他主体的交互关系中明确自己的职业方位,在集体的道德实践中承担共同体赋予的责任和规范。德育共同体的目标一致性导向价值共同体,辅导员职业发展目标是在立德树人的实践中实现的,不仅要求辅导员提高职业能力和水平,更对辅导员自身的道德修养、德性养成提出了要求。德育共同体是共同体成员交往互动基础上建构的关系共同体,师生关系是其中最核心的一组关系,辅导员工作的开展是寓于与学生及其他教师的交往行为中的,辅导员工作的方式方法不再是单向的"知识转译",而是建立在交互理性基础上的"见贤思齐"。德育共同体是共同体成员集体协同生成的实践共同体,师生通过集体实践共同落实立德树人根本任务,同时也在互动交往中提升自身的道德认知水平。辅导员在德育共同体中扮演着学生德育知识意义建构的"引导者"、学生自我管理服务的"支持者"、学生自主发展的"成长合伙人"和自我潜能的"重新发现者"等多重角色。

第三,个体同时扮演不同的角色时会不可避免地产生角色失调现象,表现为角色不清、角色中断和角色冲突等。角色不清的根本在于对职业本身的认知认同不够,出现身份困境;角色中断的根本在于对职业发展的路径不清晰,出现路径困境;角色冲突的根本在于不能很好地协调自身角色与他人角色之间或自身多重角色之间的关系,出现生态困境。突破身份困境要从建立职业认同入手,强化辅导员对"关键主体"的责任、权利和规范的认同;突破路径困境要从辅导员职业发展的基本定位入手,在德育共同体的生态景象中探寻辅导员职业发展路径的理性选择,推动辅导员个体的专业发展,实现内涵的专业化,进而达成辅导员群体的专业化发展,以实现辅导员地位的专业化;突破生态困境要从德育共同体主体的交往互动入手,强化辅导员与其他主体之间的协同育人。见图8.1。

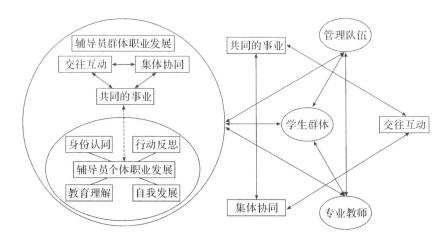

图 8.1　德育共同体视域下的辅导员职业发展研究分析框架

三、努力方向

尽管如此，无论是在理论上还是在实践上，辅导员职业发展这一命题需要研究的问题还很多。本书尝试为这个问题的思考找寻逻辑起点，将问题的探讨放在高校德育共同体的建构视域下，这是研究视角的创新。但是，我们至少还可以在以下方面继续努力：

第一，本书提出了建构德育共同体的思路，并未对德育共同体做深层次的探究，进一步研究可以就德育共同体问题作深入的探讨，明晰共同体对辅导员职业的责任、权利和规范的规定性。第二，本书为辅导员职业发展找寻了逻辑起点，但并未给出完整意义上的主体道德建构和价值选择的逻辑落脚点，进一步研究可以通过案例、实验等对具体的操作策略进行探索。第三，本书通过调查问卷的方式，在提出假设的前提下以辅导员为调研对象，对当前辅导员职业发展状况进行了描述性分析，进一步研究可以从高校管理部门、学生等不同人员视角展开调研，进一步尝试探索性分析和验证性分析，对当前辅导员职业发展状况进行更全面的分析。

参考文献

经典著作

[1]马克思恩格斯文集(第一至十卷)[M].北京:人民出版社,2009.

[2]列宁选集(第1卷)[M].北京:人民出版社,2012.

[3]毛泽东文集(第七卷)[M].北京:人民出版社,1999.

[4]毛泽东选集(第一卷)[M].北京:人民出版社,1991.

[5]邓小平文选(第一至三卷)[M].北京:人民出版社,2008.

[6]江泽民文选(第一至三卷)[M].北京:人民出版社,2006.

[7]习近平谈治国理政[M].北京:外文出版社,2014.

学术著作

[1]埃米尔·涂尔干.道德教育[M].陈光金,沈杰,朱谐汉,译.渠东,校.上海:
上海人民出版社,2001.

[2]埃米尔·涂尔干.社会分工论[M].渠东,译.北京:生活·读书·新知三联
书店,2000.

[3]奥尔托加·加塞特.大学的使命[M].徐小洲,陈军,译.杭州:浙江教育出
版社,2001.

[4]白永生.新时期高校辅导员队伍建设的研究与思考[M].北京:光明日报出

版社,2016.

[5]贝静红.高校辅导员队伍专业化发展研究[M].武汉:武汉大学出版社,2016.

[6]查尔斯·霍默·哈斯金斯.大学的兴起[M].王建妮,译.上海:上海人民出版社,2007.

[7]陈代军.协同教育[M].长春:吉林教育出版社,2014.

[8]陈桂生.教育原理[M].上海:华东师范大学出版社,1993.

[9]陈尚志.人学原理[M].北京:北京出版社,2004.

[10]陈霞.教师专业发展的实效性研究[M].北京:北京大学出版社,2012.

[11]程文晋,付华.管理视域内的自我教育论[M].北京:中央编译出版社,2012.

[12]戴维·波普诺.社会学(第十版)[M].李强,译.北京:中国人民大学出版社,1999.

[13]丁元竹.走向社会共同体——丁元竹谈社会建设[M].北京:中国友谊出版公司,2010.

[14]杜向民,黎开谊.嬗变与开新:高校辅导员制度发展研究[M].北京:中国社会科学出版社,2009.

[15]斐迪南·滕尼斯.共同体与社会:纯粹社会学的基本概念[M].林荣远,译.北京:北京大学出版社,2010.

[16]费孝通.社会学概论[M].天津:天津人民出版社,1984.

[17]冯刚.辅导员队伍专业化建设理论与实务[M].北京:中国人民大学出版社,2010.

[18]弗兰克·H.T.罗德斯.创造未来:美国大学的作用[M].王晓阳,等译.北京:清华大学出版社,2007.

[19]高文,徐斌艳,吴刚.建构主义教育研究[M].北京:教育科学出版社,2008.

[20]管向群.当代教师核心价值观研究[M].北京:人民出版社,2014.

[21]贺金玉.地方新建本科院校协同创新与协同育人模式研究[M].济南:山东大学出版社,2013.

[22]贺来.有尊严的幸福生活何以可能[M].北京:中国社会科学出版社,2013.

[23]赫尔曼·哈肯.高等协同学[M].郭治安,译.北京:科学出版社,1989.

[24]黑格尔.美学(第一卷)[M].北京:商务印书馆,1979.

[25]胡必亮.关系共同体[M].北京:人民出版社,2005.

[26]黄福涛.外国高等教育史[M].上海:上海教育出版社,2003.

[27]黄俊伟.过去的大学与现在的大学[M].北京:群言出版社,2011.

[28]霍晓丹.高校辅导员的素质标准与开发:基于胜任力模型的分析[M].北京:北京大学出版社,2013.

[29]冀学锋.当代高校德育基础[M].北京:气象出版社,2001.

[30]江沈红.高校辅导员教师身份内涵及身份实现路径研究[M].武汉:武汉大学出版社,2016.

[31]教育部师范教育司.教师专业化的理论与实践[M].北京:人民教育出版社,2002.

[32]教育部思想政治工作司.加强和改进大学生思想政治教育重要文献选编(1978—2014)[M].北京:知识产权出版社,2015.

[33]克拉克·科尔.大学的功用[M].陈学飞,刘新芝,译.南昌:江西教育出版社,1993.

[34]李冬梅,孙祥.教师职业倦怠与应对[M].北京:华文出版社,2010.

[35]李洪波.基于演化视角的高校辅导员管理研究[M].镇江:江苏大学出版社,2011.

[36]李莉.高校辅导员专业化发展研究[M].南京:东南大学出版社,2011.

[37]李茂森.教师身份认同研究[M].北京:北京师范大学出版社,2014.

[38]李清先.社会主义核心价值体系认同机制与路径研究——兼论当代大学生社会主义核心价值体系认同的教育策略[M].北京:教育科学出版社,2012.

[39]李伟,宋长生,孙登林,徐向国.建设中国特色社会主义大学的理论探索与实践[M].哈尔滨:东北林业大学出版社,2003.

[40]李忠军.高校辅导员主体论[M].北京:光明日报出版社,2011.

[41]连榕.教师专业发展[M].北京:高等教育出版社,2007.

[42]刘宝存.大学理念的传统与变革[M].北京:教育科学出版社,2004.

[43]罗森邦.政治文化[M].陈鸿瑜,译.台北:桂冠图书股份有限公司,1984.

[44]马克斯·韦伯.经济与社会[M].林荣远,译.北京:商务印书馆,1998.

[45]马克思·韦伯.学术与政治[M].冯克利,译.北京:生活·读书·新知三联书店,1998.

[46]孟繁华,张景斌.和谐共生:教师教育共同体的理论与实践[M].北京:首都师范大学出版社,2016.

[47]宁克强,魏茹芳.人类文明的呼唤:马克思主义人的全面发展思想的当代审视[M].石家庄:河北人民出版社,2009.

[48]纽曼.大学的理想[M].徐辉,顾建新,何曙荣,译.杭州:浙江教育出版社,2001.

[49]潘开灵,白烈湖.管理协同理论及其应用[M].北京:经济管理出版社,2006.

[50]彭庆红.失调与变革:高校学生思想政治工作队伍建设研究[M].北京:知识产权出版社,2004.

[51]齐格蒙特·鲍曼.共同体[M].欧阳景根,译.南京:江苏人民出版社,2003.

[52]戚磊.职业之路:论新时期高校辅导员专业化发展[M].长春:吉林出版集团股份有限公司,2016.

[53]漆小萍.中国高校学生事务管理[M].广州:中山大学出版社,2011.

[54]丘进,卢黎歌.机制·创新·长效:高校辅导员队伍建设研究[M].西安:西安交通大学出版社,2012.

[55]饶从满,杨秀玉,邓涛.教师专业发展[M].长春:东北师范大学出版社,2005.

[56]任少波.辅导员:高校立德树人的关键力量[M].北京:高等教育出版社,2016.

[57]任英杰.知识管理视阈下的教师专业发展[M].沈阳:东北大学出版社,2009.

[58]入江昭.全球共同体:国际组织在当代世界形成中的角色[M].北京:社会科学文献出版社,2009.

[59]邵晓枫.百年来中国师生关系思想史研究[M].成都:四川大学出版社,2009.

[60]余家淮.共产党人的人际关系[M].上海:上海人民出版社,1988.

[61]佘双好.辅导员如何开展科学研究[M].北京:高等教育出版社,2013.

[62]时蓉华.社会心理学[M].上海:上海人民出版社,2002.

[63]宋改敏.教师专业成长的学校生态环境[M].重庆:重庆大学出版社,2011.

[64]宋萑.教师专业共同体研究[M].北京:北京师范大学出版社,2015.

[65]孙晨红,张春宏,王睿.教师专业化发展与教师成长[M].哈尔滨:东北林业大学出版社,2016.

[66]唐德武.职业化背景下高校辅导员的专业化发展[M].成都:四川人民出版社,2013.

[67]滕利荣,孟庆繁.开拓创新 协调发展:构建高校与社会协同实践育人新模式[M].长春:吉林大学出版社,2013.

[68]瓦尔特·吕埃格.欧洲大学史(第一卷)[M].张斌贤,等译.保定:河北大

学出版社,2008.

[69]王枏.教师发展:从自在走向自为[M].桂林:广西师范大学出版社,2007.

[70]王海燕.实践共同体视野下的教师发展[M].重庆:重庆大学出版社,2011.

[71]王旭东.师生关系的理论和实践[M].南宁:广西教育出版社,2006.

[72]王运武.基于协同理论的数字校园建设的协同机制研究[M].北京:中国社会科学出版社,2013.

[73]王作亮,伏荣超.建构乡村学校学习共同体[M].北京:光明日报出版社,2010.

[74]翁铁慧.高校辅导员队伍建设论纲[M].北京:人民出版社,2014.

[75]吴刚.学习共同体的建构[M].上海:上海教育出版社,2008.

[76]吴增强,沈之菲.教师生涯中的心理成长[M].上海:上海科技教育出版社,2008.

[77]熊德明.冲突与调适:社会转型中大学教师的角色研究[M].武汉:华中师范大学出版社,2013.

[78]亚里士多德.政治学(第1卷)[M].吴寿彭,译.北京:商务印书馆,1997.

[79]燕良轼.高等教育心理学[M].长沙:湖南师范大学出版社,2015.

[80]严中华.大学生自我管理技能开发[M].广州:华南理工大学出版社,2000.

[81]杨鼎家,张小冰,杜正梅.教师职业道德规范与素质修养[M].北京:中国言实出版社,2012.

[82]杨建义.高校辅导员专业成长研究:基于思想政治教育学科的视野[M].北京:社会科学文献出版社,2014.

[83]杨玉,贾鹏.引航高校辅导员准入、培养、考核、发展机制研究[M].北京:中国言实出版社,2017.

[84]余亚平.思想政治教育学新探[M].上海:上海人民出版社,2004.

［85］袁贵仁，韩庆祥.论人的全面发展［M］.南宁：广西人民出版社，2003.

［86］曾健，张一方.社会协同学［M］.北京：科学出版社，2000.

［87］曾昭皓，李卫东.高校辅导员职业化的反思与建构［M］.桂林：广西师范大学出版社，2013.

［88］詹姆斯·杜德斯达.21 世纪的大学［M］.刘彤，等译.北京：北京大学出版社，2005.

［89］詹万生.整体构建德育体系总论［M］.北京：教育科学出版社，2001.

［90］张大均，江琦.教师心理素质与专业性发展［M］.北京：人民教育出版社，2005.

［91］张藩，余光.德育原理［M］.北京：北京师范大学出版社，1985.

［92］张桂春.激进建构主义教学思想研究［M］.大连：辽宁师范大学出版社，2002.

［93］张建伟，孙燕青.建构性学习——学习科学的整合性探索［M］.上海：上海教育出版社，2005.

［94］张宁俊，朱伏平，张斌.高校教师职业认同与组织认同：理论与实证研究［M］.成都：西南财经大学出版社，2013.

［95］张世英.哲学导论［M］.北京：北京大学出版社，2008.

［96］张耀灿.现代思想政治教育学［M］.北京：人民出版社，2006.

［97］张再兴.高校辅导员队伍建设理论与实践［M］.北京：人民出版社，2010.

［98］赵建新.人本管理（第 2 版）［M］.北京：经济管理出版社，2012.

［99］赵健.学习共同体——关于学习的社会文化分析［M］.上海：华东师范大学出版社，2006.

［100］赵睿.高校辅导员职业生涯管理研究［M］.北京：中国书籍出版社，2012.

［101］赵文华.高等教育系统论［M］.桂林：广西师范大学出版社，2001.

［102］郑吉春.协同理论视域下的高校大学生思想政治教育工作机制优化研究［M］.北京：科学出版社，2016.

[103]郑琦.论公民共同体:共同体生成与政府培育作用研究[M].北京:中国社会出版社,2010.

[104]郑召利,等.哈贝马斯的交往行为理论——兼论与马克思学说的相互关联[M].上海:复旦大学出版社,2002.

[105]郑葳.学习共同体:文化生态学习环境的理想架构[M].北京:教育科学出版社,2007.

[106]郑永廷.郑永廷文集[M].广州:中山大学出版社,2013.

[107]周良书,朱平,俞小和.中国高校辅导员工作史论[M].北京:人民出版社,2016.

[108]周小民.协同教育初论[M].成都:四川科学技术出版社,2014.

[109]朱正昌.高校辅导员队伍建设研究[M].北京:人民出版社,2010.

[110]佐藤学.学习革命的愿景:学习共同体的设计与实践[M].黄郁伦,译.新北市:遇见天下文化出版股份有限公司,2014.

学位论文

[1]曹威威.高校辅导员职业生涯发展研究[D].长春:东北师范大学,2017.

[2]陈正芬.我国高校辅导员制度研究[D].重庆:西南大学,2013.

[3]杜婷婷."80"后高校辅导员思想政治素质现状分析与对策研究[D].济南:山东大学,2011.

[4]高光.教师专业发展:外部驱动与自主发展之间的关系[D].上海:上海师范大学,2015.

[5]龚春蕾.高校辅导员职业化专业化问题研究[D].上海:华东师范大学,2011.

[6]翰爽.以教师专业发展为指向的名师工作室运行研究[D].长春:东北师范大学,2015.

[7]韩泽春.基于高校辅导员专业化的教育知识管理研究[D].长春:东北师范

大学,2015.

[8]何登溢.高校辅导员职业发展研究[D].南京:南京师范大学,2016.

[9]何萌.高校辅导员核心能力建设问题研究[D].济南:山东大学,2016.

[10]黄洁.高校学习型辅导员队伍建设研究[D].南京:南京师范大学,2016.

[11]李超逸.系统视域下大学生思想政治教育诸要素协同模式研究[D].太原:
山西农业大学,2013.

[12]李洪波.基于演化视角的高校辅导员管理研究[D].镇江:江苏大学,2010.

[13]李鹏.我国高校辅导员队伍专业化职业化建设研究[D].北京:中国地质大
学,2015.

[14]刘世勇.高校辅导员职业认同研究[D].武汉:中国地质大学,2014.

[15]马英.高校辅导员职业价值观与工作绩效关系研究[D].大连:大连理工大
学,2017.

[16]史仁民.高校辅导员专业发展研究[D].大连:辽宁师范大学,2014.

[17]孙二军.教师专业发展中的自我认同[D].西安:陕西师范大学,2009.

[18]孙凡建.论德育共同体的建构及其走向[D].徐州:中国矿业大学,2015.

[19]魏淑华.教师职业认同研究[D].重庆:西南大学,2008.

[20]杨亚庚.我国高校辅导员职业发展研究[D].长春:东北师范大学,2014.

[21]叶绍灿.高校辅导员职业生涯规划研究[D].合肥:合肥工业大学,2016.

[22]于兰.建构主义视阈下第二语言教师专业发展研究[D].长春:东北师范大
学,2008.

[23]岳娟娟.高校教师专业发展生态模型的研究——以军医大学为例[D].重
庆:第三军医大学,2013.

[24]张立鹏.应然·实然·适然:我国高校辅导员角色的三维考量[D].石家
庄:河北师范大学,2015.

[25]张明志.基于团队角色理论的高校辅导员胜任力提升研究[D].重庆:西南
大学,2016.

[26]张淑梅.高校辅导员职业认同研究[D].上海:华东师范大学,2011.

[27]赵海丰.高校辅导员制度的演进与发展趋势研究[D].沈阳:辽宁大学,2014.

[28]赵健.学习共同体[D].上海:华东师范大学,2005.

[29]郑晓娜.高校辅导员职业化研究[D].沈阳:辽宁大学,2015.

[30]周广军.高校辅导员职业认同研究[D].北京:首都经济贸易大学,2012.

[31]朱铭.高校辅导员职业情感研究[D].成都:西南交通大学,2017.

[32]朱晓红.高校教师持续性专业发展研究[D].天津:天津大学,2011.

期刊论文

[1]白宏太,龚建社.克拉玛依:构建德育共同体[J].人民教育,2011(17):24-28.

[2]白显良.论高校辅导员人生导师的角色定位[J].高校辅导员,2016(2):3-7.

[3]曹琨.论高校辅导员专业化发展的学理支撑[J].黑龙江高教研究,2006(12):81-82.

[4]陈静.语用身份:辅导员身份研究的新视角[J].江苏高教,2017(12):64-67.

[5]陈睿.儒家"教学相长"思想与当代教师专业发展[J].吉林省教育学院学报,2016(10):11-12.

[6]陈先哲.大学教师发展:研究进路与研究展望[J].复旦教育论坛,2017(3):80-86.

[7]陈勇,朱平.高校辅导员"双重身份"的现实与未来[J].思想理论教育导刊,2017(9):95-101.

[8]程建坤.功利与自为:辅导员专业发展的异化[J].宁波大学学报(教育科学版),2014(3):89-92.

[9]戴锐,肖楚杰.职业社会学视角下高校辅导员的角色再定位研究[J].思想政治教育研究,2016(4):105-112.

[10]范瑞雪.高校思政教育"立德树人"思想的哲学探析[J].山西高等学校社会科学学报,2017(6):85-89.

[11]方蓉.论协同理论在教育领域中的移植[J].黑龙江教育学院学报,2010(2):17-18.

[12]房玲.近三十多年来高校辅导员队伍建设研究概括[J].江苏高教,2014(5):44-46.

[13]冯刚.新时代中国特色社会主义思想政治教育的创新发展[J].中国高等教育,2018(3):28-32.

[14]冯刚.思想政治理论课与日常思想政治教育协同育人的理论思考[J].学校党建与思想教育,2017(11):18-23.

[15]冯刚.高校辅导员队伍专业化、职业化建设的发展路径[J].思想理论教育,2016(11):4-9.

[16]冯培.思想政治教育该如何面对今天的95后[J].北京教育(德育),2017(1):7-8.

[17]冯培.协同性、针对性、感受性:推动高校思想政治教育科学发展的三个重要关系[J].思想理论教育导刊,2013(4):51-53.

[18]付晓玲,徐东辉.论"立德树人"思想内涵的传承及其哲学意义[J].黑龙江工业学院学报,2017(4):6-11.

[19]甘均良.试论大学生思想政治教育合力机制的价值功能及构建[J].中国高教研究,2007(5):82-83.

[20]龚放.大学"师生共同体":概念辨析与现实重构[J].中国高教研究,2016(12):6-10.

[21]顾凌云.大学共同体的定位与大学特色[J].大学(学术版),2010(8):23-28.

[22]韩春红.亦师亦友之惑:高校辅导员影响力提升研究[J].教师教育研究,2016(5):30-35.

[23]贺来.马克思哲学的"类"概念与"人类命运共同体"[J].哲学研究,2016
　　(8):3-9,128.

[24]黄炬,刘同舫.马克思共同体思想的现实超越性[J].河海大学学报(哲学
　　社会科学版),2017(10):27-31.

[25]黄鹏红.马克思交往实践观对道德教育意义的探寻[J].社会科学战线,
　　2008(7):273-275.

[26]黄婷,王永贵.人类命运共同体:一种世界秩序的话语表达[J].马克思主
　　义与现实,2017(5):168-174.

[27]黄云明,窦星辰.关于中国特色社会主义大学的哲学思考[J].河北大学学
　　报(哲学社会科学版),2017(2):73-39.

[28]纪敏.期待视野下高校辅导员群体专业发展困境及路向[J].教育评论,
　　2017(8):110-114.

[29]靳玉军.论高校辅导员专业化的知识基础及其发展[J].高等教育研究,
　　2008(3):78-81.

[30]金文斌,邹斌.整体性视域下高校辅导员专业化发展[J].中国高等教育,
　　2015(Z2):68-70.

[31]孔伟.哲学视域中的共同体理论——兼论马克思的共同体思想及其当代
　　意义[J].中国人民大学学报,2018(3):88-97.

[32]兰海涛,魏星.高校辅导员素质与能力结构、培养途径[J].中国高等教育,
　　2017(5):42-44.

[33]兰岚.论高校辅导员的实践智慧[J].思想理论教育,2018(1):91-96.

[34]李保强,薄存旭."教学相长"本义复归及其教师专业发展价值[J].教育研
　　究,2012(6):129-135.

[35]李初旭,栗蕊蕊.高校辅导员职业发展:内在规律与支持路径——以上海
　　市高校为例[J].思想政治课研究,2017(3):66-72.

[36]李力."回到大学本身":基于学术共同体重构大学与社会之关系[J].现代

教育论坛,2017(1):43-49.

[37]李茂森.从"角色"到"自我"——教育变革中教师改变的困境与出路[J].教育发展研究,2009(22):56-59,78.

[38]李明忠.高校优秀辅导员的群体特征与职业发展[J].高等教育研究,2016(3):68-75.

[39]李元元.试论中国特色社会主义大学的基本特征[J].中国高等教育,2015(24):16-19.

[40]李忠军.关于高校辅导员本质的几点探讨[J].东北师大学报(哲学社会科学版),2010(6):164-168.

[41]李忠军.以职业能力建设为核心推动高校辅导员队伍专业化发展[J].思想理论教育,2014(12):97-101.

[42]梁继峰,吕莉媛.自组织理论视野下的思想政治教育系统研究[J].黑龙江高教研究,2009(7):122-124.

[43]梁丽英.论"教学相长"内涵发展及对当代教师专业发展的启示[J].教育与教学研究,2015(6):41-44.

[44]梁树发.认识人类命运共同体的三个维度[J].思想理论教育导刊,2018(3):59-63.

[45]刘宏达,潘开艳.十年来我国高校辅导员制度的顶层设计及其实践创新[J].思想政治教育研究,2017(1):115-119.

[46]刘淑英.高校辅导员队伍专业化的几点思考[J].思想政治教育导刊,2007(7):62-65.

[47]刘欣堂.关于高校辅导员专业化建设的思考[J].思想政治教育导刊,2007(7):65-67.

[48]刘在洲.高校辅导员角色的历史溯源与现代发展[J].学校党建与思想教育,2017(1):84-86.

[49]刘志侃.高校德育结构类型的价值向度与构成[J].陕西理工学院学报(社

会科学版），2013(3):90-94.

[50]卢乃桂,陈峥.中国内地教师继续教育中的权力关系与教师领导[J].复旦教育论坛,2008(5):61-66.

[51]骆郁廷,陈兴耀.论以行导人[J].思想理论教育导刊,2018(1):114-119.

[52]骆郁廷.论思想政治教育主体、客体及其相互关系[J].思想理论教育导刊,2002(4):34-38,48.

[53]吕成祯,任少波.德育共同体:内涵、特征与时代使命[J].国家教育行政学院学报，2018(4):41-46.

[54]吕素香.高校辅导员意识形态工作能力研究——基于北京12所高校的实证调查[J].马克思主义与现实,2017(6):162-168.

[55]马成瑶,蔡金淋.关于高校辅导员与思想政治理论课教师两支队伍协同工作的若干思考[J].思想理论教育,2017(7):89-93.

[56]欧炯明.关于自觉性和自发性范畴[J].云南社会科学,1999(Z):35-39.

[57]潘懋元,罗丹.高校教师发展简论[J].中国大学教学,2007(1):5-8.

[58]彭庆红.试论高校辅导员队伍的专业化建设[J].北京科技大学学报(社会科学版),2007(4):148-152,156.

[59]彭庆红.组织主导型高校辅导员职业生涯开发与管理模式初探[J].思想教育研究,2012(8):101-104.

[60]邱柏生.新形势下高校辅导员队伍建设的老议题和新意境[J].高校辅导员,2017(4):90-94.

[61]佘双好.关于整体推进思想政治理论课教师和辅导员队伍发展的思考[J].学校党建与思想教育,2017(12):22-26,43.

[62]沈晔.辅导员阶段性发展特点及支持策略[J].思想理论教育,2017(9):95-101.

[63]沈晓海.立德树人中心环节与高校"大思政"教育体系构建[J].高校辅导员,2018(1):39-44.

［64］石春梅.共享式德育内涵探析［J］.思想政治教育研究,2009(6):71-74.

［65］孙建.论协同育人视角下高校思想政治工作机制及实践反思［J］.学校党建与思想教育,2014(12):70-71,77.

［66］檀传宝."德""育"是什么？——德育概念的理解与德育实效的提高［J］.中国德育,2016(17):31-35.

［67］唐玉光.试论教师教育的专业性［J］.教育研究,2002(7):61-62.

［68］涂丽平.高校德育共同体建设的生态路径选择——来自怀特海和杜威的启示［J］.广西社会科学,2014(06):201-205.

［69］汪锦军.构建公共服务的协同机制:一个界定性框架［J］.中国行政管理,2012(1):18-22.

［70］王晶,詹三瑞.大学生自我认知现状调查及教育引导对策分析［J］.教育教学论坛,2016(15):41-43.

［71］王希勤,邹振宇,等.基于角色的高校分系列人事管理研究［J］.国家教育行政学院学报,2017(10):14-19.

［72］王显芳,蒋雪莲,窦雅珺.试论高校辅导员的教师身份［J］.思想理论教育导刊,2018(1):151-155.

［73］王显芳,王肖肖.新时期辅导员队伍专业化发展的困境、机遇及途径［J］.思想教育研究,2015(4):98-100.

［74］王学俭,李晓莉.思想政治教育协同创新的育人机制探析［J］.教学与研究,2015(10):98-104.

［75］王学俭,杨昌华.立德树人:中国特色社会主义高校的立身之本［J］.新疆师范大学学报(哲学社会科学版),2018(1):54-62.

［76］王燕芳,邓志宏.多元思潮视阈下高校辅导员与大学生关系的双向解读［J］.高教探索,2014(5):168-172.

［77］王易.大德育观视角下中国德育的特色［J］.学校党建与思想教育,2013(8):10-12.

[78]魏薇,陈旭远.从"自在"到"自为":教师专业自主的内在超越[J].教育发展研究,2010(24):7-12.

[79]邬小撑,楼艳,陈泽星.基于学生发展需求的辅导员队伍专业化建设[J].思想理论教育,2017(5):3-7.

[80]吴旭.高校辅导员能力建设的"三个适应"——基于生产力与生产关系的视角[J].北京教育(德育),2017(3):28-30.

[81]夏吉莉,刘秀伦.增强高校辅导员培训实效性的三个关键点[J].黑龙江高教研究,2017(12):121-124.

[82]肖慧.高校辅导员与思政课教师协同育人的实践与思考[J].学校党建与思想教育,2015(11):70-71,77.

[83]谢春风.北京:国家教育体制改革视阈下首都德育共同体构建[J].中国德育,2013(18):13-17.

[84]许磊,陈九如.从规约到自律:高校辅导员职业守则内化与职业人格的完善[J].学校党建与思想教育,2017(3):86-88.

[85]杨建义.以制度安排提升高校辅导员队伍专业化水平——基于对《普通高等学校辅导员队伍建设规定》的分析[J].思想理论教育,2018(1):87-90.

[86]杨睿.协同理论下思想政治教育方法的创新研究[J].长春教育学院学报,2014(6):71-72.

[87]杨晓丹.高校辅导员职业共同体建构刍议[J].学校党建与思想教育,2017(18):63-64.

[88]杨晓慧.高校辅导员主体论探析[J].东北师大学报(哲学社会科学版),2010(6):158-163.

[89]杨晓慧.深入推动高校辅导员队伍专业化建设的几个着力点[J].思想教育研究,2013(8):13-14.

[90]叶绍灿,李永山,董茜.改革开放以来高校辅导员队伍建设的经验与启示[J].江淮论坛,2017(6):122-126.

[91]叶绍灿,杨善林.基于职业生涯规划的高校辅导员队伍建设研究综述[J].
　　山东省团校学报,2012(2):56-59.

[92]袁尚会.辅导员专业化的基本内涵及实现途径[J].学校党建与思想教育,
　　2017(2):59-60.

[93]袁翔,何静,李婉.高校辅导员职业能力提升与专业化发展研究[J].学校
　　党建与思想教育,2017(3):68-70.

[94]张楚廷.大学是什么[J].高等教育研究,2014(3):1-5.

[95]张国启.论高校思想政治工作创新中辅导员的主体担当[J].高校辅导员,
　　2018(1):26-30.

[96]张海国.自在与自为:思想政治教育学的重要范畴[J].襄樊职业技术学院
　　学报,2009(4):82-84,95.

[97]张军凤.教师的专业身份认同[J].教育发展研究,2007(7):39-41,46.

[98]张莉,李美清.高校辅导员队伍职业化建设的问题与对策[J].思想理论教
　　育导刊,2018(1):156-159.

[99]张敏.国外教师职业认同与专业发展研究述评[J].比较教育研究,2006
　　(2):77-81.

[100]张琪.高校辅导员专业自主发展探析[J].思想教育研究,2014(6):95-98.

[101]张小秋.系统化视域下大学生思想政治教育主体建设[J].思想理论教育
　　导刊,2017(6):122-125.

[102]张志旻,等.共同体的界定、内涵及其生成——共同体研究综述[J].科学
　　学与科学技术管理,2010(10):14-20.

[103]郑春吉.协同理论视域下推进高校大学生思想政治教育工作的思考[J].
　　北京教育·德育,2014(5):16-18,68.

[104]郑永廷.高校辅导员工作专业化理论与方法探索[J].思想教育研究,
　　2009(3):51-54.

[105]郑永廷.高校辅导员工作专业化的任务与实现方式[J].高校辅导员,

2010(1):6-9.

[106]周军军,肖楚杰.基于协同学理论的高校德育系统优化路径[J].农业教育研究,2014(12):6-9.

[107]朱建飞.知识管理理论在高校辅导员队伍建设中的应用[J].学校党建与思想教育,2017(2):43-46.

[108]朱旭东.论教师专业发展的理论模型建构[J].教育研究,2014(6):81-90.

[109]邹斌,陈向明.教师知识概念的溯源[J].课程·教材·教法,2005(6):85-90.

[110]邹积英,王鹏,陈志娟.基于结构方程模型的高校辅导员职业认同度影响因素研究[J].国家教育行政学院学报,2014(9):15-20.

报刊文献

[1]陈敏生,张超.立德树人:当代大学生思想政治教育工作的价值旨归[N].光明日报,2016-02-04(7).

[2]陈鹏.高校辅导员怎样离学生更近一点[N].光明日报,2015-07-13(6).

[3]董云川.高校辅导员之惑[N].中国教育报,2016-10-10(5).

[4]范皑皑.面向未来的大学生能力发展[N].光明日报,2016-02-25(15).

[5]高校辅导员职业发展三策[N].光明日报,2015-07-23(15).

[6]黄达人.大学是一个"学术共同体"[N].中国教育报,2009-03-23(5).

[7]敬爱的高校辅导员,如何更专业[N].光明日报,2015-07-23(15).

[8]刘玉.辅导员与专业教师"平起平坐"[N].中国教育报,2013-02-20(1).

[9]习近平首次点评"95后"大学生[N].人民日报,2017-01-03(2).

[10]习近平.把思想政治工作贯穿教育教学全过程 开创我国高等教育事业发展新局面[N].人民日报,2016-12-09(1).

[11]习近平.青年要自觉践行社会主义核心价值观——在北京大学师生座谈会上的讲话[N].人民日报,2014-05-05(2).

[12]习近平.坚持立德树人思想引领 加强改进高校党建工作[N].人民日报，
　　2014-12-30(1).

[13]薛南.走职业化、专业化的辅导员建设道路[N].中国社会科学报,2011-
　　09-20(18).

政策文件

[1]高等学校辅导员职业能力标准(暂行)[Z].教育部,2014-03-25.

[2]高校思想政治工作质量提升工程实施纲要[Z].教育部,2017-12-05.

[3]关于加强和改进新形势下高校思想政治工作的意见(中发〔2016〕31号)
　　[Z].中共中央 国务院,2017-02-27.

[4]关于加强和改进高校宣传思想工作队伍建设的意见[Z].中共中央宣传部
　　教育部,2015-09-30.

[5]关于进一步加强高等学校学生思想政治工作队伍建设的若干意见[Z].教
　　育部,2000-07-03.

[6]教育部高校辅导员工作精品项目培育建设管理办法(试行)[Z].教育部,
　　2015-09-15.

[7]教育部高校辅导员培训和研修基地建设与管理办法(试行)[Z].教育部,
　　2011-04-02.

[8]教育部关于加强高等学校辅导员班主任队伍建设的意见[Z].教育部,
　　2005-01-13.

[9]普通高等学校辅导员队伍建设规定(教育部令第43号)[Z].教育部,2017-
　　09-29.

[10]普通高校思想政治理论课建设体系创新计划[Z].中共中央宣传部 教育
　　部,2015-07-27.

[11]普通高等学校辅导员培训规划(2013-2017年)[Z].教育部,2013-05-03.

[12]普通高等学校辅导员队伍建设规定(教育部令第24号)[Z].教育部,

2006-07-23.

[13]全国大学生思想政治教育工作测评体系(试行)[Z].中共中央宣传部 教育部,2012-02-15.

[14]统筹推进世界一流大学和一流学科建设总体方案[Z].国务院,2015-10-24.

[15]中共中央 国务院关于全面深化新时代教师队伍建设改革的意见[Z].中共中央 国务院,2018-01-20.

[16]中共中央 国务院关于进一步加强和改进大学生思想政治教育的意见(中发〔2004〕16 号)[Z].中共中央 国务院,2004-05-12.

网络文献

[1]教育部.关于印发《高等学校辅导员职业能力标准(暂行)》的通知[EB/OL].中华人民共和国教育部,http://old. moe. gov. cn//publicfiles/business/htmlfiles/moe/s7060/201404/xxgk_167113. html,2014-03-27.

[2]上海交通大学学生工作指导委员会机构简介[EB/OL]. http://sac. sjtu. edu. cn/index. php? option = com_wrapper&view = wrapper&Itemid = 280,2017-12-05.

[3]习近平对教师们有啥期望?[EB/OL]. http://news. xinhuanet. com/politics/2015-09/09/c_1116514080. htm,人民网,2015-09-09.

[4]习近平:核心价值观其实就是一种德 国无德不兴[EB/OL]. http://politics. people. com. cn/n/2014/0505/ c1024-24975911. html,人民网,2014-05-05.

[5]新华社评论员.深刻把握社会主要矛盾变化的新特点[EB/OL]. http://www. gov. cn/xinwen/2017-10/21/content_5233437. htm,中华人民共和国中央人民政府网站,2017-10-21.

[6]这些年,习近平总书记对青年的青春寄语[EB/OL]. http://cpc. people.

com. cn/xuexi/n1/2016/0504/c385474-28323342. html，人民网，2016-05-04.

[7]中华人民共和国教育部.全国高等学校名单[EB/OL]. http://www.moe. gov. cn/srcsite/A03/moe_634/201706/t20170614_306900. html，2017-06-14.

外文文献

[1] Beijaard D. Teachers' Prior Experiences and Actual Perceptions of Professional Identity[J]. *Teachers & Teaching*，1995，1(2):281-294.

[2]Borich G D. Effective teaching methods[M]. Merrill Pub. Co. 1988.

[3]Brickson S. The Impact of Identity Orientation on Individual and Organizational Outcomes in Demographically Diverse Settings [J]. *Academy of Management Review*，2000，25(1):82-101.

[4]Brint S. Gemeinschaft，Revisited：A Critique and Reconstruction of the Community Concept[J]. *Sociological Theory*，2001，19(1):1-23.

[5]Brown J S, Duguid P. Knowledge and Organization：A Social-Practice Perspective[J]. *Organization Science*，2001，12(2):198-213.

[6]Bullough，R. V.，Kauchak，D. F.，Crow，Stockes. D. K. Professional Development School Catalysts for Teacher and School Change [J]. *Teaching and Teacher Education*，1997(2).

[7]Froehlich J C M. Organizational Performance Improvement in Higher Education Student Affairs：A Phenomenographic Study[J]. *Proquest Llc*，2011:230.

[8]Gabelnick F. Learning Communities：Creating Connections among Students，Faculty，and Disciplines[M]. Jossey-Bass，1990.

[9]Hoppewewetzer H C, Ozdenoren E. Intermediation in Innovation[C]//

Wissenschaftszentrum Berlin（WZB），Research Unit：Competition and Innovation（CIG），2002：483-503.

[10]Hord S M. Professional Learning Communities：Communities of Continuous Inquiry and Improvement[J]. *Change Strategies*，1997：71.

[11]John Coldron，Robin Smith. Active location in teachers' construction of their professional identities[J]. *Journal of Curriculum Studies*，1999，31(6)：711-726.

[12]Kearney J，Zuber-Skerritt O. From learning organization to learning community[J]. *Learning Organization*，2012，19(5)：400-413.

[13]Little J W，Gearhart M，Curry M，et al. Looking at Student Work for Teacher Learning，Teacher Community，and School Reform[J]. *Phi Delta Kappan*，2003，85(3)：184-192.

[14]Maclure M. Arguing for Your Self：identity as an organising principle in teachers' jobs and lives[J]. *British Educational Research Journal*，1993，19(4)：311-322.

[15]Meijers F. The development of a career identity[J]. *International Journal for the Advancement of Counselling*，1998，20(3)：191-207.

[16]Perron B E，Grahovac I D，Uppal J S，et al. Supporting Students in Recovery on College Campuses：Opportunities for Student Affairs Professionals[J]. *Journal of Student Affairs Research & Practice*，2011，48(1)：47.

[17]Pullias E V. The Idea of the University[J]. *North American Review*，1960，133：353-367.

[18]Tu C H，Corry M. Learning Communities[J]. *Quarterly Review of Distance Education*，2002，3(4)：62-70.

[19]Wong K K，Rutledge S A. System-Wide Efforts to Improve Student

Achievement[M]. 2006.

[20]Wenger E. Communities of Practice：Learning，Meaning and Identity [M]. 1998.

附录:高校辅导员职业发展角色失调研究调查问卷

尊敬的辅导员:

　　您好!

　　为了了解高校辅导员角色失调的现状,探寻缓解角色失调的策略,我们组织了这次调查。这是一份纯学术性问卷,您的意见是本书的重要资源,恳请您协助。调查采用匿名的方式,所有资料仅供统计分析使用,请您按实际感受填写。十分感谢您的支持和帮助!

"高校辅导员职业发展研究"课题组

2018 年 6 月

一、基本情况

　　1.所在高校:＿＿＿＿＿＿＿＿＿＿＿＿

　　2.性别:＿＿＿＿＿＿　A.男　B.女

　　3.年龄:＿＿＿＿＿＿岁

　　4.学历:＿＿＿＿＿＿　A.本科　B.硕士　C.博士　D.其他

　　5.最高学位所属学科:＿＿＿＿＿＿　A.理学　B.工学　C.农学　D.医学 E.文学　F.社科

　　6.职称:＿＿＿＿＿＿　A.助教　B.讲师　C.副教授　D.教授

　　7.职务:＿＿＿＿＿＿　A.科员　B.副科　C.正科　D.副处　E.正处

8.您从事辅导员工作:＿＿＿＿＿　A. 3 年以下　B. 4～7 年　C. 8～15 年 D. 15 年以上

二、辅导员角色失调状况(请在对应的方框内打钩√)

题号	内容	非常同意	同意	不确定	不同意	非常不同意
1	我不能完全理解辅导员工作的价值					
2	我认为辅导员的角色定位发生了变化					
3	我不能完全理解辅导员的角色定位					
4	我认为我的付出和回报不符					
5	如果有机会我会从事其他职业					
6	我接受了个人能力无法完成的任务					
7	我的学识与经验无法在工作上完全发挥					
8	我对工作的预期与实际情况有差距					
9	目前的工作让我难以达到我的人生目标					
10	为了履行角色职责,有时我必须要压抑自己的个性					
11	我没有足够的资源来实施所接受的任务					
12	为了完成某项任务,我得违背某项规章或制度					
13	我在扮演不同角色时不得不采用不同的工作方式					
14	我经常为处理不同角色间的关系而苦恼					
15	辅导员工作与教学、科研很难兼顾					
16	我不能很好地协调辅导员的多重角色					
17	我在不同角色中投入的工作时间是不平衡的					
18	有些学生问题使我很无奈					
19	学生对我的期望与学校和社会对我的期望有冲突					

续表

题号	内容	非常同意	同意	不确定	不同意	非常不同意
20	学校不同管理部门或领导会给我互相矛盾的指导或指令					
21	我做的工作能被某些人认可,但不能被另外一些人认可					
22	与管理队伍、专业教师协同合作比较困难					

三、辅导员角色失调的可能诱因(请在对应的方框内打钩√)

题号	内容	非常同意	同意	不确定	不同意	非常不同意
1	社会对辅导员期望太高					
2	社会不同群体对辅导员的期望互不兼容					
3	社会对辅导员角色定位不明确					
4	辅导员的待遇太低					
5	辅导员社会地位低					
6	学校管理部门指令不统一					
7	学校不重视辅导员的专业发展					
8	学校对辅导员、管理队伍、专业教师的重视程度不同,辅导员在三者中居后					
9	学校对辅导员工作职能界定不清晰					
10	学校缺乏辅导员职业发展规划					
11	辅导员工作评价制度不科学					
12	我个人角色意识比较模糊					
13	我个人角色情感比较淡薄					
14	我个人角色协同比较薄弱					
15	我个人角色技能比较欠缺					
16	我承担的角色负担太重					

四、辅导员角色失调的缓解策略(请在对应的方框内打钩√)

题号	内容	非常同意	同意	不确定	不同意	非常不同意
1	社会要提高辅导员地位,营造尊重辅导员的社会氛围					
2	社会要把握辅导员角色本质,提出适当合理的角色期望					
3	社会要重视辅导员角色建设,完善辅导员培训制度					
4	学校要明晰辅导员工作职能					
5	学校要建立发展性角色评价制度					
6	学校要改善辅导员待遇					
7	学校要构建辅导员角色支持系统					
8	学校要减轻辅导员工作负担					
9	学校要为辅导员专业发展设计路径					
10	辅导员要强化角色意识,提高角色扮演的责任性					
11	辅导员要培育角色情感,增强角色扮演的自觉性					
12	辅导员要加强角色协同,增进角色扮演的主动性					
13	辅导员要认知角色多元,加强角色扮演的协同性					
14	辅导员要提高角色技能,确保角色扮演的实效性					
15	辅导员要准确角色定位,保证角色抉择的理智性					

图表索引

一、图索引

图 1.1　研究路线 ································· 033

图 2.1　德育共同体的主体构成 ··················· 055

图 2.2　德育共同体的客体构成 ··················· 058

图 2.3　德育共同体中的主客体关系 ··············· 059

图 3.1　德育共同体主体的角色分析框架 ··········· 070

图 3.2　德育共同体视域下的辅导员角色概念模型 ··· 072

图 6.1　辅导员专业发展的结构体系 ··············· 168

图 6.2　辅导员自我专业发展 ····················· 172

图 6.3　辅导员专业发展生态系统结构 ············· 174

图 6.4　德育共同体中的各子系统 ················· 175

图 6.5　辅导员专业发展生态系统沟通与交流机制 ··· 177

图 6.6　辅导员专业发展生态系统实践与创新机制 ··· 178

图 6.7　浙江大学"基于学生成长需求的辅导员专业发展"模式 ··· 179

图 6.8　浙江大学学生发展核心素养指标体系 ······· 180

图 6.9　浙江大学"德育实践创新平台"组群 ········· 181

图 6.10　浙江大学"德育实践创新平台"运行架构图 ··· 183

图 6.11 浙江大学"德育实践创新平台"运行模式 …………………… 184

图 6.12 浙江大学"辅导员专业发展平台"组群 …………………… 185

图 6.13 浙江大学辅导员礼仪与形象管理工作室组织架构 ………… 186

图 6.14 辅导员工作室作用发挥机制 ……………………………… 189

图 7.1 德育共同体的协同育人效应 ……………………………… 200

图 7.2 传统德育模式向德育共同体模式的转变 ………………… 202

图 7.3 德育共同体自组织原理 …………………………………… 203

图 7.4 德育共同体内各主体协同程度示意图 …………………… 212

图 7.5 德育共同体各主体间协同的分析框架 …………………… 216

图 8.1 德育共同体视域下的辅导员职业发展研究分析框架 …… 230

二、表索引

表 4.1 调查问卷"基本信息"部分的结构 ………………………… 09

表 4.2 调查对象的分布情况 ……………………………………… 100

表 4.3 效度检验 …………………………………………………… 101

表 4.4 辅导员角色失调状况单项平均值 ………………………… 102

表 4.5 辅导员角色失调状况加总平均值 ………………………… 104

表 4.6 分类别辅导员职业角色失调状况 ………………………… 105

表 4.7 辅导员角色失调的性别差异 ……………………………… 106

表 4.8 辅导员角色失调分状况的性别差异 ……………………… 106

表 4.9 不同工作年限辅导员角色失调分均值及单因素方差分析 F 值、P 值
……………………………………………………………… 108

表 4.10 辅导员角色失调总分的工作年限差异 ………………… 108

表 4.11 辅导员角色失调角色不清维度的工作年限差异 ……… 108

表 4.12 辅导员角色失调角色中断维度的工作年限差异 ……… 109

表 4.13 辅导员角色失调角色冲突维度的工作年限差异 ……… 109

表 4.14 不同学历辅导员角色失调分均值及单因素方差分析 F 值、P 值

.... 109

表 4.15 辅导员角色失调总分的学历差异 110

表 4.16 辅导员角色失调角色不清维度的学历差异 110

表 4.17 辅导员角色失调角色中断维度的学历差异 111

表 4.18 辅导员角色失调角色冲突维度的学历差异 111

表 4.19 不同学科辅导员角色失调分均值及单因素方差分析 F 值、P 值

.... 111

表 4.20 辅导员角色失调总分的学科差异 112

表 4.21 辅导员角色失调角色不清维度的学科差异 112

表 4.22 辅导员角色失调角色中断维度的学科差异 112

表 4.23 辅导员角色失调角色冲突维度的学科差异 113

表 4.24 不同职称辅导员角色失调分均值及单因素方差分析 F 值、P 值

.... 113

表 4.25 辅导员角色失调总分的职称差异 114

表 4.26 辅导员角色失调角色不清维度的职称差异 114

表 4.27 辅导员角色失调角色中断维度的职称差异 114

表 4.28 辅导员角色失调角色冲突维度的职称差异 115

表 4.29 不同职务辅导员角色失调分均值及单因素方差分析 F 值、P 值 ... 115

表 4.30 辅导员角色失调总分的职务差异 115

表 4.31 辅导员角色失调角色不清维度的职务差异 116

表 4.32 辅导员角色失调角色中断维度的职务差异 116

表 4.33 辅导员角色失调角色冲突维度的职务差异 117

表 4.34 辅导员角色失调的可能诱因 119

表 4.35 辅导员角色失调表现形式比较 121

表 6.1 辅导员卓越工程师教育工作室开发的卓越工程师教育课程 187

后　记

摆在读者面前的这本书,是在我的博士论文基础上修改而成的。之所以选择这个题目,最初是源于自己朴素的工作体会。自2003年加入辅导员职业行列以来,我执着于这份职业所承载的价值能量和职责使命,感动于这份职业带给我的精神激励和幸福回报。但同时也有感于这支队伍迫切需要进一步明晰职业定位、身份角色和发展路径等问题,迫切需要激发辅导员队伍内在的自主发展动能,为辅导员队伍的专业发展提供可以遵循的路径指引。

感谢我的导师、浙江大学党委书记任少波教授,在他的悉心指导和不断鞭策下,我的论文才能顺利完稿。他的辛勤指导蕴含在从最初选题到研究计划、资料准备、问卷设计、数据分析,再到论文写作与数稿修改的每个环节中,甚至每个词语、每个标点符号的使用都倾注着老师的心血。感谢任老师在传道授业解惑中的细致与耐心,他让我懂得了学术研究的真谛,让我相信"积跬步以至千里"的深远影响,也让我一次次坚定对厚积薄发的笃信。

衷心地感谢马建青教授、张彦教授,在我求学的每一个重要阶段给予的鼓励、指导和帮助。感谢段治文教授、张应杭教授、潘恩荣教授、黄铭教授、张新樟教授开设的课程,拓宽了我的学术视野。感谢刘同舫教授、徐晓霞副书记、代玉启教授、杨赟悦老师等马克思主义学院的老师们为我们的学习和生活提供了无私支持与帮助。还要感谢我的领导和同事们,特别感谢浙江大学党委副书记邬小撑教授和人文学院院长楼含松教授,两位老师既是我的领导更是我的人生导师,当我迷茫、困惑的时候总能给予我坚持的勇气和奋斗的力量。

　　还有那些一直陪伴着我的朋友们。论文的主体部分是 2017 年冬季在英国访学期间完成的,感谢同行的 39 位同学特别是华中农业大学的常慕佳和安徽大学的张婷,陪伴我度过了 87 个与学术并肩的孤独日子;感谢刘晓婷挚友对问卷调查设计和分析给予的悉心指导,她那颗"朴素的学术之心"传递给我更多的正能量;感谢同事陈叶和陶安娜,克服时差帮助我在国内寻找文献资料;感谢文英、恩国、石然等同学的无私帮助,让我明白在求学路上我从不孤单。曾经给过我帮助的人远不止这些,纸短情长,博士论文承载了太多的关爱和帮助。还要感谢我的家人,工作的繁忙已使我疏于对家庭的责任,学业的压力更使我力不从心,是你们的理解、支持和全力付出,帮助我度过了最为艰难的时光。

　　本书有幸得以正式出版,得到了浙江大学德育与学生发展研究中心的支持和资助。出版过程中,浙江大学出版社的胡畔老师耐心细致、一丝不苟的编辑工作,给了我很大的帮助,也要衷心地感谢她。

　　凡是过往,皆为序章。论文的完成仅仅是一个求学阶段的结束以及下一阶段的开始,而我的感激一直都在。

楼　艳

2019 年 12 月于西城

图书在版编目(CIP)数据

德育共同体视域下的高校辅导员职业发展研究 / 楼
艳著. —杭州:浙江大学出版社,2021.1(2021.11 重印)
　ISBN 978-7-308-20100-1

　Ⅰ. ①德… Ⅱ. ①楼… Ⅲ. ①高等学校－辅导员－师
资队伍建设－研究－中国 Ⅳ. ①G645.1

中国版本图书馆 CIP 数据核字(2020)第 047516 号

德育共同体视域下的高校辅导员职业发展研究
楼　艳　著

责任编辑	胡　畔	
责任校对	宋旭华	
封面设计	雷建军	
出版发行	浙江大学出版社	
	(杭州市天目山路 148 号　邮政编码 310007)	
	(网址:http://www.zjupress.com)	
排　　版	浙江时代出版服务有限公司	
印　　刷	浙江海虹彩色印务有限公司	
开　　本	710mm×1000mm　1/16	
印　　张	17.5	
字　　数	255 千	
版 印 次	2021 年 1 月第 1 版　2021 年 11 月第 2 次印刷	
书　　号	ISBN 978-7-308-20100-1	
定　　价	56.00 元	